恩道尔国际政治丛书
WORLD POLITICS SERIES
BY F.WILLIAM ENGDAHL

THE BANKRUPT HEGEMON

金融霸权

从巅峰走向破产

（增订版）

［美］威廉·恩道尔 ◎著
陈建明　顾秀林　戴 健◎译　刘 忠◎校译

中国出版集团　全国百佳图书
中国民主法制出版社　出版单位

图书在版编目（CIP）数据

金融霸权：从巅峰走向破产 /（美）恩道尔（Engdahl, F. W.）著；陈建明，顾秀林，戴健译．—增订本．—北京：中国民主法制出版社，2016（2025.3 重印）

（恩道尔国际地缘政治丛书）

ISBN 978-7-5162-1056-7

Ⅰ.①金… Ⅱ.①恩… ②陈… ③顾… ④戴… Ⅲ.①中央银行—银行史—美国 ②货币政策—货币史—美国 Ⅳ.① F837.123 ② F817.129

中国版本图书馆 CIP 数据核字（2015）第 279615 号

图书出品人：刘海涛
出 版 统 筹：石　松
责 任 编 辑：姜　华
文 字 编 辑：单孟祥

书　　名 / 金融霸权：从巅峰走向破产（增订版）
作　　者 /［美］威廉·恩道尔 / 著
陈建明　顾秀林　戴　健 / 译　刘　忠 / 校译

出版·发行 / 中国民主法制出版社
地址 / 北京市丰台区右安门外玉林里 7 号（100069）
电话 /（010）63055259（总编室）　63058068　63057714（营销中心）
传真 /（010）63055259
http: //www.npcpub.com
E-mail: mzfz@npcpub.com
经销 / 新华书店
开本 / 16 开　710 毫米 ×1000 毫米
印张 / 21　**字数** / 292 千字
版本 / 2016 年 1 月第 1 版　2025 年 3 月第 3 次印刷
印刷 / 三河市宏图印务有限公司

书号 / ISBN 978-7-5162-1056-7
定价 / 69.00 元

《恩道尔国际政治》丛书

编 委 会

总　序

现代世界地缘政治简史

这是我为中文版《恩道尔国际政治》丛书所撰写的总序，她代表了我近半个世纪对这个世界运作真相的研究。中国读者发现我的作品对于他们理解这个在今天看来已经丧心病狂的世界还有用处，对此我深感荣幸。多年前，我先后在美国和德国从事研究工作，我意识到几乎所有西方作者撰写的正统历史书籍都只不过是对现实世界的虚假描述，这样才有利于胜出的霸主及其盟友。

今天，欧洲、美国和世界上许多国家的舆论都被一小撮权势集团严格控制的媒体所主导，它们推行的计划与媒体宣传的完全是两码事。无论 2011 年在利比亚，还是 2014 年在乌克兰，这两个国家所发生的一切并不是所谓的促进“民主”。那么，那些隐藏在特朗普、拜登后面权力无边的木偶牵线人，他们的秘密计划究竟是什么？

看一看近年来发生的事件，我们不难发现，世界正处于新的世界大战边缘。这场一触即发的战争并不是由俄罗斯或者中国所发动，尽管西方媒体希望我们这样认为。恰恰相反，它是由一小撮怀抱霸权野心的“当权派”所策划，其最终目的是在人类历史上首创一个全球大一统的帝国，这个帝国由像联合国这样的机构里一帮毫无个性的官僚所控制，他们按照我们普通人看不见的权力圈子的命令行事。这个大一统帝国被称为“世界新秩序”。

一、世界新秩序与地缘政治

为了充分理解这一计划的发展过程，我们有必要回顾20世纪70年代全球石油和粮食危机期间基辛格说的一段话。20世纪70年代中期，基辛格任美国国务卿、尼克松总统国家安全顾问，是华盛顿实际的当权派。他说过一段鲜为人知的大白话：“如果你控制了石油，你就控制了所有国家；如果你控制了粮食，你就控制了所有的人；如果你控制了货币，你就控制了整个世界。”那时候，基辛格是美帝国最有权势的公众人物，这个没有正式命名的帝国在1945年第二次世界大战结束后取代了英帝国。

作为贯穿我所有作品的主题，我就是以基辛格这段话的视角来记录现代历史所发生的事件。基辛格是权势极大的洛克菲勒家族的仆从，同时也是英国地缘政治及其均势理论的门生。

美国国防战略

2022年5月，美国五角大楼向美国国会提交了一份题为《2022年国防战略》的机密文件，其公开的摘要有以下这段表述：

> 本（国防）部将紧急行动起来持续加强威慑，将中华人民共和国视为我们最重要的战略竞争对手和对本部步步紧逼的挑战。俄罗斯构成严重的威胁，表现在其对乌克兰野蛮无端的侵略。面对俄罗斯的侵略，我们将与北约盟友和伙伴一道加强有力的威慑。本部将

> 保持有能力应对其他持续威胁，包括来自朝鲜、伊朗和其他暴力极端组织的威胁。[1]

很显然，2022 年 5 月俄罗斯在乌克兰发起军事行动两个月之后，五角大楼和北约为它们引诱俄罗斯进入了致命的陷阱而深信不疑。但到现在，形势却十分明朗，北约远未取得胜利，俄罗斯所动员的军事能力让华盛顿和布鲁塞尔那些蹩脚的战略家们猝不及防。

自从 20 世纪 80 年代后期华盛顿发动第一波“颜色革命”以来，也即导致华沙条约解体和苏联垮台等一系列行动之后，俄罗斯就不再被视为任何外部强国的威胁，尤其对美国构不成威胁，这大概就是美国智库的结论。中国在邓小平领导下实现了经济复兴奇迹 ，这些奇迹的取得来自与美国、欧洲和日本紧密的经济贸易往来，被西方经济学家称为“外包”或“产业全球化”。不言而喻，中国无意对西方列强形成军事威胁。同样，伊朗也从未对美国构成过威胁。

那么，为什么这些国家就成了世界上最大军事强国美国的眼中钉呢？要回答这个问题，就需要认真地研究一个多世纪以前起源于英国的“地缘政治学”，一门研究一国地理条件与其政治潜力之间关系的学问。

英美地缘政治

自 19 世纪中国鸦片战争以来，同样一伙英美主要的金融家族蓄意发动了包括 1914 年和 1939 年在内的所有重大战争。对于他们来说，战争是重新组织对其有利的全球地缘政治均势的有效手段。

1815 年，拿破仑率领的法国军队在滑铁卢战败。到了 19 世纪 40 年代，英国毫无争议地成为世界强国。英帝国控制了印度及其巨大的财富，主宰了非洲的众多丰富黄金和矿产资源，从而成为无可匹敌的全球霸主，而美国那时尚未从血腥的“内战”中摆脱出来。在德意志，各公国之间明争暗斗，一片混乱，尚未形成集中的经济空间。到了 19 世纪 40 年代，世界形势开始发生变化。

英国的精英们着手研究世界，探索如何维持“日不落”帝国霸权之策。在这个过程中，诞生了划时代的经典之作《历史的地理枢纽》。这篇文章是由英帝国的捍卫者、地理学家哈尔福德·麦金德爵士1904年为皇家地理学会撰写的。麦金德发展了其世界实际上是按照自然地理划分的“心脏地带”理论，认为地球陆地表面可划分为：

> **世界岛**，由相互连接的非洲、亚洲和欧洲构成（非亚欧大陆），是面积最大、人口最多、最富有的陆地组合。
>
> **离岸岛**，包括不列颠群岛、日本列岛、马达加斯加、马来群岛、斯里兰卡等。
>
> **边远岛**，包括北美洲和南美洲相互连接的大陆（美洲）以及大洋洲。

这是英帝国理论的首次系统阐释——一幅决定对谁发动战争以维持其全球霸权的清晰的路线图。到了1904年，只有两个可能争夺全球霸权的对手——统一的工业化德国和“内战”后的美国。正是麦金德的地缘政治决定了发动联美抗德的战争，这是英国维持其全球控制的最佳选项。

早在1904年也就是10年之前，麦金德实际上就向英国的精英们阐明了之后发动第一次世界大战的必要性：

> 均势朝有利于枢纽国*的倾斜导致向欧亚边缘陆地的扩张，这将为利用广袤的欧洲大陆资源建造舰队提供有利条件，由此全球帝国呼之欲出。如果德国与俄国结盟，这种情形就很可能发生。

1914年爆发的第一次世界大战，其意图就是要摧毁俄德欧亚陆权国崛起的任何机会。在英国联合美国打败德国之后召开的凡尔赛和会期间，麦金德阐释了他的地缘政治观点：

---

* 俄罗斯帝国。——笔者注

> 谁统治了东欧*，谁就掌控了心脏地带；
> 谁统治了心脏地带，谁就掌控了世界岛；
> 谁统治了世界岛，谁就掌控了全世界。
>
> ——哈尔福德·麦金德爵士，于1919年[2]

对于麦金德来说，英国作为占主导地位的岛屿强国，必须不惜一切代价防止东欧与心脏地带的陆权国联合。麦金德定义的心脏地带实质上是指整个欧亚大陆板块，包括俄罗斯、中国和中东。

战后美国霸权的主要设计师们在麦金德临终前向他请教有关盎格鲁-美利坚霸权联盟主导世界的想法，请他为位于纽约的外交关系协会的刊物《外交》写一篇关于战后地缘政治秩序构想的文章。

外交关系协会是美国地缘政治精英的智库，由华尔街的国际银行和洛克菲勒石油卡特尔资助。麦金德的文章《圆形世界与赢得和平》于1943年7月，即差不多在盟军入侵诺曼底一年之前发表。

在这篇文章中，麦金德勾画了美国主导的战后秩序的愿景。他重申，1904年最初定义的"心脏地带"就是战后盎格鲁-美利坚首要地位的最强大对手。他将"心脏地带"定义为实际上由当时苏联所涵盖的区域，这就为后来的冷战埋下了地缘政治的种子。

> 不可避免的结论就是，如果苏联以这场战争中德国的征服者身份出现，她一定是地球上最强大的陆权国，而且她将成为处于战略上最强大防御地位的强国。心脏地带就是地球上最大的天然屏障。[3]

对于苏联来说，尽管斯大林为了打败希特勒统治的德国在战争期间与邱吉尔和罗斯福结盟，但是很显然，他和他的顾问们认真研究了麦金德的心脏地带理论，将战后中苏联盟置于优先位置，以遏制盎格鲁-美利坚1945年战后全球帝国的计划。

---

* 德国、法国、波兰。——笔者注

围绕在纽约外交关系协会周围的精英集团，从1939年战争前夕到1945年战争结束，花费了数年时间潜心于一项绝密项目“战争与和平研究”。这个项目由洛克菲勒基金会资助，其目的是将麦金德的强国、枢纽强国和全球控制的地缘政治思想应用于新兴的美帝国，一个未被正式命名的彻头彻尾的帝国，只不过刻意地不叫“美帝国”，而美其名曰“美国世纪”。他们宣称，这个“美国世纪”是建立在所谓“美国民主生活方式”基础之上的。第二次世界大战最重要的结果之一就是削弱了英帝国，使得华盛顿和华尔街坐收渔利。自此，英国沦为美国的“小伙伴”。

纽约外交关系协会的策划者们为建立联合国（包括设立国际货币基金组织和世界银行）而设计了一整套方案。华盛顿对这两个金融组织通过阻止股份表决权进行控制。1945年，华盛顿还设法窃取了沙特的石油权利而为洛克菲勒石油巨头所用。华盛顿还设计了“马歇尔计划”，这个骗局导致欧洲成为美国的附庸，满目战争疮痍的欧洲不得不用“马歇尔计划”提供的美元购买美国的工业品进行战后重建。

1947年，杜鲁门总统设立了中情局，自此中情局操纵的“冷战”拉开了序幕。华盛顿于1949年4月建立了北约。北约第一任秘书长、英国的伊斯梅勋爵恬不知耻地讲明了北约的目标：“赶走苏联人，按住德国人，留下美国人。”所有这一切都贯穿了盎格鲁－美利坚地缘政治霸权和控制的理念。从20世纪50年代开始，中情局的资金就秘密地用于操纵西欧、非洲、南美、日本、韩国以及其他国家的选举，以确保亲美政权上台。凡此种种都是麦金德地缘政治理论在美国的具体实践和发展，由地理学家、约翰·霍布金斯大学校长艾赛亚·鲍曼领导下的外交关系协会专门小组具体策划实施。

麦金德与俄乌冲突

早在20世纪80年代后期，美国就开始秘密武装乌克兰对抗俄罗斯，那时苏联已濒临解体。中情局伙同亿万富翁乔治·索罗斯带着资金和特工溜进乌克兰建立据点，企图将乌克兰从与俄罗斯联邦的经济和政治合作中分裂出来。

设定这一目标也是基于麦金德的地缘政治学。乌克兰是连接西欧经济体和俄罗斯广袤心脏地带的纽带，大多数苏联时期通往德国和其他欧盟国家的天然气管线都经过乌克兰。2014 年 3 月，中情局策划的独立广场政变强迫基辅脱离俄罗斯，迫使乌克兰合法选举的总统维克托·亚努科维奇流亡俄罗斯。从那时起，北约先是秘密地、后来发展到公开地武装乌克兰对付顿巴斯和克里米亚的俄罗斯族公民，甚至挑衅俄罗斯本土。2014 年，美国国务院承认，20 世纪 80 年代后期以来，美国共投入 50 亿美元在乌克兰策动反俄“民主”政变。[4]

1997 年，美国总统前国家安全顾问兹比格涅夫·布热津斯基（他与基辛格一样同为戴维·洛克菲勒的门徒）写了一部关于后苏联世界的地缘政治专著，书名为《大棋局：美国至高及其地缘战略要务》。他在书中写道：“作为欧亚大棋局中一个新的重要空间，乌克兰是一个地缘政治枢纽，因为它作为一个独立国家存在本身就有助于改变俄罗斯。没有乌克兰，俄罗斯就不再是一个欧亚帝国。”[5]

这本书写于 1997 年，远早于俄乌冲突，美国针对俄罗斯的秘密议程由此昭然若揭。布热津斯基的儿子马克·布热津斯基和他父亲一样，是一个十足的仇俄分子。2024 年，他担任了美国驻乌克兰盟友波兰的大使。

随着乌克兰腐败的总统泽连斯基在北约的暗中支持下上台，2022 年华盛顿开始秘密支持乌克兰针对俄罗斯进行大规模军事集结。几个月后，也就是俄乌冲突开始后的 2022 年 9 月，一系列大规模的水下大爆炸严重破坏了价值 300 亿美元的俄—德北溪天然气管道。这构成了现代史上最大的工业恐怖主义行为之一，俄罗斯与德国的能源联系瞬间灰飞烟灭，对德国和其他欧洲国家的能源供应造成长期严重的影响。据事后披露，美英情报机构是幕后黑手。[6]

布热津斯基在 1997 年冷战结束时写的那本《大棋局：美国至高及

其地缘战略要务》中洋洋得意地宣称："美国现在是全球唯一的超级大国，欧亚大陆是世界的中心角斗场。因此，欧亚大陆发生的权力分配对于美国的全球至高战略和美国的历史遗产具有决定性的重要意义。"关于中国，他是这样说的，"中国的非中央集权制经济改革带来的活力，包括对外部世界的社会开放，从长期来看，与相对封闭、官僚僵化的威权统治互不相容。"[7]布热津斯基对中国并不友好，他致力于在全球终结民族国家，建立一个由权势极大的跨国银行和跨国企业管理的、由专家组成的全球独裁统治——"社团主义技术专家统治"*。他并不待见像中国和俄罗斯这样强大的国家。布热津斯基深谙麦金德地缘政治之精髓，他在迟暮之年建言：在用经济战攻击中国之前，首先倾全力摧毁衰弱的俄罗斯。他于2017年去世，恰恰是在这一年，特朗普开始对中国实施严厉的贸易关税。

二、企业统治全球——"达沃斯重置"计划

到2020年，盎格鲁－美利坚霸权制定的秘密的全球地缘政治终极议程开始浮出水面。它们打着世界经济论坛及其全球企业和政治精英年会的幌子开展活动。世界经济论坛是一家极具影响力、倡导全球化的智库，其总部位于瑞士达沃斯。达沃斯集团由克劳斯·施瓦布领导，他是基辛格的门徒，20世纪60年代在哈佛，基辛格将其招入权势显赫的洛克菲勒圈子。

数十年来，施瓦布领导的达沃斯论坛致力于促进世界经济全球化议程。在2020年全球新冠疫情期间，达沃斯论坛发布了"大重置"计划，以世界卫生组织大疫情为借口，主张世界必须进行彻底的转型。施瓦布宣称："我们只有一个地球，我们清楚气候变化可能成为下一个全球性灾

* 即Corporativist Technocracy，根据20世纪20—30年代意大利"各阶级合作"的组织——组合或总体，也可译为"组合（或总体）技术统治"。——译者注

难，将给人类造成更加严重的后果。”

世界经济论坛理事会成员囊括了世界上一些最有权势的企业和政治领袖，如华尔街的贝莱德投资基金的领导人，欧洲中央银行、国际货币基金组织、世界银行、世界贸易组织、联合国的领导人，印度亿万富翁穆克什·安巴尼（据称是亚洲首富），“绿色”亿万富翁艾尔·戈尔，新加坡总统以及西门子、雀巢、英国石油公司的头头脑脑们，名单还有一长串。这就是已经策划好的全球新霸权的董事会，英国国王查尔斯三世担任达沃斯的特别顾问。

达沃斯的“世界未来领袖”网络

自从第一批达沃斯干部于1993年被遴选出来以来，这些“世界未来领袖”接受了极为秘密的培训，但在他们的达沃斯毕业生简历中几乎只字未提。就像蜘蛛耐心地编织着巨大的网一样，施瓦布和他的世界经济论坛富豪支持者们编织起了现代历史上最有影响力的决策者网络。

在2017年的一段视频中，施瓦布洋洋得意地宣称：与达沃斯世界未来领袖的干部们一道，“我们进入了各国政府内阁”。

从1993年起，施瓦布及其达沃斯精英们就着手在国际上四处网罗、亲自选拔代理人或干部（所谓“世界未来领袖”），把这些人送到瑞士培训，将其暗中提拔为未来政府首脑或关键决策者，以实施“大重置”计划。达沃斯世界经济论坛巨大的企业富豪网络为这些未来领袖们提供资金，保证他们被提拔到本国的关键岗位。

这些达沃斯的代理人（这样说毫不为过）包括美国、加拿大、德国、法国、荷兰、比利时、希腊等国的政府领导人，像特鲁多、马克龙、默克尔、贝尔伯克、米佐塔基斯等都接受过达沃斯的培训。拜登政府白宫办公厅主任杰弗里·齐恩茨实际上代替年迈的拜登行使着总统职权，他也是达沃斯代理人。无怪乎拜登总统所有的行政命令都不折不扣地遵循达沃斯“大重置”的“绿色议程”。

达沃斯也控制了最有实力的银行家和企业领袖，包括摩根大通银行的头头、中情局控制的脸书创始人马克·扎克伯格、谷歌联合创始人拉里·佩奇、伊夫林·罗伯特·罗斯柴尔德爵士的遗孀琳恩·福雷斯特·罗斯柴尔德、《经济学人》杂志的老板等。来自势力强大的罗斯柴尔德金融王朝的达沃斯代理人还有纳撒尼尔·罗斯柴尔德（雅各布·纳撒尼尔·罗斯柴尔德男爵的儿子）和戴维·迈耶·罗斯柴尔德。达沃斯的成员还有辉瑞和莫德纳制药巨头，后者研制了针对新型冠状病毒的致命的信使核糖核酸基因编辑疫苗。达沃斯代理人还有比尔·盖茨，其基金会控制了总部设在日内瓦的世界卫生组织。经达沃斯培训的“世界未来领袖”已多达数百人。他们从不透露与隐藏在“大重置”计划背后的达沃斯权力精英的联系，这是一个权力巨大无边的秘密网络，这就是他们策划的世界政府的中枢，美其名曰“世界新秩序”。

达沃斯与联合国“2030 年议程”

达沃斯的“大重置”计划利用联合国所谓的《2030 年可持续发展议程》，呼吁实施由企业运作的全球规则。他们宣称：“经济剧烈下行已经开始，我们将面对 20 世纪 30 年代以来的最大萧条。”

作为他们的解决方案，达沃斯的领袖们认为：“……全世界必须共同行动起来，从教育到社会契约乃至工作条件，迅速改造我们社会、经济的各个方面。每个国家，不管是美国还是中国，都必须参与；每个产业，无论是石油、天然气产业还是高技术产业，都必须进行转型。”[8]

认真分析达沃斯集团已公开的文字材料就不难发现，盎格鲁－美利坚霸权策划的下一阶段目标就是，不允许任何主权国家存在，只许超越国家的企业规则来规定谁生产什么产品，废除所有国家经济计划。“大重置”计划和联合国“2030 年议程”规定大幅度地停止石油、天然气和煤炭的使用，这基于一个伪命题：化石燃料导致全球变暖。因此，现代农业必将终结，人们不得不食用实验室生产的人工合成伪劣肉类或昆虫，机器人和人工智能将在劳动力中取代人力。

据估算，单是停止使用石油、煤炭、天然气能源这一项将导致全球近一半人口饿死。丹麦科学家比约恩·隆堡估计："全球 40 亿人依赖化石肥料获取粮食。"隆堡指出，如果我们真正地要停止使用化石燃料，"放弃全世界、各个经济体和人口赖以生存的自然资源，那么 60 亿人很可能在 1 年内死亡。"

如果没有石油、天然气和煤炭，大多数人都会遭受停电之苦，电网将陷入危险，甚至遭受灭顶之灾，这种情况会大范围持续发生。从第一天起，煤气用户将首当其冲，感受到停止采煤、油井关闭、天然气田停产带来的变化。

达沃斯精英们的终极目标是，在他们的中央银行（包括美联储、英格兰银行和欧洲央行）通过控制利率将世界经济拖入萧条后，计划实施最后一招：通过引入"中央银行数字货币"来控制世界货币。中央银行数字货币将控制世界各地的人只能花多少钱以及花在什么地方。

搞定这一切之后，他们计划在今后十年将世界上主要的独立大国（包括中国、俄罗斯、伊朗、非洲和中东大部分国家）拖入战争和动乱之中。布热津斯基、基辛格、戴维·洛克菲勒这些精英们总是喋喋不休地鼓噪，世界需要终结国家，建立一个全球统一的政府。到 2008 年，他们的计划似乎不可阻挡。现在，他们全球唯一霸权仅存的障碍就剩下中国、俄罗斯和伊朗了。令人吃惊的是，甚至美国也在必须彻底摧毁之列。在一系列战争的废墟之上，他们计划在十年之内实施其"大重置"计划。

三、去美元化、金砖国家与全球战争

随着瑞士达沃斯圈子秘密操纵的全球控制计划浮出水面，尤其是北约支持的乌克兰政变以及企图摧毁俄罗斯的经济和军事战争愈演愈烈，南方国家以及盎格鲁－美利坚达沃斯议程之外的其他国家产生了越来越多的防御性反应。俄罗斯开始转向东方，与中国和包括印度在内的其他国家一道，建立独立于美国非法制裁的经济关系。中国无视西方的强烈反对，着力推进“一带一路”建设，致力于通过基础设施项目的全球网络建设扩大欧亚联盟。

越来越多的金砖国家开始意识到，只要它们绑定在美元上，施加在俄罗斯头上的非法制裁（包括没收其中央银行的资产、踢出国际资金清算系统）就会迟早落到它们头上。部分主要金砖国家开始探索绕开美国控制的国际资金清算系统、减少美元贸易的道路。一条完全不同于盎格鲁－美利坚全球霸权、立足欧亚的崭新道路已初露端倪，它将终结控制世界200年之久的全球霸权。

接下来的数月数年，我们将目睹一场新型的全球战争，一场决定中国和俄罗斯生死存亡的战争。这无疑将是一场无所不用其极的新型战争，包括网络战、卫星和无人机电子武器战、生化战以及大量的各种新式武器的战争。这是一场前所未有、生死攸关的考验。

相关国家，尤其是中国、俄罗斯和伊朗，唯有保持高度警醒、具有远见卓识，才能取得胜利。

F. William Engdahl

威廉·恩道尔

2024年12月

于德国法兰克福

中文增订版序

美国世纪的终结

20 世纪 40 年代，第二次世界大战激战正酣，美国当权者集团就趾高气扬地宣布：世界迎来了“美国世纪”的曙光。时至今日，美国的霸权，尤其是在金融领域一统天下的局面已显现出颓势，欧亚大陆新兴国家的崛起势不可挡，这些国家正设法摆脱第二次世界大战后美元的霸权统治。

2015 年秋，笔者写下这些话时，国际金融体系再一次徘徊在危机边缘。自 2007 年美国爆发金融危机以来，尽管美国、日本以及欧洲的央行采取了空前的干预措施，但其经济依然没有些许真正复苏的迹象。

这场干预史无前例，美联储一马当先，美元体系的支柱机构紧随其后，全球金融市场和各大银行均受到波及。美联储这样做，不是要清理银行的坏账，更不是想清除金融界的腐败，尽管这些问题在 2008 年时险些导致全世界停摆。相反，美国政府此番费尽心思，只是动用美国纳税人的钱去救助华尔街的大银行。结果，这些问题银行的规模不降反升，而那些银行家依旧尽情享受着曼哈顿的豪宅，挥霍着数千亿美元的救助金带来的红利。

这场金融危机始于2007年春天，由美国房地产市场的“次贷”危机引发堪称美国乃至世界历史上最严重的一次。所谓“次贷”，实质上是用打包发行债券来为贷款融资的模式，看名称就知道这种贷款不是最佳方式，信用风险比正常贷款大得多。究竟大多少，随后数月的情形让全世界始料不及。

随着危机的蔓延，世界各国的银行和保险公司迫不及待地要抛售手中的美国抵押债券，美国金融体系的根基面临前所未有的系统性危机。2008年9月10日，美国财政部宣布接管“房利美”和“房地美”这两家政府资助的房地产企业，当时二者在美国房贷市场的担保贷款金额高达5万亿美元。前华尔街银行家、时任财政部部长亨利·保尔森打破常规，允许华尔街最大的企业之一雷曼兄弟在当年9月15日破产。雷曼兄弟申请破产的金额达6300亿美元，创美国历史之最。这一决定让人始料不及，因为仅仅几周前，保尔森还救助了一家小企业——贝尔斯登公司。全球顿时陷入恐慌状态，世界范围内的经济大衰退就此开始。转瞬之间，谁都无法预测哪家银行能够生存下去，人们对全球金融体系的信心轰然倒塌。

2008年10月，在华盛顿的一次记者会上，时任国际货币基金组织（IMF）总裁的法国人多米尼克·斯特劳斯－卡恩表示：“对美欧若干最大金融机构偿付能力的担忧日益加剧，已将全球金融体系推至系统性崩溃的边缘。”随着银行间的拆借完全冻结，全球银行接二连三地陷入危机。11月，韩国政府被迫采取紧急措施保护本国银行，欧洲央行和欧盟各国政府也纷纷出手。12月，美联储前所未有地将联邦基准利率下调至接近零的水平，此举不是要帮助美国经济走出困境，而是为了救助华尔街岌岌可危的金融体系和那些大银行。

2015年9月，也就是整整七年之后，零利率仍然没有改变，显然表明这不是一场普通的金融危机。美联储这样做是因为它知道，一旦提高利率，将会引发企业大规模破产浪潮，继而导致新的金融危机，美国政府和美联储原本已捉襟见肘，届时将无力回天。

正是华尔街这些大银行肆无忌惮地放贷，才导致了这场全球性的危机，但是这些罪魁祸首却获得了上千亿美元的救助，6家大银行的首席执行官没有一个人因欺诈而入狱。华盛顿的救助理念更是令人匪夷所思，那就是让高盛、花旗和摩根大通“大而不倒”，于是纳税人的钱被用来购买那些已经毫无价值的抵押债券。而事实是，它们规模太大了，根本无法得到有效救助。更有甚者，政府并没有认真采取措施避免新的危机。相比之下，20世纪30年代，国会还出台过避免危机的政策。华尔街银行依然我行我素，俨然就是万能的“金钱诸神”，它们资助的政客，甚至是总统奥巴马，当然都要对其毕恭毕敬。

美国的央行就是美联储，其实是一个私人机构，它应对危机的措施风险极高，那就是一味地印钞票，上万亿美元地印，用来购买华尔街大银行的那些垃圾债券。此外，它们还采取了早已被证明并不成功的量化宽松政策，此举导致美联储的资产负债表在随后的几年增加了4万亿美元。

奥巴马政府刚上台时，谎称“衰退”即将结束，经济“复苏”就在眼前，但实际上美国政府的债务每年又多了1万亿美元，从危机开始时的9万亿美元增至2015年的18万亿美元，占到美国国内生产总值的104%。

像底特律这样曾经无比辉煌的工业城市也被迫宣布破产。与此同时，加利福尼亚州政府面临严峻的财政危机，无奈让数千名政府职员下岗，公共服务开支大幅削减。根据美国著名经济学家约翰·威廉斯的独立统计，到2015年7月，美国劳动力人口中有9300万人未就业，真正的失业率（想就业但找不到工作）达到创历史纪录的23%，而非劳工部宣传的区区5%。如此高的失业率水平，仅在20世纪30年代大萧条时期才出现过。

从美元到欧元

到2009年年底，华盛顿面临美元崩盘的危险，而美元恰恰是美国霸权的顶梁柱。作为美国国债最大的持有者，中国在 2009 年 3 月明确表示，对华盛顿不能控制飞涨的债务深感失望，正考虑把贸易顺差转化为欧元，当时欧元是替代美元作为世界储备货币的最佳选择。中国人民银行行长甚至表示，国际货币基金组织应尽快建立“超主权储备货币”来替代美元。

对华盛顿和华尔街而言，中国的表态相当于对美宣战。1944 年，布雷顿森林会议召开，成立了国际货币基金组织和世界银行。更为重要的是，美元凭借此次会议一举成为世界头号储备货币。美国称霸全球的实力就来自美元的特殊地位，世界其他国家在进行石油买卖等贸易活动时，不得不用美元进行交易。中、日、韩等贸易顺差国只能拿贸易盈余去购买美国国债，其他别无办法，因为至少这样还能获得些许的利息。

现实就是这么具有嘲讽意味，这些国家以辛勤劳动换来的贸易顺差，却年复一年地被迫用来购买美国国债。美国在全球开战，用的就是这些资金，从阿富汗战争、伊拉克战争，以及利比亚、叙利亚和最近的乌克兰战事，无一例外。

2009 年 6 月，中国再次呼吁用新的储备货币来替代美元，并于当月开始以前所未有的数额卖出美国国债。本着这一思路，中国开始与韩国等周边国家在双边贸易中用本币结算。

近年来，美国国债年增幅达一万多亿美元，这个数值比大多数国家一年的国内生产总值还多。到 2010 年年初，美元的地位岌岌可危。于是，华盛顿和华尔街的盟友高盛、摩根大通发动了赤裸裸的货币战争，目标就是当时蒸蒸日上的欧元。

这场战争的名称就叫“希腊债务危机”。

欧洲媒体后来披露，为了让希腊混入欧盟，希腊政府和高盛早在 2002 年就开始偷梁换柱。要知道，希腊在债务和赤字问题上原本达不到入盟要求，这就是欧元危机的开始。这场货币战争的最终目的就是削弱欧元在世界上的吸引力，尤其是让中国放弃使用欧元作为新储备货币的计划。一旦美元丧失世界头号储备货币的地位，第二次世界大战以来确立的美元地位将一去不复返。华盛顿的货币战得到纽约若干对冲基金的鼎力相助，其中就有乔治·索罗斯的身影，他在1997年领头对韩国等亚洲新兴经济体发动了金融攻击，目的是让这些国家对国际货币基金组织俯首称臣。

机遇前所未有

美国的金融政策反复无常，华尔街的手段难以预料，所以不仅是欧洲，金砖国家尤其是中、俄、印，都在想方设法地考虑如何摆脱美元危机带来的破坏性影响。2015年，金砖国家新开发银行成立；同年，中国成功创建亚洲基础设施投资银行（即“亚投行”，AIIB），在实现宏伟的“一带一路”倡议上迈出了一大步。

眼见自己的霸权地位面临1945年之后最大的挑战，华盛顿和华尔街更加疯狂。洛克菲勒家族、杜邦家族、盖茨家族、布什家族、拉塞尔家族，这些操纵华盛顿政策的老牌家族，决定动用美国全球霸权的第二根支柱，那就是无与伦比的军事力量。2010年年底，美国支持的“颜色革命”率先在突尼斯爆发，接着蔓延到埃及和中东伊斯兰国家，然后殃及利比亚、也门；随之而来的还有与美国颇有瓜葛的“伊斯兰国”，其势力正在不断壮大。

尽管如此，美国对叙利亚政策仍然难有收获，因为叙利亚政府背后站着坚定的盟友俄罗斯，这是唯一能对美国霸权构成核威胁的国家。2013年，华盛顿和这些大家族决定直接把目标对准俄罗斯。

华盛顿利用其支持的非政府组织，如国家民主基金会、索罗斯在乌克兰创办的国际复兴基金会，资助了堪称“史上最赤裸裸的政变”——在2014年2月推翻了乌克兰合法民选总统亚努科维奇及其政府。乌克兰危机随即爆发，重灾区就是毗邻俄罗斯且说俄语的几个州。

俄罗斯十分清楚美国的圈套，没有和北约爆发正面军事冲突。普京采取了一系列经济、政治和军事措施，动作之大让人始料不及。

俄罗斯这些措施的中心步骤就是“向东看”，即战略重心向东转移，也有人称为俄罗斯版的重返亚洲政策，这一举动将改变当今世界的力量平衡。2015 年年初，俄罗斯创建了欧亚经济联盟，并以创始成员国身份加入中国创建的亚投行。此外，俄罗斯还和其他金砖国家一起创建了初始资本为 1000 亿美元的金砖新国家开发银行，为新兴国家的重大基础设施项目提供资金。

2013 年，中国提出“一带一路”倡议，其中包含若干重大基础设施建设项目，除了海上丝绸之路外，还有欧亚高铁等陆地项目，这些交通动脉将把朝鲜半岛、欧亚大陆国家、南亚、中东（伊朗），乃至西欧国家连为一体。这一倡议为全球经济合作提供了新的思路和平台，也为各国共同发展创造了新的机遇。

本书揭露了华尔街那些金主无形的黑手。他们已经毁灭了美国，如果不加以控制，将会毁灭整个世界。古希腊有一句名言：“神欲使之灭亡，必先使之疯狂。”华尔街及其帮凶对权力的欲望早已丧心病狂，他们的罪恶已经开始遭到报应，世界对华尔街发动战争、制造金融危机等损人利己的行为越来越厌恶。

大乱大治！世界即将迎来崭新的欧亚世纪，希望就在眼前。

威廉·恩道尔

2015 年 9 月

于德国法兰克福

中文第一版序

美元武器和“新鸦片战争”

被操纵的美元金融体系和美元是一种很有杀伤力的武器。在一场置对手于死地的“新鸦片战争”中，美元是最重要的武器。在1840—1860年的两次鸦片战争中，英国政府及其帮凶把鸦片像潮水一般输入中国，最终榨干了中国的白银储备，经济遭受重创，并被迫向英国开放通商口岸。中国还付出了数千万人染上毒瘾的惨痛代价，并在全世界面前蒙羞受辱。

今天的世界上正在发生的事情，是一场不折不扣的“新鸦片战争”。华盛顿和华尔街上各式各样的银行把美元当作新形式的“鸦片”，通过软硬兼施的手段诱导中国打开贸易保护的大门，具体表现为诱导中国人民银行和中国政府，用辛辛苦苦赚来的贸易顺差美元去购买美国国债，以及购买房利美和房地美这两个半政府性质的机构的资产，帮它们挽救衰落中的美元体系。

今天这场“新鸦片战争”，被一些观点类比为19世纪中叶英国发动的鸦片战争，认为其具有类似的致命性和危险性。中国远不是今天这场战争的唯一目标，但也许是最重要的打击对象。要想理解它们所采用的“作战方式”的煽动性和破坏性，我们必须回溯美国经济巨人成长的最初时代和它所依据的基础。极具讽刺意味的是，恰在第一次鸦片战争爆发的年代，给英国人运鸦片的船只中就有美国新英格兰的运输商船，而它们搬运的鸦片是让中国人上瘾的有毒之物——这就是英美在 19 世纪中叶对天朝王国进行殖民统治的第一次尝试。

2007 年夏季，美国房地产业和金融业爆发的危机，把“新鸦片战争”的大戏推向了高潮。

2008 年 9 月，危机已蔓延到全球。美国财政部部长亨利·保尔森、美联储主席本·伯南克以及时任纽约联邦储备银行行长的蒂莫西·盖特纳一同决定，允许具有 153 年历史的第四大国际投资银行雷曼兄弟公司破产。这时，本来只是美国一个国家的金融危机，终于演变成了一场全球的系统性危机。

我们有很充分的理由来设想，曾经领衔高盛这家全球最有计谋的华尔街投资银行的保尔森以及华盛顿的其他人，是故意让雷曼兄弟公司破产的。因为仅仅在 6 个月前，（美国）政府还曾插手拯救一家规模小得多的华尔街投资银行——贝尔斯登。两件事一起看，不能不让人心生疑问。有一些很有眼光的观察家是这样设想的：保尔森和他的同伙想触发一场全球金融恐慌，来吓唬美国国会和世界上其他国家和地区，要它们不仅同意拯救或援助华尔街银行，还要拯救美国国际集团这样的保险公司，更重要的是拯救美元体系——这是美国霸权的基础；这个体系是在 1944 年的布雷顿森林会议上建立的。所以，他们就故意让雷曼兄弟公司倒下去。

全球金融海啸的冲击令人震撼。在 18 个月内，估计有价值 50 万亿美元的股票、债券、房地产和其他资产蒸发了。更严重的是，建立在大银行之间资金拆借基础上的国际银行体系完全停止运行。美国的金融体系和经济在危机中首当其冲——问题本来就根植于美国的经济之中。

中国及亚洲、拉丁美洲其他贸易顺差经济体，直接承受了美元危机的“反作用力”。2009 年 1 月，中国官方报告的失业人数比 2008 年增加了不少。对美国经济来说，在好几年的时间里，中国的地位太独特了。在一项看起来反常却又无奈的安排中，中国出口美国加工业产品的货款——贸易顺差，大多被用于购买美元资产——所谓的投资“安全的资产”。中国成了全世界最大的美国国债持有者，其中包括长短期国库券和商业票据；中国另外还持有房利美和房地美这两个“半政府”机构总数达6000亿美元的债券，这是中国在华盛顿的不断敦促下购买的。

亚洲金融危机以后，华盛顿和华尔街用美元把中国挂上了它们的美元体系。它们说服了中国央行，美元只能用来购买美国国债，没有其他的用途。它们静观中国稳步建立起世界上最大的贸易顺差美元储备。在某种意义上，中国的贸易顺差帮助了美国打阿富汗和伊拉克，而这些战争最终是违背中国的利益的——战争的结果是打破石油价格的稳定，伤害经济交往的关系。在一定意义上，只要美元体系看起来还能继续运转，中国政府和央行就别无选择。但是，到2009年以后，继续这样做下去的理由已经很牵强了。

在2007年下半年危机爆发后，华盛顿千方百计说服中国交出更多的美元，让美国政府拿去救助美国最大的和麻烦最多的那些银行——曾经不可一世的花旗银行、美国银行、高盛集团和美国国际集团（一家保险公司）。

最具讽刺意味的是，中国不久前还被美国政府机构私下里称为“不可救药的落后国家”的新兴经济体，现在以惊人的速度翻转了命运，一下了变成了美国最大的官方债务持有者，美国自己反而变成世界上最大的债务国，中国当了超级大国美国的债权人。外界对中国人民银行究竟持有多少美国国债，并不完全清楚。

2009年年初，中国和世界各国都在自问：是否要付出损害本国经济的代价，去拯救那些搬起石头砸自己脚的美国大银行？20国集团经济峰会于2009年4月在全世界的注视中召开了，峰会的成果只是一纸空文——加强国际货币基金组织。我们应该知道，这个组织是1944年华盛顿在布雷顿森林会议上创建的，它本身就是美国对外推行经济帝国主义的很有效的工具。

当笔者写这些话的时候，中国的领导人以及俄罗斯、巴西，甚至德国的领导人，似乎都没有打算插手拯救美元体系。本书的目的，就是把世界上最成功的那个经济帝国的实质向读者敞开，把它走向巅峰和趋向毁灭的道路描绘出来。那个经济帝国今天正在忍受临终的痛苦。中国和欧亚地区的各个国家，尤其是上海合作组织成员国，将会摆脱危机，在经济上变得更加强大、更加稳定，它们的前途一片光明。

中国、欧亚各国、上海合作组织成员国面临的危险，是对手美国受了伤——至少现在华尔街内外的权力精英很像一只受了伤的老虎，困兽犹斗，受伤的老虎可能更加危险。

威廉·恩道尔

2009 年 5 月

于德国威斯巴登

英文版序

货币（金钱）就是权力，这是古训。但是，这个权力究竟有多大、有多厉害，历来很少有人能够洞悉。现代社会从表面上很肤浅地把货币理解为“交易手段”。的确，现代的国民经济尤其是进出口贸易不能没有这样一个“交易手段”。因此，在历史上就逐渐出现了货币这个令各方都满意的偿付方式。

但是，在现代社会里，货币可以被创造出来，同样也可以被毁灭掉。随着货币的创造或者毁灭，经济的大繁荣、大萧条或者适度的增长随之而出现。由于这个原因，把创造或毁灭货币的最终权力交给谁，就是最重要的政治问题。实际上，货币本身就是政治的产物，货币权力应该被视为国家主权最重要的一个方面。没有这个权力，一个国家就不能够掌握本国人民的命运。历史上的纸币永远有白银或黄金这样的贵重物品作担保，纸币正是由于背后的有形物才能得到大众的信任。然而，比黄金更重要的还是国家主权：货币的发行、创造或者毁灭，都必须有国家权力的支持——这个国家权力最终能够通过发动战争来捍卫自己的利益和扩大经济空间——即所谓的“生存空间”*。

* 原指纳粹德国扩张时寻求的所谓生存空间。——译者注

1913 年 12 月 23 日，J.P. 摩根、约翰・D. 洛克菲勒和保罗・沃伯格等为代表的强大的私人银行利益小集团终于说服了美国国会，将发行货币的权力出让给它们。这一天是一个具有无比重大历史意义的日子：一项极其重要的权力被美国国会放弃了。这个权力对合众国人民的福祉如此重要，以至于美国的开国元勋们一定要在《美国宪法》的第一条之下强调它。

从那一天起，美国的法定货币的创造权或毁灭它的权力，就一直把持在一小撮私人银行家手里。美国人民选出的代表不再掌握这项重大的权力。这个事实被故意深深地掩盖下来，以至于没有多少人能看明白它的后果——货币供给的权力落到了私人银行家手里，国家对此失去了控制。这一决定的历史后果也很少被人看清：在随后的一个世纪中发生的两次世界大战，美国都是在最后的关头加入进去，而打这两场战争的目的，恰恰都是为了扩大私人金融托拉斯的权力。

私人银行家通过落入他们手中的联邦储备体系，把货币的最终控制权移交给他们自己。紧随其后，这个货币的最终控制权在 20 世纪 20 年代就首次制造了一个空前的股市繁荣，因为它创造出了空前数量的货币*：利率很低的“便宜的”美元贷款从纽约的各家银行流出，潮水般地涌向世界各地的信贷市场，波及的国家包括魏玛共和国、英国、阿根廷及意大利等。正是这同一个私人金融托拉斯，得到了最高的货币控制权却把它撒手抛向天空，仅仅这一个原因就足以使货币遭到空前的毁灭，而其毁灭的正是这个金融托拉斯自身的利益，对于国家的利益没有任何好处。这场货币大毁灭将美国推入历史上空前严重的经济危机，即那场从 1929 年开始的大萧条。

2007 年的这场国际金融危机，不论是在美国历史上还是在世界历史上，也许都是最大的，原因同样还是私人对货币权力的控制。这场危机从 2007 年夏天起始于美国住房抵押贷款市场上一个不太起眼的角落，到

---

* 即通货膨胀。——译者注

2008年9月已经像燎原之火烧遍了整个世界金融体系。从1945年以来，世界金融体系已经逐渐演变成一个完全依赖美元的体系，而美元却是掌控在华尔街上的几个金融大鳄手里的。必须对这场危机负责的那些名字，全都可以追溯到金融托拉斯1913年12月23日的那场决定命运的政变——这里有每个人都很熟悉的摩根大通、花旗银行、雷曼兄弟、高盛，还有摩根士丹利。

本书记录的是货币权力的秘史。这个故事讲述的是掌握在私人手中的货币权力如何使得美国崛起而成为地球上最强大的国家，又如何使它陷入历史上最严重的困境，而当它的民选政府束手无策的时候，这个腐败透顶的金融托拉斯又如何攫取令人目瞪口呆的巨额货币，试图去修复一个不可救药的体系——由它自己控制的那个私人美元体系。

在一个功能正常的健康机体里癌症不会转移，只有在免疫系统失灵时癌症才会扩散。在过去的一个多世纪中，债务这种“癌症”已经扩散到大多数工业化国家的中央银行；而对债务的控制，一直都是以控制了美联储的私人利益的好恶为转移。那些工业化国家的中央银行，逐步且往往不太情愿地以各种方式模仿美国，把本国货币的主权授予私人银行家、“专业银行家”或者他们的走卒奴仆，像艾伦·格林斯潘或保罗·沃尔克那样的人。

只要这个简单的事实被人们看懂，即使是普通人众也可以看清眼下这场毁灭性的金融危机和经济危机之间的真正关联，还可以厘清从1913年以来近一个世纪中很多场战争和危机之间真正的因果关联。更重要的是，债务这种“癌症”可以被分离并且得到控制，而各国的实际经济状况就可以通过理性的方式得到恢复。

在美国、英国和其他国家的大学里，被这个金融托拉斯的影响支配了的经济学教授们回避讲授这个事实，这并不奇怪。诺贝尔经济学奖是颁发给那些为金融托拉斯的利益服务最有力的经济学家的，例如米尔顿·弗里德曼，还有不太为大众熟知的金融衍生工具理论家罗伯特·默顿、迈伦·斯科尔斯，甚至还有温和的批评家或改革者约瑟夫·斯蒂格利茨和保罗·克鲁格曼。这个奖励制度应该被看成一种专业性的“桂冠”体系，它必须承担的一个重要的功能，即把那个私人金融托拉斯的规则神圣化，并将这一伪科学的体系建构成宗教的教义。他们要告诉我们的是，他们的正确做法永远不能被改变，我们都是不懂得“货币”又没有经验的外行。但是，我们只需要提出一个最基本的问题——让普通公民来问问，究竟是谁拥有真正的货币权力？是主权国家和民选的代表？还是把自身的权力置于大众之上的私人金融寡头集团？

20世纪70年代，美国前国务卿亨利·基辛格置身于权力的顶峰时，据报道他说过这样一句话：“如果你控制了货币，你就控制了整个世界。”这句话非常正确，从中可以得出一个同样正确的推论：一个主权国家，甚至一个超级大国，如果失去了对货币的控制，就会不可挽回地走向衰落，无论是公元400年的罗马帝国、1945年的英帝国，还是2009年的美国，莫不如此。作为超级大国，它是世界的庄家、资本流动的中心，它的货币就是储备货币；如果这个超级大国失去了对世界货币的控制，那么它从支配性大国的地位上跌落下来这个无情的结果必定要出现。在迄今为止的世界历史上，无论是罗马帝国、“日不落”的英帝国还是“美国世纪”，每一个帝国的衰落，都源于奉送货币的最高控制权给私人金融业这个决定。这些私人的利益总是要通过牺牲公共的利益来实现。美国也不例外。

2009年，世界各国在日益加深的危机中要决定的中心问题正是：应该由谁来控制货币权力。由华尔街的银行家组成的国际银行家寡头集团从不关心美国或任何其他国家的大众福利，这有无数历史事实可以证明。那么，令人敬畏的货币权力还要留在这些人手中吗？这些主权国家的政府是否应该开始收回这项权力呢？1913年正式的美国民选政府放弃了货币权力，心照不宣的美国总统和国会在金融托拉斯的压力下退缩，把货币的最终控制权拱手相让！问题其实很简单：是国家控制货币权力，还是货币权力控制国家？

本书是三部曲的第三部。这三部曲的主题取自亨利·基辛格在20

世纪 70 年代中期关于石油、粮食、货币同美国霸权关系的名言。第一部《石油战争：石油政治决定世界新秩序》，记述了石油在美国作为强国崛起中的作用；第二部《粮食危机：利用转基因粮食谋取世界霸权》，记述了美国作为超级大国如何通过对粮食的控制、通过全球化的农工商企业的扩展，以及如何通过控制和传播转基因种子的那些生物技术巨头如孟山都、杜邦公司和陶氏化学公司，去实现对地球上各个民族的控制；在这些公司的背后是和它们勾结的美国官方最高权力机构。本书讨论的就是货币霸权。目前的国际金融危机正在日益深化，而货币和金融是决定命运的关键。作者希望通过本书引起一场有益的辩论。

目 录

第一章

鹊巢鸠占：

新生美联储攫取了货币控制权

A Bankers' Coup D'état Creates a Federal Reserve

我确信，威胁我们自由的，不是常备军队而是（私人）银行体系……如果美国人民允许私人银行控制货币的发行，那么银行以及那些将要依靠银行成长起来的公司会首先用通货膨胀，然后用通货紧缩……剥夺人民所有的财产，直到他们的孩子梦醒时发现，他们在父辈们征服过的大陆上已经无家可归……货币发行权应该从银行那里夺回来，还给人民，它应该属于人民。

——托马斯·杰斐逊，《关于重构银行法案的辩论》

J. P. 摩根登上了王位

J. P. 摩根因为在 1893 年与贝尔蒙特合谋策划了那场大型金融危机，在 19 世纪 90 年代已经是世界上最有势力的银行家之一。在他 24 岁刚刚开始职业生涯时，就以欺诈手段做了一笔生意，把美国军队过剩的旧步枪买下来再重新卖给美国政府去打内战。这批步枪是他通过所谓的代理人从纽约的美军军火库购买的。他的代理人偷偷地以每支枪 3.5 美元的价格购得 5000 支枪，把有缺陷的步枪伪装成完好的新枪，然后按每支 22 美元的价格出售给圣・路易斯的陆军司令部。从此开始了他欺诈、蒙骗和腐败的“波澜壮阔”的职业生涯。[1]

在 J. P. 摩根忙于买卖步枪蒙骗美国政府的时候，其父 J. S. 摩根（摩根・皮博迪银行的合伙人）把家搬到伦敦，与美国银行家乔治・皮博迪一起，担任美国政府在南北战争期间驻英国的财政代表。

在摩根与乔治・皮博迪建立合伙关系的时候，皮博迪是林肯政府驻伦敦的代表。林肯政府那时正全力以赴投入内战，力图使北方联邦战胜南方邦联。一份颇受尊敬的麻省报纸《春田共和报》在 1866 年曾报道说，皮博迪和摩根“……在我们为国家的生存而战时既没有表现出任何忠诚也没有伸出援助之手。他们完全像英国人一样，不相信我们的事业会取得成功，他们只为南方而不为国家说话和做事”。《纽约时报》就摩根和皮博迪在伦敦的活动说道：“没有任何一个人能像乔治・皮博迪公司那样让我们欠欧洲的债务（借据）在我们的货币市场上泛滥，并且打压它的价格，削弱对我们国家的金融信心，而且他从这里赚的钱比任何人都要多。”

根据《美国宪法》，皮博迪和摩根在伦敦的活动已经构成明确的叛国罪。[2]

有其父必有其子，J. P. 摩根依靠欺诈、叛国和蒙骗在美国建立了一个庞大的银行和工业帝国。更有欺骗意味的是，此人始终刻意让有关他的所有新闻报道将他描绘成一个具有基督徒美德的慈善家。

J. P. 摩根的银行在 20 世纪初已经成为美国最有实力的金融机构。1913 年，他参与建立了联邦储备委员会。纽约外交关系协会也得到了摩根银行的支持；这个“协会”是一家私人智囊机构，就是它制定了整个 20 世纪的美国外交政策。在“道威斯计划”的幕后也有摩根银行，该计划要求德国根据《凡尔赛和约》支付战争赔款。这些事件我们将在后面的章节详细叙述。

摩根在“1907 年大恐慌”中扮演的角色，对于随后的历史进程具有决定性意义：对于美帝国通过两次世界大战击败德国的挑战，并最终在战争的废墟上继承了破产的英帝国往昔的地位，摩根 1907 年走的这一步至关重要。

摩根和洛克菲勒导演了“1907 年大恐慌”

“1893 年大恐慌”的赢家是摩根和时任纽约国民城市银行（洛克菲勒标准石油托拉斯的银行）行长的詹姆斯・斯蒂尔曼，以及为数不多的以贝尔蒙特和库恩－洛布公司为首的券商交易所。那次恐慌是他们一手导演的一场挤兑黄金的行动。

J. P. 摩根利用这次危机取得了对美国钢铁和铁路两个战略产业的控制。他于 1901 年控制了美国的钢铁业，合并了卡内基钢铁公司和其他公司，创造了世界上最大的钢铁企业。在创建美国钢铁公司的过程中，摩根为他的新钢铁托拉斯（世界上第一家资产达10亿美元的公司）发行了名义价值高达14.02亿美元的“注水”股票。

美国公司调查局的一项调查确定，在售予公众的资本化的股票中，有一多半（即7.27亿美元）的发行价值没有任何实物财产依据，摩根实际上是把未来的利润都资本化了，这同安然和世通这样臭名昭著的公司在20世纪90年代后期股市狂热中的行为如出一辙。此外，摩根又创建了庞大的通用电气公司、国际收割机公司以及其他无数大型产业集团，端坐其上的正是J. P. 摩根公司这家银行。

斯蒂尔曼的国民城市银行（花旗银行集团），即约翰·洛克菲勒标准石油托拉斯的银行，是美国当时最大的银行。摩根和斯蒂尔曼在1893年后上演的“救市”行动，挽救了美国财政部，但却严重地伤害了克利夫兰总统所属的民主党农民派。这成为1896年选举中的一个大问题。银行界为此遭到倡导使用白银的威廉·詹宁斯·布赖恩的攻击。

标准石油巨头约翰·洛克菲勒与J. P. 摩根及其华尔街上的银行家同伙们，向共和党候选人威廉·麦金利大笔捐钱。麦金利在1896年击败了白银倡导者布赖恩赢得大选。麦金利来自俄亥俄州，该州就是标准石油的家乡，他的职业生涯就是由洛克菲勒的合伙人马克·汉纳一手安排的。汉纳是约翰·洛克菲勒读书时的同学，后来成为其商业合伙人。麦金利当选美国总统，是洛克菲勒与摩根华尔街集团之间密谋串通的结果。汉纳代表洛克菲勒家族，铁路大亨詹姆斯·希尔代表摩根的利益，他们事先进行过秘密会晤。对于摩根和洛克菲勒来说，麦金利当总统等于总统权柄握在了自己人的手里。

借助金本位制，麦金利于1900年再次当选总统。至此，金银复本位制的白银集团全军覆没，摩根及其纽约小集团和伦敦盟友接管美国财政的道路已经扫清。

到了1907年，摩根和洛克菲勒金融集团已经准备好向美国经济发起下一轮金融进攻，这就是后来被称为“1907年大恐慌”的金融危机。

这是金融政变之前发起的最后一次攻击。1913 年，它们将要发动规模最大的（金融）政变，即通过 1913 年《联邦储备法》。在该法案中，懵懵懂懂的美国国会将自己本应该控制的印刷货币的这项权力，拱手让给了私人银行家财团。

1907 年发生的一切都与一家纽约银行有关，这家银行就是尼克博克信托公司。这是一家中型银行，行长是独断专行的查尔斯·巴尼。巴尼及其合伙人弗雷德里克·A. 海因策正打算大量收购联合铜业公司的股票，这家公司是十分抢手的金属黄铜的大型供货商。因此，海因策与强大的洛克菲勒集团产生了冲突，因为控制这家大型联合铜业公司的正是洛克菲勒，对于出生在蒙大拿的海因策这个外来的暴发户对手，洛克菲勒毫无怜悯之心。

1907 年 10 月 14 日，联合铜业公司的股票价格暴涨，每股超过 62 美元。仅仅两天之后它就以 15 美元收盘，把海因策逼上破产的穷途末路。洛克菲勒将几百万磅黄铜投放到市场，造成黄铜价格暴跌，连带着海因策的联合铜业公司的股票价格一路下跌。海因策作为一个商人，具有一个明显的缺陷，他不属于富豪卡特尔，同时又是一个具有挑战性、特立独行的人，并没有留心摩根或洛克菲勒的权势，结果悔之晚矣。

海因策在纽约也有自己的银行，即商业国民银行，他是用自己的资产进军被洛克菲勒主导的黄铜市场的。海因策银行的董事 C. F. 莫斯与其他 6 家中型纽约银行有业务联系。这个信息被泄露给纽约新闻界，马上引起存款人的恐慌和提款挤兑，这 6 家银行和商业国民银行都遭到挤兑。另一条新闻引起了全面的恐慌：纽约第三大信托储蓄银行（即尼克博克信托公司）的总裁与商业国民银行董事莫斯也有业务联系。这条新闻立即触发了挤兑潮，规模较大的尼克博克信托公司也遭到挤兑。[3]

尼克博克信托公司即刻遭受重创。尼克博克信托公司被迫求助于私人银行的票据交换所协会。这个票据交换所协会的领导者不是别人，正是 J. P. 摩根。

摩根要求首先对尼克博克信托公司的账簿进行审计，然后再考虑可能的援助或救助方案。审计组的负责人是摩根的亲信和雇员本杰明·斯特朗，他后来当上了美联储的第一任主席。审计之后的结论是：由于有关银行资不抵债的谣言已经传开，摩根拒绝提供紧急信贷来阻止存款人的挤兑。

接下来掀起了一波对其他信托银行更大范围的挤兑浪潮。根据纽约当时的法律，主要贷款给房地产的信托银行，可以比摩根或洛克菲勒城市银行这样的国民银行持有更低的储备金水平，并执行更宽松的规章制度。恐慌的蔓延，正如1911年的国会调查中所写的，是精心策划的谣言起到了推波助澜的作用。摩根的亲信们在他们控制的报纸上大肆散布谣言，这些报纸包括摩根顾问威廉·拉芬的《纽约太阳晚报》和阿道夫·奥克斯的《纽约时报》。新闻报道专门盯住几个信托银行进行挤兑报道，如美国信托公司，这是摩根和洛克菲勒意欲除掉的公司。

对美国信托公司的挤兑是媒体报道之后才开始的。该银行实际上具备偿付能力，但是它在田纳西煤矿和钢铁公司里也持有大宗股票。这家公司拥有丰富的矿石储藏，为摩根新成立的美国钢铁公司所觊觎。摩根要求美国信托公司一定先同意将它全部田纳西煤炭和铁矿的股票都拿出来作抵押，才肯提供摩根银行家辛迪加的流动资金，那里的矿山是美国已知质量最高的铁矿石储藏地之一。摩根甚至还特意派他的两个副手——美国钢铁公司的亨利·克莱·弗里克和埃尔伯特·加里——去会见西奥多·罗斯福总统，要他们拿到罗斯福明确的意见，同意暂停执行美国的反托拉斯法，以便美国钢铁公司吞并田纳西钢铁公司，他们的理由是，这样做可以“拯救国家”。罗斯福大言不惭地宣称自己是解散托拉斯的人，实际上他与金融托拉斯，特别是摩根利益集团是一丘之貉，只不过他总是远远地躲在幕后。[4]

作为共和党总统的罗斯福总是与洛克菲勒集团、摩根集团或二者的主要代表一起讨论重大的公共政策，他让这个做法形成惯例。他曾将他任内第三份国情咨文的草稿交给洛克菲勒的银行家、国民银行的詹姆斯·斯蒂尔曼，答应根据斯蒂尔曼的想法修改货币问题的部分。1903年

10 月，他曾邀请摩根到白宫进行私人会晤。1912 年，一项美国参议院特权和选举委员会关于政治收买和贿选资金的调查发现，罗斯福总统曾秘密与铁路大亨埃夫里尔·哈里曼就政治任命和竞选捐款通过信。[5]

由于心理上遭到重大打击，巴尼在一个月之后自杀身亡。纽约股票市场崩溃，其原因是缺乏现金的信托银行靠出售股票来筹措资本。国家陷入又一场严重的经济萧条，持续的时间长达 13 个月。全国的地区性银行拒绝按照法律的要求将存款兑换成黄金，它们担心会失去“硬通货”。在某些方面，这场萧条和整整一个世纪之后的 2007 年爆发的银行间信心崩盘的情况十分相似。只是在 1907 年还没有公共的“最后贷款人”——中央银行——来实施干预。

直到罗斯福宣布暂停执行反托拉斯法后，恐慌才渐渐平息下来。摩根如愿以偿得到了他渴望已久的田纳西煤炭和钢铁公司的矿石资源。洛克菲勒和他的银行家詹姆斯·斯蒂尔曼消除了来自海因策的黄铜竞争。当摩根从美国信托公司拿到田纳西煤炭和钢铁公司的股票后，报刊也就不再散布谣言，银行又恢复了正常营业。轻信的公众听到的是，无私的 J. P. 摩根对国家的银行系统实施了一次“英雄般的拯救”。只有少数人并不相信摩根、洛克菲勒及其华尔街亲信确实抱有利他动机，这些人中包括力挺白银的民主党议员威廉·詹宁斯·布赖恩。他在一份陈述中公开声明：“无耻的金融家应该遭到唾弃，他们手中握着打家劫舍掠夺来的财富，他们玩弄最高级的金融手段，对整个国家进行剥削。”[6]

一份不受欢迎的财政部建议

美利坚合众国的政府其实在那个时代就已经具有干预的力量和向缺乏信贷的银行提供贷款的实力，并且可以通过财政部部长行使这个权力。可是在辩论为何反复发生银行恐慌这一现象的时候，这个事实几乎从来没有人提起。财政部本来能够轻而易举地扮演最后贷款者的角色，并且将国家的信贷过程纳入联邦指导和公众控制之下；国会应该拨备紧急储备基金，由财政部部长全权处理。这是在美国宪法第 1 条中就明确规定了。

当时的美国财政部部长莱斯利·肖坚决主张更多地运用美国政府的实力来控制货币市场的危机。在“1907 年大恐慌”的前一年（即 1906 年）的一份美国财政部报告中，他写道：

> 如果财政部部长得到了在他认为必要时可以存入或取出银行的 1 亿美元的权力，除此之外，如果他还被赋予了控制若干家银行准备金的权威，有权随时紧缩全国银行流通（规模），那么我的判断是，只要不发生工业停滞，那么他完全有能力平息任何威胁美国或欧洲的恐慌。世界上没有任何中央银行或政府银行拥有（美国）财政部部长那样的权威，可以让他随时出手调节全世界的金融形势。[7]

美国财政部部长关于在暴发流动性危机时使财政部成为银行业最后贷款人的建议并非异想天开。到 1899 年，恰好在世纪之交，美国财政部拥有比世界上任何中央银行都多的黄金储备，比英格兰银行和法兰西银行都还要多。美元是世界上最坚挺的货币之一，而且美国当时还是由财政部直接控制金本位制的管理，不像欧洲大陆和英国那样由私人银行控制。

然而，摩根、洛克菲勒以及当时金融托拉斯背后的精英集团却对这项公众或政府解决方案不感兴趣，因为他们可能无法操纵这样的局面以谋取私利。他们决意利用制造恐慌和危机氛围来推动他们最厚颜无耻的计划：从美国联邦政府手中攫取铸币权，控制货币的供应。他们已经想好了要建立一家完全掌控在摩根、洛克菲勒及其盟友手中的“国家”银行。

1907 年 3 月，美国财政部部长肖莫名其妙地退休了。他的继任者乔治·科特柳是摩根亲朋好友圈子里的人。有科特柳在位，摩根及其在华尔街的朋友们就没有什么可害怕的了。

摩根在危机中闪亮登场，被和他们一伙的金融报刊公开吹捧为救星。那时的摩根的确顺风顺水，股票价格格外地有吸引力。他一边购买大公司股票、扩大他庞大的工业帝国，一边公开宣称他对市场很有“信心”。

如前所述，那时的摩根已经主宰了美国的私营铁路。1889 年，在纽约摩根公司总部召开的一次有各大铁路运输公司老总参加的秘密会议上，摩根建立了一个非法的价格垄断卡特尔，把运费提高了很多。被泄露出来的秘密会议纪要表明，为了维持运费的垄断定价，摩根对不肯就范的铁路公司以冻结贷款相威胁。他预演了数十年后的那个模式——在 20 世纪八九十年代债务危机期间，纽约银行家们通过设在华盛顿的国际货币基金组织和世界银行所采取的行动，用的就是同样的套路：“不按我们的规则玩游戏就是死路一条……”[8]

1907 年的银行危机与一个世纪之后的 2007 年 8 月在纽约爆发的银行同业拆借危机太相似了。2007 年，摩根的美联储和美国纳税人掏钱，救了几家被指定的银行，其中有摩根和洛克菲勒的后人联合经营的那家银行，即 J. P. 摩根大通。1907 年的那场银行恐慌迫使银行收回向房地产和工业公司的贷款。威斯汀豪斯这样的大型电气公司都寻求过破产保护。1908 年，威斯康星州参议员罗伯特 · 拉福莱特站出来，指责“一个阻碍和毁灭繁荣的金融家小集团”为它们的利润“故意挑起最近的恐慌”。对此，摩根默然无语。

摩根有办法收拾 1907 年的危机。美国财政部部长乔治 · 科特柳给了他巨大的支持，为他提供了一笔 2500 万美元的巨款，这事发生在他与摩根的合伙人乔治 · 珀金斯在摩根的纽约办公室的一次深夜密谈之后。在危机期间这么大规模的资金提供了额外的流动性。科特柳说道：“给我留下深刻印象的不只是商业机构的稳定，而且还有本市商业界许多著名人物在公共利益方面表现出的最大勇气和奉献精神。”科特柳从财政部离职后，由于他忠诚的服务，获得了奖赏，他被任命为摩根 - 洛克菲勒所控制的综合煤气公司的总裁。[9]

经由纽约财政部次长的办公室，来自联邦金库的成箱的黄金和满袋的绿背*被运送到科特柳指定的银行。标准石油托拉斯的创始人老约翰·洛克菲勒也向摩根保证，说他愿意提供帮助。洛克菲勒在摩根的联合信托公司存入1000万美元，并且许诺如果需要的话，可再存入4000万美元。

摩根成功地领导华尔街银行扭转了1907年股市大恐慌之后发生的金融大崩溃，而这次崩溃却是他故意发动的。他领导的那个由银行家组成的小集团吸收了大量的政府存款，这些金钱如何用于金融救助都由摩根决定。[10]摩根用这些钱在敌友之间运筹帷幄，赏罚分明。

1911年，美国国会委员会针对美国商业控制（后来称为“金融托拉斯”）的调查，确认摩根公司成员控制了至少47家美国公司的72个董事席位，这些公司的价值共计21.04亿美元，在一百年前这是一个非常惊人的数字。[11]

摩根－洛克菲勒的全国货币委员会

1907—1908年发生的这场危机除了极大地增加了摩根的金融和政治影响力以外，还产生了另一个结果，就是建立了全国货币委员会，该委员会负责研究货币问题并向美国国会就如何避免未来恐慌和银行业危机提出建议。这个委员会从一开始就受到外部操纵。西奥多·罗斯福总统签署的《奥尔德里奇·弗里兰法案》使它生效，该委员会于1908年成立，其职责是制定一个防止金融市场上再次发生货币恐慌的计划。

全国货币委员会的负责人纳尔逊·奥尔德里奇是美国参议员兼大权在握的参议院财经委员会主席。他和州长纳尔逊·奥尔德里奇·洛克菲勒的中间名相同，是小约翰·D.洛克菲勒的岳父，这个小洛克菲勒是标准石油公司创建人老洛克菲勒的儿子。奥尔德里奇还有一个称号——“摩

* 美国纸币，因背面为绿色而得名。——译者注

根在参议院的场内经纪人”。[12]

参议员奥尔德里奇也深陷腐败丑闻。1905年《麦克卢尔杂志》*的一篇文章披露，奥尔德里奇控制了腐败的罗得岛州政治机器，大多数州参议员已经被奥尔德里奇的集团所收买。1881年，奥尔德里奇关了他的杂货店去竞选美国参议员时，他申报的财产总额是5万美元。当参议员奥尔德里奇服务美国参议院三十年后寿终正寝时，他的财产总额达到1200万美元，这笔巨大的财富当然不会是靠参议院微薄的薪水、靠勤俭节约能够积攒起来的。[13]

摩根和洛克菲勒也许永远找不到一个比奥尔德里奇更精明的人来推动一个持怀疑观望态度的国会，一步一步走向他们所期望的“货币改革”。奥尔德里奇对美国历史上最重大的政变——1913年《联邦储备法》的通过——负有重大责任。至于是谁支持了他，以及这场政变是怎样导演出来的，只有极少的几个人才知晓内情。

银行家的政变：占领国家银行

以参议员纳尔逊·奥尔德里奇为首的国家货币委员会于1908年成立，仅仅过了一年多，美国这帮银行家的计划就制定完毕。这是一个绝密计划，以后世的眼光来看，这是美国历史上当之无愧的最大的政变，其目标是从美国国会手中夺取宪法赋予国会的发行和控制货币的权力，即使牺牲美国人民的普遍福利，也要为他们的一己私利服务。

这些图谋控制美国货币的人绝非一般的银行家，他们是美国银行家的另类：J. P. 摩根、纽约私人银行库恩-洛布公司的德国人保罗·沃伯格、奥古斯特·贝尔蒙特公司、塞利格曼公司、李·希金森公司以及最后策划了金融政变的其他人。这些人与他们在伦敦的同伙一样，差不多

* 著名的“耙粪”（即揭露黑幕）的刊物。——译者注

都是国际银行家。在伦敦，这些国际银行家自称商业银行家；在纽约，他们更喜欢“投资银行家”这个头衔。两者其实是一回事。

出于商业的本性，国际银行家们都不会忠于任何特定的国家。哪里能够让他们左右形势并且赚到钱，哪里就是他们的乐土。由于这个原因，保守秘密对于他们的成功来说，对于他们获得战胜对手的优势来说，至关重要。很久以来，从威尼斯共和国开始，他们就知道，贷款给政府和君主，比贷款给私人的好处要大得多，因为那是有条件的贷款，以国家权力支撑的税收为担保，债务肯定能偿还。金钱是敲开权力大厦之门最有效的工具。

通过提供信贷或削减贷款，就可以对整个国家或地区实行控制，这与第一次世界大战之前伦敦和巴黎的银行家对奥斯曼帝国的所作所为如出一辙。货币，或者更准确地说，对货币的控制权，是这些银行家的战略目标。通过控制央行或国家银行来控制国家，对于他们的权力来说至关重要。正如亨利·基辛格在 20 世纪 70 年代所说过的，国际银行家精英集团的最高目标就是控制全世界——“谁控制了货币，谁就控制了整个世界”。

国际银行家，如巴林、罗斯柴尔德*、施罗德、摩根、沃伯格、希夫、马利特或塞利格曼，都十分注重同本国政府和外国政府建立亲密的关系，因为政府发放债务。他们为政府担保的债券支付很高的溢价，行事极为机密，从不让大众理解他们的金钱是如何在幕后操纵政治决策的，其中包括发动战争、维持和平这样的决定。国际银行家们的绝密行动已成为传统和行动特征，只有这样才能有助于政治策划，便于收买政客和法官，出钱发动政变并消灭不合作的统治者或国家首脑，为听命于银行家的继任者开路。

19 世纪时，美国曾经有过好多种银行。在南北战争中的 1863 年，美国国会依照《国家货币法》通过了《国家银行法》，这部法律的主体部

---

* 过去译为“洛希尔”。——译者注

分是由财政部部长萨蒙·蔡斯起草的。新法律指定全国的某些银行业中心为“储备城市”，在那里的地区性银行能够以存款和纸币的形式留存一部分准备金（最低准备金率为25%）。国家银行设立储备城市，如芝加哥、圣路易斯或波士顿。

按照这样的设计，位于纽约市的几个国家银行拥有特殊的地位，它们必须以金币、金条或银币、银条的形式保留25%的储备金。根据该法律，纽约市被规定为新的银行法之下的“中央储备城市”，这相当于承认它已经成为国家的货币中心，预示了它五十年后将被1913年的《联邦储备法》赋予的角色。[14]

地方和地区性的银行在纽约的各家银行存款能够获得利息，因此资本就从地区性银行流向纽约，这个趋势一直持续到20世纪初。这样一来，纽约的国民银行的规模都大得超乎寻常。此外，根据法令，纽约的两家银行，即纽约第一国民银行和后来的纽约市大通国民银行，被赋予了联邦银行的地位。后者变成洛克菲勒标准石油帝国的大通银行，该银行由当时的财政部部长萨蒙·蔡斯的姓命名*。

相比之下，还存在着一个为数很少但极有影响力的私人银行和国际银行集团，因为不向公众出售股票而不受地域的限制，它们做生意不受任何一个州的约束。联邦银行和州法律中的大漏洞被它们利用了。

这些银行不能像国家许可的股份制银行那样发行钞票。但是，它们却因此而不受管制，可以在它们发现机会的任何地方做生意。在19世纪后半叶的数十年里，这些“非法定银行”变成了国际银行的金融机构，如摩根、库恩-洛布、拉扎德、德雷塞尔以及其他一小部分人，可以在修建国家铁路、为扩展跨越各州界的大工业项目提供融资中最大规模地自由运作金融交易。

因为不受州界的限制，这些银行主要用来自伦敦和巴黎的资本，为美国铁路建设所需的巨大花费提供融资，从中牟取高额利润。他们是美

---

*“大通”是Chase的中文翻译，来自1863年美国财政部部长萨蒙·蔡斯（Salmon P. Chase）的姓氏。——译者注

国国内的国际银行家。[15]

在 20 世纪第一个十年结束时，有两个巨人傲视国际银行业群雄，一个是英国的纳撒尼尔·罗斯柴尔德手下的罗斯柴尔德公司；另一个是属于美国 J. P. 摩根的摩根公司。它们并不是总能友好相处。最初，这两家银行紧密合作，摩根公司很周到地维护罗斯柴尔德在美国的利益。后来，随着 20 世纪第一个十年接近尾声和第一次世界大战临近，当英国工业和英帝国明显衰落时，一开始与罗斯柴尔德紧密合作的摩根开始谋求建立自己在金融上的绝对统治，一场不可避免的争斗就开始了。

后来被称为“联邦储备体系”的这个制度，是为确立私人银行对美国货币体系的控制而设计的，这些私人银行被摩根和纽约的国际银行家小圈子所控制，这一切都是经过了精心准备才得以实现的。从美国宪法将铸币权明确地交给美国国会之后的一个多世纪中，私人银行业一直在争取得到大众的支持，获得国家银行的身份，但是它们的尝试始终没有成功。

佐治亚州哲基尔岛上的秘密会议

国际银行家集团起草的文本后来成为 1913 年的《联邦储备法》，它以最机密和最欺骗人的手法干了这件事。在摩根和洛克菲勒操纵的“1907 年大恐慌”之后的 1908 年，西奥多·罗斯福任命共和党参议员纳尔逊·奥尔德里奇主持国家货币委员会。1910 年 11 月，纳尔逊·奥尔德里奇同一群美国大金融家一起，乘坐密封的火车包厢，前往摩根的私人海岛度假村，即佐治亚州海岸边的哲基尔岛。[16] 要是有哪个好奇的记者发现美国最有实力的金融家在此聚会，他们就会以打野鸭为聚会的借口，但他们没法说他们要去猎的是什么鸭子。

除了奥尔德里奇以外，这个行踪诡秘的小组还包括了弗兰克·范德利普，即纽约国民城市银行的董事长。这家银行是约翰·洛克菲勒的家

摩根旗下的哲基尔岛俱乐部是一个银行家小集团秘密集会的场所

族银行，在“1907年大恐慌”之后，摩根和雅各布·希夫的库恩－洛布公司也成了它的股东。经过严格挑选的银行家还有摩根公司的高级合伙人亨利·戴维森，被摩根掌控的纽约第一国民银行董事长查尔斯·诺顿，被摩根掌控的纽约银行托拉斯副董事长本杰明·斯特朗（摩根的心腹）。这个小组还包括财政部部长助理派亚特·安德鲁。

实力雄厚的洛克菲勒集团也派了两个有影响力的代表前往哲基尔岛。第一位代表是库恩－洛布公司的保罗·沃伯格，该公司是仅次于摩根公司的第二大私人投资公司。沃伯格实际上是约翰·洛克菲勒的间接代表，库恩－洛布公司当时是约翰·洛克菲勒的首席投资银行，通过弗雷德里克·盖茨以投资顾问身份指导洛克菲勒。它也是联合太平洋铁路公司哈里曼的银行。[17]上文提到的国民城市银行的董事长弗兰克·范德利普是洛克菲勒集团在哲基尔岛上的第二位代表。

出现在哲基尔岛上的银行家小组就沃伯格提出的计划达成了共识，在这里摩根显然占据了优势地位，在场的5家主要纽约银行中有3家与摩根银行集团有直接联系。所以毫不奇怪，在1914年决定最重要的纽约联邦储备银行第一任行长的人选——本杰明·斯特朗时，摩根起到了决定性的作用。本杰明·斯特朗是摩根的合伙人。

沃伯格计划

1916年，B. C. 福布斯*在《联邦储备法》变成白纸黑字后曾经提到哲基尔岛的秘密聚会。他写道：

> 这是我第一次告诉世人的一个真实故事：著名的奥尔德里奇货币报告是如何写成的。那个报告是我们新货币体系的基础……每一个人都被警告要绝对保守秘密。关于我们将要做的事情，公众不应该获得一点点暗示。

福布斯没有提任何人的姓。他继续写道：

> 纳尔逊**向亨利、弗兰克、保罗和皮亚特透露，他们将被关在哲基尔岛上，与世隔绝，直到他们为美国编制出一个科学的货币体系，即现行的联邦储备体系，在哲基尔岛上完成……沃伯格是把奥尔德里奇系统和现行的系统***结合起来的那个环节。只有他才能使这个系统成为现实。[18]

保罗·沃伯格在形成美国联邦储备模式的过程中起了决定性作用，而他是一名德国人，这实在是一个讽刺。沃伯格随后于1914年被任命为新的美联储第一届董事会董事和副董事长，任期直到1918年。这里的讽刺意味并不在于保罗·沃伯格是德国人，而在于他的美联储可以变成战争融资工具，从而有可能在1918年击败德皇威廉二世的德国。

更具讽刺意味的是，保罗·沃伯格有一个兄弟马克斯·沃伯格，他是德国战争期间的情报部门首脑和德国最强大的私人银行之一——汉堡的沃伯格家族银行行长，因为替德国在战时筹款有功而闻名遐迩。[19]而英国战争期间派到华盛顿的秘密情报部门的首脑威廉·怀斯曼，在战争

---

* 与金融杂志《福布斯》创办者同姓。——译者注

** 即纳尔逊·奥尔德里奇。——笔者注

*** 即联邦储备系统。——笔者注

结束后竟然会成为保罗·沃伯格从前的银行——库恩－洛布的合伙人。

同床异梦并非只出现在政治舞台上！

在1910年哲基尔岛的秘密聚会上，库恩－洛布公司的保罗·沃伯格提出了一项骗人的建议，他的目的是使新的国家银行法令能够被国会通过。他故意不说这是国家银行或中央银行，而是听起来无害的“联邦储备银行协会”。他推出的论点是，美国模式与英格兰银行或其他欧洲中央银行不同，是一个分散权力、保证地区性银行业对货币的最大控制的模式。

美国最大的银行和货币中心纽约支配一切的影响力，被隐藏在12家独立的地区性银行的面具之下，从旧金山到堪萨斯城、明尼阿波利斯、亚特兰大、波士顿再回到纽约，一批地区性银行将被建立起来。每一家地区性银行都是私营的，而且将被该地区最有实力的银行或公司所拥有，就像费城银行家莱斯利·肖在1913年就“奥尔德里奇计划”举行的一次国会听证会上所说的，这个货币体系肯定可以做到的是：

> 你建成一个地方性组织，集中控制就有了保证……你把这些银行网罗在一起，它们就能够具有这个国家除了报纸以外的最大影响力。[20]

在哲基尔岛上制定的《奥尔德里奇－沃伯格中央银行计划》，被1911年1月11日的《国家》周刊注意到了：

> 中央银行这一名称被刻意回避了，但是被冠以“联邦储备协会”这个名称的拟议中的中央组织，其实是被赋予了欧洲中央银行所通常具有的权力和责任。[21]

按照沃伯格的计划和建议，联邦储备协会的12家成员银行将由私人股东持股并拥有，而私人股东可以为了谋求私利而利用美国政府的信誉；它将控制美国的货币和信贷；它将成为一家发行货币的银行，这意味着它可以随心所欲地创造货币或信用，它会在战争期间通过创造信贷来为政府筹资。

沃伯格是参加哲基尔岛会议的唯一一位对欧洲各种中央银行职能有直接经验的人。他把私营的英格兰银行当作他的储备银行的样板。

1943 年，《美国大百科全书》关于英格兰银行的词条是这样写的：

> 它的弱点是一个系统中内生的弱点，这个系统已经形成，而受到的立法控制却微乎其微……它的资本为私人所持有，在管理上不受来自国家的任何直接的或间接的控制。

随后该词条提到英格兰银行和它的后裔（即美联储）共同的决定性特征：

> 另一方面，在整个历史中，它总是或多或少地处在国家的保护之下。它的发展过程中写着一次又一次把资本贷给国家、借此确认和扩展自己特权的事件……英格兰银行被一个行长、一个副行长和由 24 名大股东选举的董事组成的董事会所控制，也就是说，这些董事是由股东*根据董事会提名选举出来的……[22]

为了替君主理财，1694 年英王威廉三世授予英格兰银行皇家特许，创建一个拥有“永久利益基金”的银行。这个计划是一名苏格兰发起人兼私掠船**船主发明的，这人叫威廉·佩特森。

英国政府的一台永远的货币机器就这样诞生了。永远的国家债务也随之问世。英格兰银行将要为从伦敦金融城中生长出来的那个帝国融资。在正常的经济条件下会发生的货币的缺乏或流动性的缺乏都不会再妨碍英帝国了。依据阿姆斯特丹银行模式建立起来的这个“部分准备金制”银行业，连同“垄断”银行这个激进的金钱观念一起，将要为永远不偿还的贷款把货币创造出来。[23]

---

* 即私人股东。——译者注

** 获得国家授权可以攻击敌国商船的民用船只，由英国人最先使用。1856 年，欧洲各国签署条约禁止私掠船。——译者注

部分准备金银行业不可告人的秘密

部分准备金制度最早在17世纪中叶被阿姆斯特丹银行秘密地采用，唯恐会导致存款户的恐慌，但最后它还是引起了恐慌。

阿姆斯特丹银行是在阿姆斯特丹市的保护下，为了一个非常具体的目的而在1609年成立的。因为黄金和白银硬币体积巨大，搬运不便，并且有被抢劫的风险，因此商人们创建了银行，按照货币真实的和固有的价值接受外国的和当地的铸币。银行要扣缴数额不大的铸币费和管理费，并且将客户存留的金银数量登记造册。扣除了小额铸币费和管理费之后，银行将其余的钱出借给客户，这种信贷就被称为银行货币。与造币厂的标准保持一致的并具有同样价值的银行货币，其价值会逐渐超过在流通中总会磨损的金银铸币。与此同时，一条管理的规则被引入进来，所有从阿姆斯特丹银行兑付的价值超过600荷兰盾的商业票据，都必须用银行货币来支付。这一规则消除了来自银行票据本身的不确定性，迫使所有商人都在银行开设账户，然后进一步造成了对阿姆斯特丹银行的货币的需求。

然而，阿姆斯特丹的银行家很快意识到，在任何一个时候，他们收到的存款中只有一小部分被取出，因此他们开始秘密地着手制定最低平均存款保留标准，把其余的钱贷出去，这样就能用他们借来的存款去赚钱了。刚开始的时候，他们只贷出存款总额的一小部分，因为这样干好像没什么问题，后来贷出额增加到50%以上。可是如果公众知道他们的黄金只有50%安全地存在银行里，就有可能发生恐慌。1791年果然发生了恐慌，这家银行也就走到了终点。

滥用储户的信用委托是完全可能发生的，因为银行并没有得到指令来公布这些信息。这就是现代银行原则的开端。在只保留部分准备金的贷款制度中，一家银行或整个银行系统的价值基础，实际上变成了储户的信任，这是一个微妙的价值基础。部分准备金制度的本质，会驱使银行最大限度地贷出款项以便使收益最大化，直到信贷过剩导致市场崩溃。

因为银行可以贷出本来不属于它的资金，因此信贷机制就是通过简单的账目变换，把货币从虚无中创造出来。

这就是在联邦储备委员会成立之前一个世纪中不断被策划制造出来的银行恐慌的历史。摩根和他的精英银行家同伙们想要的是一家由自己选出来的人永久控制的中央银行，一个充当信贷系统保护人的机构，让各种银行都服从银行业统一利益的“中央警察”一样，操控银行准备金率的水平，随便提高或降低，以达到维持部分准备金贷款制度运转的目的。它给予纽约金融托拉斯银行的权力，足以对美国信贷实行准垄断，后来的历史证明这种权力令人畏惧。

民主党调查“金融托拉斯”

哲基尔岛秘密会议数月之后的1912年，由于国会议员老查尔斯·林德伯格提议调查华尔街势力，美国众议院银行业和货币委员会举行了听证会。因其委员会主席是路易斯安那州的民主党人阿尔塞纳·皮若，所以被称为“皮若委员会”。皮若委员会的使命从表面上看，是调查美国的银行业和货币的状况。

该委员会发出了正式要求，传唤J. P. 摩根在美国国会委员会面前作证，他同第一国民银行创始人之一的乔治·贝克、詹姆斯·希尔以及威廉·洛克菲勒（标准石油托拉斯的约翰·洛克菲勒的兄弟）等藏匿在他位于纽约的庄园中，拒绝接受传唤。他因为“咽喉疼痛”无法作证。摩根和其他金融托拉斯里的人物后来虽然出席了听证会，但是拒绝说出任何实质性内容。

尽管银行家们不合作，该委员会的调查还是得出了结论：金融领导人为了加强他们对多个产业的控制而密谋滥用了公信力。美国的货币和信贷这两个方面都在走向集中控制，通过将银行所有权集中到少数人手中，银行将它们亲手挑选出来的同伙安置到它们投放贷款或者持有股票的企业托拉斯或工业集团的公司董事会中，从而强化了银行对这些企业的控制。

该委员会在记录中指出，处于金融托拉斯最上层的6家大金融公司控制了最重要的钢铁、铁路、公用设施、石油和炼油以及其他大的工业集团。这个权力的集中通过控制全国主要媒体而完成，全国媒体中铺天盖地的宣传都是有利于金融托拉斯集团特殊利益的内容。这是一个相互勾结的董事会体系，在它的核心处实施控制的是该委员会提到的6家私人银行。

该委员会报告提供的细节指出，在1913年，美国这个巨型经济、政治和金融势力的金字塔顶端，端坐着J. P. 摩根公司——一家私人投资银行。皮若报告记录的事实表明，摩根通过持股和占据董事会席位，掌握了对美国最大的几家公司的控制权，其中包括美国钢铁公司、美国电话电报公司、西联汇款、通用电气公司、国际收割机公司、信孚银行公司*、担保信托公司、纽约国民城市银行、纽约中央铁路、北方太平洋铁路、泛北方和巴尔的摩－俄亥俄铁路。皮若委员会记录的1913年被摩根集团有效控制的公司总数达到112家。

皮若报告指出，摩根拥有广泛的国际联系，他先是以J. S. 摩根公司作为伦敦银行的合伙人，后来以摩根·格伦费尔和巴黎银行摩根·哈杰斯公司的名义同伦敦银行合伙。摩根再次受到传唤，他出席了听证会但拒绝透露任何实质性内容。他说自己是一个无权无势的逍遥派，不受古怪的法律和共和党政府的任何束缚。

皮若委员会的记录进一步表明，影响力仅次于J. P. 摩根公司的是纽约第一国民银行，摩根在其中也有巨大的利益；居第三位的是纽约国民城市银行，其创建人是约翰·洛克菲勒的兄弟威廉·洛克菲勒，在那里摩根与洛克菲勒集团共享控制权。皮若报告还提到顶级金融机构中的私人银行库恩－洛布公司，以及其他两家私人银行——纽约的基德尔·皮

---

* 又称“银行家信托银行或公司”。——译者注

博迪公司和波士顿的李·希金森公司。

这 6 家金融机构实际上控制了创建联邦储备体系时的美国经济。皮若所说的 4 家金融托拉斯，即 J. P. 摩根公司、第一国民城市银行、纽约第一国民银行以及摩根控制的担保信托公司，就控制了价值达 220 亿美元的惊人财富。它们通过担任公司的董事和持有公司的股票来实现对财富的控制。

皮若报告的发布看起来是在宪法赋予国会的权力范围以内，向金融托拉斯的权势提出的一次严肃挑战。而事实正相反，这是一次由金融托拉斯银行家精心策划的活动，借以提高新近选出的民主党占多数的国会在大众心目中的支持度，以便推出民主党版本的国家银行法令，即 1913 年的《欧文 - 格拉斯联邦储备法》。

《欧文 - 格拉斯联邦储备法》的核心部分是民主党律师塞缪尔·昂特迈耶起草的，他又是皮若委员会的主调查员。所以与林德伯格的愿望相反，皮若调查是金融托拉斯精心设计的一场表演，它的目的是让民主党占多数的国会通过它自己所希望的控制银行业的法案。共和党人奥尔德里奇提出的计划在摩根控制的报刊上遭到严厉斥责，而《欧文 - 格拉斯联邦储备法》这个由纽约金融托拉斯控制和主导的模式，却被赞扬为公平而民主的选择。[24]

事实恰恰相反。那一年为皮若听证会所作的宣传，实际上为金融托拉斯大开了绿灯，使它得以在不久之后实施最凶猛的政变——全面策划和通过《联邦储备法》，从此实施对美国货币的控制。皮若报告指出的纽约银行集团，正是那个秘密集会并且起草了后来成为《联邦储备法》草案的银行集团。因此，它力推并且通过的《联邦储备法》最有利于它自己，就毫不奇怪了。

共和党银行家收买民主党人实施政变

到1910年时，摩根和金融托拉斯已经决定，有必要推行新版的私营阿姆斯特丹银行的信心游戏，这是他们自己的版本，不用阿姆斯特丹市来签字认可，而是要由对美利坚合众国联邦政府的信任和尊重来认可。

由于在整个国家和国会中，特别是民主党人（如查尔斯·林德伯格）和进步的共和党人（如罗伯特·拉·福莱特）中，存在对金融托拉斯严重的和普遍的不信任，所以有必要对这个计划进行欺骗性伪装——以攻击参议员奥尔德里奇的国家货币委员会和“奥尔德里奇计划”为掩护，推出沃伯格的“中央银行计划”。弗吉尼亚州的卡特·格拉斯在国会举行了听证会，批评奥尔德里奇委员会的工作是浪费公共资金，谴责奥尔德里奇计划是“将投票的控制权置于大银行之手”。[25]

虽然大力谴责“奥尔德里奇计划”是“中央银行计划”，但国会议员格拉斯自己的《联邦储备法》恰恰充满了中央银行的职能并且让金融托拉斯私人控制，这正是沃伯格在1910年哲基尔岛会议上策划的东西。格拉斯法案只不过是一个披着民主党议案的羊皮、化过妆的“奥尔德里奇计划”。怪不得保罗·沃伯格被伍德罗·威尔逊总统指定起草为格拉斯方案配套的备用法案。沃伯格与威尔逊总统之间的联络人是威尔逊的心腹爱德华·豪斯上校。[26]

银行的股票将由私人股东所持有，这些股东将利用美利坚合众国政府的全部信誉来谋取私利。格拉斯设计的美联储将控制美国的货币和信贷，这直接违反了美国宪法的第一条。宪法第一条把这种控制权明确地赋予了政府所有机构中最具共和主义性质的机构：美国国会。此外，格拉斯设计的美联储将是一家“钞票发行银行”，它能够“从稀薄的空气”中发行钞票，并且能够在“战时”发行信贷来为政府融资。实质上，这个联邦体系放弃了印钞票的权力，将之拱手让予合法化的私人银行卡特尔，这个卡特尔通过洛克菲勒家族、库恩－洛布公司和J. P. 摩根的代理而附属于伦敦金融城中的银行，其中最重要的，正是罗斯柴尔德公司。[27]

总之，格拉斯法案给予由摩根家族领导的私人银行阴谋小集团的，正是对发行钞票的全面垄断控制，这个钞票在经济生活中就是法币，就是货币。具有启迪意义的是，1913年《欧文－格拉斯联邦储备法》也赢得了美国银行家协会的热烈赞同，同时却遭到大众报刊的贬损。美国共和党人在1910年失去了对众议院的控制，又在1912年的全国选举中失去了对参议院的控制，让民主党人控制了国会。1912年，伍德罗·威尔逊的当选，也是一小撮人操作的结果。这帮人通过资助第三方来分裂共和党，这个第三方是被戏称为“雄鹿党”的“进步党”，它推出的总统候选人，是前共和党总统西奥多·罗斯福。[28]

正是摩根和洛克菲勒的金钱使得“改革”的民主党人伍德罗·威尔逊于1912年入主白宫。威尔逊自从1898年出任精英普林斯顿大学校长开始，就被有权有势的银行家小集团所推崇，这些人的首领是普林斯顿的费尔普斯道奇黄铜联合企业的克利夫兰·道奇，他还是摩根－洛克菲勒国民城市银行的董事。威尔逊与道奇之间的个人关系亲密到直呼“亲爱的克利夫”的程度。[29]

当摩根集团认定，在政治上威尔逊将比一个共和党总统更有可能批准一项共和党的国家银行法提案并签字生效时，它就开始策划一次全国性的媒体宣传运动，通过摩根集团秘密控制的报纸，鼓吹威尔逊（时任新泽西州州长）为“自由的改革者”候选人。威尔逊的提名是用金钱买来的，这些钱来自国民城市银行的道奇、从属于摩根的赛勒斯·麦科马克国际收割机公司以及保罗·沃伯格的投资银行，还有库恩－洛布的高级合伙人雅各布·希夫。[30]威尔逊是被哲基尔岛阴谋集团用金钱收买的人，他不会辜负他的赞助者。

1913年12月23日，圣诞夜前一日，几乎没有经过辩论，《联邦储备法》（又称《格拉斯－欧文法》）由国会通过。当许多美国国会议员已经回家过圣诞节的时候，共和党人控制的参议院通过了该法案。在它通过仅仅一个小时之后，民主党总统伍德罗·威尔逊就签署了它，让它变成法律。

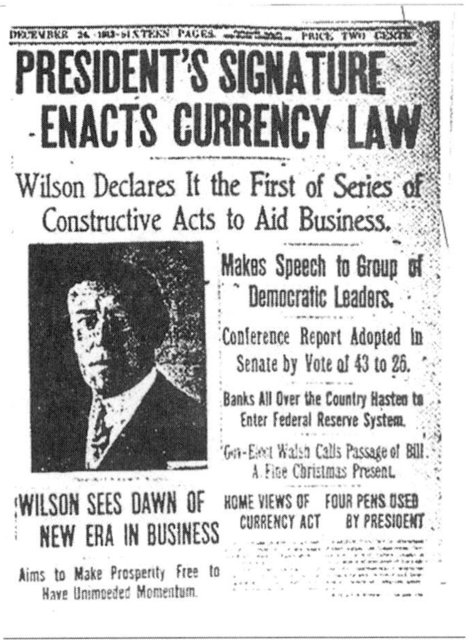

PRESIDENT'S SIGNATURE ENACTS CURRENCY LAW

Wilson Declares It the First of Series of Constructive Acts to Aid Business.

Makes Speech to Group of Democratic Leaders.

Conference Report Adopted in Senate by Vote of 43 to 26.

Banks All Over the Country Hasten to Enter Federal Reserve System.

Gov.-Elect Walsh Calls Passage of Bill A Fine Christmas Present.

WILSON SEES DAWN OF NEW ERA IN BUSINESS

Aims to Make Prosperity Free to Have Unimpeded Momentum.

HOME VIEWS OF CURRENCY ACT

FOUR PENS USED BY PRESIDENT

刊登《联邦储备法》通过消息的报纸

联邦储备体系作为独立的中央银行被建立起来。虽然美国总统负责任命联邦储备体系的主席和各位行长，并且该任命还得经过美国参议院的同意，但是12家私人储备银行的董事长是该体系的主人。在这12人之上的，是任何人都无法企及的纽约联邦储备银行董事长的权力。美联储作出的决定并不需要总统或政府其他部门和国会行政分支机构任何人的批准。国会对美国所有银行的全部货币政策的决定权就这样通过立法被埋葬了。

非成员银行所持有的股票不具任何投票权。这一条款保证了外人无法购买联邦储备委员会的股份。这是一个严格的内部人或老朋友的俱乐部，由金融托拉斯实施控制。[31]

1913年，《联邦储备法》通过后几个月之内，新上任的纽约联邦储备银行董事长、摩根的朋友本杰明·斯特朗，与美联储的董事和该法案的起草者保罗·沃伯格一起前往白宫和国会，他们还要为该法的修正案进行游说，允许新成立的中央银行有这样的权力：既能毁灭货币也能创造货币。他们做得很成功。到此为止，美联储及其下属的、控制政策的私人银行家们创造经济繁荣、为战争进行经济动员、制造通货紧缩性的衰退和萧条的道路，现在已经被扫清。所有这一切都是由暴力推进的，暴力程度超过了此前金融托拉斯银行家动用过的任何一种暴力，那时还是建立私人联邦储备体系之前的那个世纪。随之而发生的经济涨落过程被给予了伪科学的解释，那个理论被冠以“经济周期”之名，仿佛这个涨落过程是无论如何都不可避免的。但是，事实绝非如此。

新成立的美联储最重要的使用价值，是允许私人银行特别是摩根家族及其同伙，去冒从前谁都无法想象的风险。它们的投机行为具有多大的风险，现在都以美利坚合众国政府的“全部信誉”为抵押，外加不知情的纳税人提供的支持。对1787年以来从未见过的第三国民银行手中的权力，对它无限的力量进行首次检验的时刻很快就要来到了。英国和法国不久之后就要向美国政府要求大量贷款，为它们1914年摧毁德意志第二帝国和奥匈帝国的战争融资，这就是后来的第一次世界大战。

第二章

幕后操纵：

摩根和美联储出钱让欧洲打仗

Morgan and the Federal Reserve Finance a War

这是一场保卫世界民主的战争。

——伍德罗·威尔逊总统于1918年在公共信息委员会上的讲话

捉襟见肘的英帝国

在1914年世界大战的前夜，庞大的、号称“日不落”的不列颠帝国至少从表面上看起来仍然强大。尽管它的内部核心之处已经腐朽，经济上已经走向穷途末路，但这个事实当时还无法被人认清。1899年，靠着从性情古怪的矿业大佬塞西尔·罗得斯那里得到的金钱，英国同南非德兰士瓦的荷兰布尔移民打了一仗，从后者手中夺取了大量黄金资源。南非的黄金延长了伦敦金融城的寿命。那一年正是维多利亚女王登基60周年，她作为女王已经统治了世界上最强大的帝国超过半个世纪。英帝国正处于权力和声望的顶峰，这一点不容置疑。

南非开普殖民区的高级专员艾尔弗雷德·米尔纳，是罗斯柴尔德勋爵的密友，两人都是一个自称“天命人社团”（The Society of the Elect）的秘密会社成员。米尔纳与罗得斯、亚瑟·鲍尔弗和埃尔伯特·加里都在觊觎荷兰在南非的布尔人德兰士瓦共和国和奥兰治自由邦的金矿所蕴含的经济权力。他还想建立一个从开普敦到埃及的不列颠殖民邦联，对非洲大陆实施支配和统治。[1]

伦敦的罗斯柴尔德公司既支持罗得斯和米尔纳，也支持他们打仗的理由。塞西尔·罗得斯心中有一个长远的打算——以英国东印度公司为楷模，成立一家英国南非公司，他需要得到皇家特许。罗得斯相信，南非丰富的黄金和矿产资源将足以使伦敦金融城在数十年里维持它在全世界无可匹敌的金融中心的地位。

罗得斯、米尔纳以及英帝国的战略家精英们，大多数都曾经在牛津大学万灵学院求过学。为了振兴低落的帝国精神，他们在1910年成立了一个秘密会社，这个团体将会秘密地对英帝国的战略政策施加重大影响，直到第二次世界大战结束。他们借中世纪圣贤亚瑟王的传说称自己的组织为“圆桌”，并且以“圆桌”这个名字命名他们的杂志。[2]

英国人打赢了布尔战争，但是在走向胜利的道路上他们失去了帝国。伦敦本以为能够速战速决，但是事与愿违。英国与欧洲仇敌的最后一次战争是1853年与俄国打的克里米亚战争。自从那时以后，英国军队在长达四十年的时间里，只是在与世界各地缺少武器缺乏训练的土著人作战，再未遇到真正的挑战。1899年的布尔战争在伦敦被设想成又一个“小小的辉煌战争”，伦敦人以为在几周之内这场战争就会结束。差不多一个世纪之后，美国将军在针对伊拉克的震慑行动和实施快速占领之后，也表现过英国人的那种狂妄自大。

布尔战争对于英国，正如一个世纪之后的伊拉克战争对于美国一样，最后的结果都非常具有破坏性。荷兰的布尔移民打得很勇猛，采用了非常规的或不对称的战术来对付占有很大优势的对手。英国人按照老习惯从殖民地调军队来打仗。布尔人像游击队那样迅速行动，高度机动灵活，他们还得到了德国毛瑟枪和新的无烟子弹，这样打起仗来便于隐藏阵地。

布尔人采用“打了就跑”的战术，不仅造成了英国人难以承受的损失，还彻底挫败了英帝国绅士派头的“公平之战”的观点。布尔人不是绅士，他们是在为土地和家园而战。那场痛苦的战争持续了三年多，而英国为名义上的胜利付出了高昂的代价。布尔战争向全世界表明，世界上最强大的帝国不能打败一支数量很小而又处于劣势的军队，因为这支小小的军队决心保卫家园。这是美国的精英在20世纪70年代打越南战争时还要痛苦地再学习一次的教训。

布尔战争的成本和伤亡人数不停地上升，而女王陛下的将军们一口咬定离战争的结束不远了。英国舆论开始不耐烦了。由于英国的无能和疏漏，2.5 万布尔平民（主要是妇女和儿童）和 1.4 万当地土著人死于“集中营”——这个全新的名词在这里第一次出场。这场战争是一个分水岭，英国人自己的帝国理念从此开始缓慢地走向衰落。[3]

挑战英国全球领导地位的两个对手

在英国显示出没落迹象之时，两个潜在的竞争者难以觉察地登场了，它们将要挑战英帝国并且填补帝国角色的空白。第一个挑战者是德意志第二帝国。尽管德国精英当中很少有人去思考 1900 年之后的英国，但是德国的工业增长、教育系统和科学技术已将英国远远抛在身后。只有在世界贸易方面，伦敦金融城还占据着主导地位。

第二个挑战者是美利坚合众国。它在 1898—1899 年刚刚打完第一场帝国战争——为了得到菲律宾和古巴而与西班牙开战。英国、德国和美国之间秘而不宣的地缘政治竞争，还需要花费三十年的时间、打两次世界大战才能见分晓。[4]

在美国，控制了金融托拉斯和大工业托拉斯的精英，以及那些围绕着摩根、洛克菲勒、哈里曼、希夫等的精英们，现在看到了掌握真正的、主导性的、全球性权力的机遇。

布鲁克斯·亚当斯是约翰·昆西·亚当斯总统的孙子，是最狂热和最有影响力的美帝国鼓吹者之一。他在 1902 年写道：

> 在刚刚过去的十年里，世界经历了一种周期性发作的危机，改变了社会均衡。确定均势的力量源泉已经从欧洲向美国转移……应用科学是实现美国至高无上地位的唯一途径……在经济和能源领域，优秀的美国公司在管理方面无可匹敌。

亚当斯指的显然是摩根的美国钢铁公司、洛克菲勒的标准石油公司和它们控制的铁路和其他产业。他继续写道：

> 美利坚合众国构成了一个庞大的和正在成长的帝国，这个帝国扩展到了半个地球，拥有自己积聚的财富、最完美的运输工具以及世界上所能够达到的最精致而又最强大的工业体系。[5]

亚当斯的描述，预示了1904年哈尔福德·麦金德具有里程碑意义的一篇文章《历史的地理枢纽》中的思想。亚当斯这样写道：

> 美国现在占据了一个力量无边的位置。受惠于诸多因素如地理位置、矿藏、气候和它的人民的性格，只要对付国内大众的摩擦不至于抵消它的活力，那么它不论在和平时期或者在战争中都不必惧怕对手……采取了公司的形式后，能够控制这些公司的人就会脱颖而出，因为他们是最合适的人。这个过程就是自然选择。[6]

天定命运论

亚当斯重复的是弗雷德里克·杰克逊·特纳的思想。特纳把美国“天定命运论”* 理论化了。特纳认为，美国的独特之处在于它有无限扩展的边疆。他将美国的历史存在定义为永远向西部新边疆行进的地缘政治扩张：“一片自由的土地，它的存在和不断的回归，无休止地向西移民推进，这就概括了美国的发展。”特纳认为：“美国人，正在膨胀的人民，开疆拓土是他们都具有的本性。”这正是后来德国的“生存空间”概念的先声 **，在它的里面浸透了宗教式虚幻：是上帝要美国来充当救世主。

特纳认为，正在发生的地缘政治扩张，是“那些扩张势力内在力量的真实成就”。对他来说，美国历史就是一个“把边界不断向前推进的

---

* 又译“天命论”“天命观”“昭昭天命”。——译者注
** 纳粹德国的“生存空间”指其国土以外可控制的领土和属地。——译者注

历史……美国所具有的活力会要求为它施展抱负找到一个不断扩大的空间”。[7]

特纳和亚当斯的著作为美国精英家族从1890年以来在全球扩张的行为和计划创造了在道德上站得住脚的理论。美国“天命论”在1914年欧洲大战这个节点上，用精英圈里的J. P. 摩根和约翰·D. 洛克菲勒的观点来看，就是去填补全球事务中由于英帝国衰落而形成的真空。亚当斯在他写于世纪之交的《新帝国》一书中，预见到美国将成为世界大国，并将征服整个欧亚大陆这个地缘政治意义上的空间。[8]

亚当斯与特纳一样，是社会达尔文主义者，洛克菲勒、卡内基、摩根和大多数美国富豪精英也都是。他们说出了一个遏制不住的想法：19世纪美国实行扩张是承奉“天定之命”，先要横跨美洲大陆，不久以后必须统治这个世界的所有其他地方，因为那个照耀颓废僵硬的英帝国的太阳已经西沉了。

布鲁克斯·亚当斯将特纳的“边疆”扩大到全世界，在这里就是公开地反对德国和对抗英国。他指出，美国要成为英国霸权的继任者，唯一的竞争对手是德意志第二帝国。在两个对手之间，美国要同较弱的英国结盟，反对较强的德国——这就是美国从一场欧洲大战的废墟中崛起的战略。野心勃勃的美国精英已经认真钻研过英国式的均势战略。他们踌躇满志，要动真刀真枪地干了。这些美国学生马上就要动手向老师挑战了。不过，干这件事情还需要一点时间。

找一个打仗的借口

英国的军事和外交领导者因走背运而于1914年参战，其中的细节在笔者的前一部著作《石油战争：石油政治决定世界新秩序》里已有叙述。[9]那一场战争并不是由于违反重大国际条约在萨拉热窝刺杀弗兰茨·斐迪南大公而引发的。打那场战争的战略决定，很早以前就在白厅和唐宁街10号作出了。英国先是在1904年与法国达成友好谅解，然后与沙皇俄国签订1907年协定——俄国在1904年的日俄战争中输给了英国支持的日本。这个“三国协约”的目的，是对它们共同的仇敌德国实行军事包围和孤立。

那时，英国政界主要受两大派系的影响。其一是以罗伯特·塞西尔勋爵为首的团体。塞西尔在战争期间的1915年担任过一年的外交次长，然后在1916—1918年间负责掌控“战时对敌封锁”这样的重要行动。塞西尔是伊丽莎白女王一世顾问的后裔，他后来起草了战后成为国际联盟宪章核心部分的内容。

其二是影响力大得多的艾尔弗雷德·米尔纳的圆桌会社的拥戴者。圆桌会社利用对伦敦《泰晤士报》社论的控制权来宣扬这样一个观点：德意志第二帝国的存在和经济强劲的增长，已经对英国继续统治海洋、控制世界贸易和资金流动构成了致命威胁。它力图使读者相信，要想阻止德国从英帝国的废墟中走向世界统治者的地位，打一场先发制人的战争是无法避免的。

宣战的直接理由实际上有两个。第一个，也许是最具有决定性意义的一个，是德国银行界和政治领导修建铁路线的决定——把柏林和美索不达米亚的巴格达（奥斯曼帝国的一部分）连接起来，这对英国从波斯得到石油供给、对英国控制通往其直辖殖民地印度的通道构成了威胁。在敏锐的英国军事思想家看来（年轻的海军大臣温斯顿·邱吉尔也在其中），这个形势由于第二个因素而恶化：德意志第二帝国还打算建立远洋海军，从1898—1912年将分阶段实施此计划，至少要保证德国海上贸易通道的安全，反对英国对海洋的控制。这是德国海军上将阿尔弗雷德·冯·蒂尔皮茨的主意。

自从拿破仑战争以来，英帝国的战略核心一直都是控制具有战略意义的海上交通线和全球商业贸易通道。[10]英国向德国和奥匈帝国开战的决定以及后来向奥斯曼帝国开战的决定，并不是出于英帝国的强大，反而是由于这个帝国看到了自己的致命弱点。这是精心策划好的：最好的战略是先下手为强，而不是坐待崛起的德国霸权来挑战英国，那时将更难以应对。这个决策最终要证明的是，英国的统治是会终结的。不过，在英国精英不情愿地承认这个事实之前，还有两次世界大战要打，还要再过好多年的时间。

中立的美国："他使我们免于战争……"

欧洲战争爆发时，美国的全部人口中 1/3 以上是移民，大多数来自德国、爱尔兰和意大利，其中有 800 万美籍德国人。除了主要在东海岸与伦敦或法国有商业往来的少量银行业和商业精英以外，绝大多数美国人与一场在欧洲进行的战争没有利害关系，也没有兴趣介入，这场战争绝不会威胁到美国的安全。

1916 年，伍德罗·威尔逊总统，就是与金融托拉斯成员一起于 1913 年创建联邦储备委员会的那个总统，再次得到"雄鹿"进步党的支持，以最微弱的优势连任总统。

乔治·珀金斯，J. P. 摩根的前任合伙人，这个事件中的政治贿赂"中间人"，曾经会见奥古斯特·贝尔蒙特、雅各布·希夫、乔治·贝克和科尼利厄斯·范德比尔特，这些人都是金融托拉斯精英中的精英。为了确保威尔逊在 1915 年年底连任，他们在美国钢铁公司的埃尔伯特·加里的家里秘密会晤过。[11] 参与者还有前总统、"雄鹿"进步党的党首西奥多·罗斯福。在战争中繁荣起来的这家美国钢铁公司，也是由摩根掌控的。

威尔逊十分小心谨慎地接受来自摩根圈子的秘密竞选资金，这个圈子里有他的老赞助人克利夫兰·道奇、库恩－洛布公司的雅各布·希夫、金融家伯纳德·巴鲁克、华尔街的威廉·博伊斯·汤普森和大通国民银行的大股东海登·斯通。尽管如此，威尔逊仍然只是勉强获胜。在投票的次日，加利福尼亚进步党人对选票做了手脚，让人不得不对威尔逊的得票数产生怀疑。[12]

1916年1月，连任的威尔逊总统召开了一个记者会。他在竞选中提出的唯一口号是“他使我们免于战争”，这是他的影子顾问爱德华·豪斯上校设计出来的。在那次记者会上，威尔逊说过这样的话：“在我的心目中，这是一个人民的政府，而人民是不会选择战争的。”一年过去之后，美国人民仍然不选择战争，但是威尔逊选择了战争，在他的背后是金融托拉斯的强烈要求。

摩根的买卖很赚钱

1914年8月第一次世界大战伊始，英国的财政已经崩溃，经济陷入了萧条。英格兰银行的黄金储备下降到警戒线以下。英国的工业已经无力生产足够打一场全面战争所需要的装备和弹药。[13]

1914年10月，英国政府陆军部派了一个代表团前往华盛顿，任务是从美国私人公司那里采购军用物资。美国的官方立场是保持严格中立。英国的采购团很快就决定将纽约的一家私人投资银行——摩根公司——作为它的独家采购代理商。表面上看起来，让一家中立国的私人银行作为另一国的官方采购代理人是极其冒险的。不过，1914年开张的联邦储备委员会使风险更加容易管理。

摩根充当了英王陛下的政府中介人，安排军火和军需品、武器、军服、化学品的采购，总之就是1914年打一场当时的现代战争所需要的一切。此外，英国政府还任命了同一家摩根公司作为金融代理人。摩根得到了一个令人钦羡的身份，既为战争采购融资，又安排和挑选供货的公司，还要为采购的武器装备制定价格。所以，毫不奇怪，只有摩根和洛克菲勒公司集团旗下的那些公司，才能从摩根这场精明的采购中受益。[14]

英国陆军部询问过摩根公司的新任主席小摩根（他继承了1913年去世的老摩根的职位），威尔逊总统将如何看待美国最具知名度的银行如此毫不遮掩地偏袒英国，帮助它打仗。据报道，小摩根这样回答，公司肯定不会使保持中立的美国政府感到尴尬，因为摩根与英国陆军部、后来与法国政府之间的业务，只是扩大贸易的商业行为，与政治或外交无关。1915 年 1 月，摩根去白宫见威尔逊总统，讨论摩根在与英国的交往中所担任的角色。威尔逊告诉他，他本人对摩根集团或其他人“促进贸易”的任何行为都没有异议。[15]

战争史无前例地推进了贸易。

1915 年欧洲战争爆发之后，特拉华州的杜邦公司得到一笔惊人的 1 亿美元的款项，该款项通过摩根公司从英国汇来，用途是加强生产炸药的部门。在短短几个月内，杜邦从一个不起眼的小公司变成了全国的工业支柱。伯利恒钢铁公司、美国钢铁公司、威斯汀豪斯电气公司、雷明顿兵器公司、柯尔特轻武器公司的订单都在不断地增加，到 1915 年年底总计约 1.75 亿美元。美国钢铁公司仅利润一项就从 1914 年的 2300 万美元上升到 1917 年的 2.24 亿美元。威廉·洛克菲勒的安纳康达铜业公司的净收入从 1914 年的 900 万美元上升到 1917 年的 2500 万美元。费尔普斯道奇公司与推举威尔逊入主白宫的道奇有密切关系，这个公司的资产增加了大约 400%，从 1914 年的 5900 万美元上升到 1918 年的 2.41 亿美元。[16]

摩根是第一次世界大战前最有权势的银行家

仅仅 1916 年一年时间，保持中立的美国向英国和法国出口的工业制造的军火和军需品价值就达到惊人的 12.9 亿美元。在美国参战的前夜，摩根公司已经安排好向英国和法国出口价值约 50 亿美元的军用物资，后来又向意大利政府出口，所有的交易都是通过摩根公司安排的信贷才完成的。此前还从来没有通过一家私人银行集团经手过这样大的金额。按目前的美元价值计算，这相当于900亿美元，如果这些贷款被拖欠，足够引起一场重大的银行危机。

1915年4月，离美国参战还有两年，J. P. 摩根的合伙人托马斯·拉蒙特（就像大多数摩根的人一样，他也是精心挑选出来的朝圣团的成员）在费城的美国政治学与社会科学学院发表了一场不同寻常但没有引人注意的演讲。拉蒙特的听众主要是大学的老师和学生。他告诉听众，美国的工业从资助和卖军火、卖战争物资给英国及其欧洲盟国中，得到了巨大的利润。如果战争继续打下去，那么摩根和他在华尔街的亲信就会获得更大的利润。对这一点他说得非常清楚。拉蒙特告诉听众：

> ……我们正在从债务人变为债权人……我们正在累积庞大的出口贸易余额……我们的许多制造商和经销商贩卖战争物资的生意十分兴隆。几亿美元的大订单太多了，现在连很一般的普通企业也有生意做了……在这个潮流的高点上，美国就要变成国际信贷市场上的一个重要因素了。

这位摩根银行家显然很满意。国际信贷市场是摩根最关注的领域，战争结束之后，摩根将要把它当作威力无穷的地缘政治武器来使用。

展望不远的未来，拉蒙特接着说：

> 未来会是什么样呢？许多人都相信，纽约要取代伦敦成为世界货币中心。为了担当世界货币中心，我们当然必须成为世界的贸易中心。那是非常可能的……

拉蒙特这样解释将要发生的事态和摩根公司认为可能对美国的全球统治构成挑战的主要威胁对手：

> 贸易问题和金融最高权力的决定因素有好几个，最主要的一个就是战争持续的时间。如果……战争很快结束……那么我们也许会

看到，德国会迅速地重新开始（同美国的）竞争，而目前它的出口贸易几乎完全被切断了。

拉蒙特继续说道：

第三个因素也同样取决于战争的持续时间，即我们是否将要成为向外国提供巨大贷款的贷款方。我们真的会变成向外国政府发放天文数字信贷的贷款方吗？持续时间足够长久的战争，将会推动我们成为债权国，而不再是债务国，而且这个发展趋势迟早会让美元取代英镑成为国际汇兑的基础货币。[17]

这一场不同寻常的演讲被美国媒体——摩根的合作者——尽心尽力地掩盖起来。拉蒙特在这场演讲中概括了摩根公司的战略——不仅仅是战时的，而且也是直到第二次世界大战爆发前的整个第一次世界大战战后时代的战略。

对拉蒙特、摩根公司及他们支持的军工制造业来说，生意是出奇地好。1934 年，在第一次世界大战发生之后二十年，北达科他州共和党人、参议员杰拉尔德·奈（罗伯特·拉福莱特的密友），曾就军火、军需品工业和金融业在将美国拉入战争中的角色举行过听证会。

杰拉尔德·奈把战争工业称作“死亡商人”。他特别指责杜邦公司和另外几个大型化学品公司和军需商，为了从战时销售中获利，宁愿看着美国士兵在战争中丧命。杰拉尔德·奈参议员在 1936 年的总结报告中提出：

被调查的美国军火和军需品公司曾经为了得到生意而进行过不合常规的交易，提供过可疑的馈赠和佣金以及采用秘密行事的办法，事实上对外国政府官员和与他们关系密切的盟友进行过贿赂。[18]

为了摩根公司的世界安全而战

从拉蒙特及其朋友的观点来看，战争期间的“非常做法”干得很漂亮。可是到了1916年年底和1917年年初，前景发生了灾难性的突变。1917年2月，俄国军队在圣彼得堡发动兵变，沙皇退位*。俄国军队上层没有力量镇压兵变。如果俄国退出战争，德国就不再面临两线作战的重压，就能够将军队集中到西线了。

摩根公司向英国、法国、俄国和意大利提供了超过15亿美元的直接战争贷款，还签订了提供给欧洲各交战国约50亿美元的军火和军用物资的订单。摩根公司开始担心德国最终会打赢这场战争。如果真是这样，后果简直无法想象。

1917年11月，列宁领导的俄国十月革命爆发，推翻了选择继续战争的资产阶级临时政府。新政府宣布，苏俄将退出战争。1918年3月，苏俄与德奥集团签订和约，立即退出战争，从此东线战场不复存在。这一事件改变了战争的态势。已经筋疲力尽的法国向英国请求增援遭拒。英国的军旗下有100万军队在中东**，正在为瓜分美索不达米亚未开采的石油宝藏做准备。俄国战场停火，德国将有可能为了最后的一击而集结军队，最后穿过西线横扫法国。[19]

那时，威尔逊派往伦敦的大使是沃尔特·海因斯·佩奇。佩奇与洛克菲勒集团的关系很密切，在被任命为驻英国大使之前曾担任洛克菲勒的普通教育委员会的理事。佩奇也像美国自1902年以来历任驻伦敦大使一样，是朝圣山学社精心挑选出来的成员。威尔逊的融资天使、国民城市银行董事长道奇每年给佩奇2.5万美元的收入“补贴”（在当时是很大的一笔钱）。

1917年3月5日，佩奇大使在向威尔逊总统发出的一封密电中说：

---

* 即俄国第二次资产阶级民主革命，简称“二月革命”。——译者注

** 英国征用殖民地国家的军队打仗。——译者注

我认为，摩根作为英国和法国政府的金融代理的能力不足以应对正在来临的危机，因为压力太大、需求太大、过于紧迫，一家私营代理无法满足……

电文又讲道，欧洲的前景对美国工业和金融利益的影响“令人担忧”：

如果我们与德国开战，我们能够给予协约国的最大帮助就是出钱贷款。在这种情况下，我们的政府如果愿意这样做，可以向法英大量投放贷款，或者担保这样的贷款……

然后，为了确保伍德罗·威尔逊不犯错误，佩奇大使再一次说：“除非我们向德国宣战，否则我们的政府当然不能够提供这种直接贷款……”他又补充道：“如果没有战争的话，美国的国内经济和金融结构就会崩溃。”[20]

1917年4月，伍德罗·威尔逊在1916年作为和平派候选人再次当选总统，带领着美国加入了第一次世界大战。他亲自到国会去请求批准对德国正式宣战。作为宣战的理由，他提出德国又在无限制地用潜艇袭击美国（以及别的国家）前往英国和法国港口的货运商船，而这些商船运送的都是与战争无关的东西。国会给了他压倒多数的支持，只有很少几位坚守中立原则的议员不赞成，其中包括参议员拉福莱特。[21]

美国财政部得到了新成立的美联储的帮助，它的纽约联邦储备银行董事长本杰明·斯特朗（摩根的密友）首次向全国大众发售所谓的“自由贷款”，筹集到数额空前的款项。摩根公司得到的第一笔“自由贷款”达4亿美元，替英国政府抵偿了欠摩根公司的债务。就这样，威尔逊和美国纳税人为摩根“火中取栗”，把摩根公司拉出困境。

自从美国于1917年4月正式参加欧洲战争，直到1919年11月11日与德国签订停战协议，美国政府借给欧洲协约国的钱，就是摩根的托马斯·拉蒙特在1915年演讲中所提到的“真正巨大”的款项，共93.86

威尔逊总统在国会宣布将对德宣战

亿美元，借给英国的为41.36亿美元，借给法国的为22.93亿美元。

为了彻底击败德国，在美联储的担保下，美利坚合众国动员了全部的信心和财力。但是，这90亿美元并没有去往伦敦或巴黎，去满足它们的急需。相反，这些钱直接进入了从属于摩根集团、库恩－洛布或洛克菲勒的美国工业企业，为协约国购买的战争物资付了钱[22]。摩根可真是长袖善舞，没有放过任何一个机会。

威尔逊的白宫还成立了世界上前所未有的、最有影响力的宣传机构，为美国政策180度的大转变进行辩解，把持怀疑态度的美国大众动员起来向德国开战。

宣传就是武器

伍德罗·威尔逊的公共信息委员会（以下简称“公信委”）成立于1917年4月13日，目的是在国内推销战争，向国外宣扬美国的战争目的。在威尔逊的新闻记者朋友乔治·克里尔的领导下，公信委将广告技巧和对人类心理的完美的理解相结合。它标志着首次大规模的政府宣传，这个宣传的规模之大，可以说全面地预示了后来乔治·奥威尔在他的小说《一九八四》里描述的世界。

克里尔的公信委有一位加盟者——出生于维也纳、后来加入美国国籍的年轻的爱德华·伯奈斯，他是美国历史上最狡猾的宣传者之一。他带来了一门全新的知识——精神分析学，这是人类心理学的一个分支，当时甚至还没有翻译成英语。他是奥地利心理分析家西格蒙德·弗洛伊德的外甥，也是弗洛伊德的著作在美国的代理商。

有了克里尔专门挖掘丑闻的新闻写作法，又有伯奈斯熟练运用的弗洛伊德心理学、无意识需求和冲动－分析理论，美国政府的公信委马上就要用接二连三精心策划的谎话向不明真相的美国公众发起攻击。德国士兵用刺刀刺杀比利时婴儿的暴行和各种编造出来的恐怖形象，很能够煽动美国公众的情绪并驱使他们进入战争狂想。他们要反对的是一个国家，即德国皇帝统治的德国，可是这个国家对美国并没有构成任何威胁。

公信委还成了事实上的战时媒体审查人。以“德国宣传的威胁”为理由，公信委对新闻媒体执行了“自愿（宣传）指南”，并且依仗自己反德宣传的成果，推动国会通过了《1917 年反间谍法》和《1918 年反煽动法》。激进的报纸如社会主义的《呼吁理性》等，在战时限制不同政见的规定下，事实上遭到封杀。

亲英派记者、威尔逊的顾问沃尔特·李普曼也加入了克里尔和伯奈斯的公信委。他是一名年轻的哈佛毕业生，受聘担任摩根的华尔街利益集团与英国秘密的圆桌会社之间的联系人。圆桌会社自从 1909 年成立以来，为煽动英国准备与德国开战发挥了极大的影响。[23]

李普曼在纽约《先驱论坛报》上的双周专栏，加入了有上百个国内报纸参加的报业辛迪加，使他成为在美国的最有影响力的亲英喉舌之一。他撰写的专栏文章帮助美国赢得了受过教育的中产阶级的忠诚，否则他们更容易倾向反战或中立。

正是伯奈斯从他的舅舅弗洛伊德那里学来的掌握乌合之众的心理和恶意操纵人类各种情感和动机的才华，使公共信息委员会这样一个机构在数月之内就成功地挑起了大众的战争狂热。随着伯奈斯的才华充分展现，公信委用麦迪逊大街的广告代理商的手法检查各种公众信息渠道，并且把符合主战观点的材料塞进去。

公信委的国内分部下属 19 个处，每个处只负责一种类型的宣传。公信委的新闻处是战争消息的主要渠道，负责向媒体分发成千份新闻稿。它自称每周有 2 万多个报纸专栏都载满了来自公信委的新闻稿，当然它不会向读者说明消息来源。公信委还成立了一个文艺处，招聘知名的长篇小说作家、短篇小说家和杂文家，这些人的工作就是给美国人民创造浅显易懂的战争形象，每个月的读者多达 1200 万人。

公信委的民事和教育合作处中的亲英学者尽心尽力地编写小册子，如《德国低语》《德国战争惯例》《征服与文化》。这是赤裸裸的宣传。那些有声望的思想家，如约翰·杜威和李普曼，把更加成熟的人作为自己的读者群。人群的每一个阶层都被塞满了精心炮制的战争宣传。

公信委的图像宣传处拥有当时最棒的广告画家和漫画家。报纸和杂志都迫不及待地挤出广告版面。任何人拿起一份画报都会看见公信委的材料。富有号召力的招贴画都用爱国的色彩画成，贴在全国各地的广告牌上。漫画上充满力量的人物形象向美国公众促销“自由公债”，或者告诉年轻人：“山姆大叔需要你！”

电影处确保战争在电影院里得到传播。公信委成立了一支全国志愿者队伍——“4 分钟讲解员”，人数最多时达 75000 人，这些热心的志愿者是政府公信委的授权代表，他们在每一场电影开始前进行 4 分钟演讲，宣讲支持战争、购买“自由公债”等，成效非凡。

公信委为现代公共关系行业奠定了基础。图为公信委制作的战争宣传画

1917 年，《电影新闻》的一篇社论说道：“我们这个行业的每一个工作人员都想作出自己应有的贡献”，并且许诺“通过幻灯片、电影的片头和片尾、海报和报纸宣传，我们把立即动员美国的巨大资源所需要的声音传遍四方”。充斥着美国电影院的电影是：《德国皇帝：柏林之兽》《文化之狼》《“潘兴”的军队》等。有一部电影《德国皇帝见鬼去吧》是如此受人欢迎，以至于麻省的防暴警察都被调来对付得不到入场门票

的愤怒人群。

因为宣传者干的行当是“替别人思考”，所以他们偏爱的方式是绕圈子，而不是直截了当和清楚的逻辑。在战争期间，公信委精心策划，挑动公众感情、妖魔化德国、把战争同各种社会集团的目的相连，在必要的时候不惜说谎，无所不为。

诉诸低级情感

公信委的宣传有意识地瞄准人的情感而不是心智，这是运用伯奈斯引进的弗洛伊德影响。情感鼓动是公信委战略家喜爱的一种工具，公众情绪的波动可以被巧妙地制造出来，可以被注入任何一种活动中去，他们深谙此道。战后，发表在《科学月刊》里的一篇文章指出：“一个小女孩和她的小猫遭受苦难的细节，能够激发我们对德国人的仇恨，引起我们对亚美尼亚人的同情，使我们热爱红十字，或者引导我们去为小猫建屋捐钱。”

公信委发明了不少战时口号，如“流血的比利时”“罪恶的德国皇帝”“捍卫民主的世界”。最常见的宣传海报上画着挥舞刺刀的凶恶的德国士兵，解说词是“用自由公债将匈奴人*打回去”。这样仇恨和恐惧的感受就被引向了为战争捐款的实际行动。

战后，芝加哥大学的哈罗德·拉斯韦尔对战争期间的宣传作了社会学和心理学的分析。他发现，德国在美国宣传失败的原因是它强调的是逻辑而不是情感。德国外交官冯·伯恩斯托尔夫伯爵这样认为：“美国普通人的突出特点是伟大、肤浅和多愁善感。”[24] 德国媒体完全没有抓住这一点。

公信委使用的另一个宣传技巧是把敌人妖魔化。拉斯韦尔写道：

---

* 公元 4—5 世纪，来自欧亚草原的一支游牧部族入侵西欧。传说他们是被汉军击败而西迁的匈奴人，其真实身份仍有争论。欧洲一般用匈奴人代指野蛮的、破坏成性的人。——译者注

> 现代国家的心理是非常反对战争的，所以每场战争都必须是针对威胁、入侵和谋杀的防御性战争。对于公众来说，必须明确谁是该死的敌人。

公信委的出版物将德国人画成堕落的、残酷的侵略者。弗农·凯洛格教授在一份公信委的出版物里曾经这样写道：

> 战争结束后，当这个世界上的人如果辨认出一个德国人，他会退让到路边不让德国人碰他，或者俯身捡起石头把他赶走，这会让我们感到惊奇吗？[25]

讲述暴行是妖魔化德国人特别有效的战略。拉斯韦尔说道："如果开始时人们还不愤怒，那就揭露一个暴行，这个办法很奏效。这一手法在人类所知道的一切冲突中百战百胜。"宣传德国在比利时和法国的难以置信的暴行，几乎把德国人的野蛮上升为神话。公信委的宣传机器说德国士兵砍掉比利时婴儿的手来取乐、邪恶的德国士兵切下比利时妇女乳房的故事被反复讲述。

拉斯韦尔于1927年出版了《世界大战中的宣传技巧》，在这本书中，对克里尔、李普曼和伯奈斯的工作作了详细分析。他同意这几个人的看法：不要相信民主国家的大众会被精英分子的观点引导，必须用操纵情感的方式去引导他们。

爱德华·伯奈斯在战后承认，他的同事为了激起对德国的公愤而使用了莫须有的手法。战争期间流传的一些暴行故事，如一个装满了人的眼珠的浴盆、7岁男孩用木头枪与德国士兵对抗，其实是从过去的冲突事件中找出来重复利用的。拉斯韦尔在关于战时宣传的一本书中声称，暴行故事总是受欢迎的，因为读者能在自己心中体验一种对敌人的义愤，还会在某种程度上认同暴行的执行者。他写道："一个年轻女子被敌人强暴了，国境另一边的那一群男人的心中会生出一种隐秘的满足感。"[26]

为了使宣传效果完美，美国政府的公信委有过大手笔的行动，如把“汉堡包”改名为“自由牛排”。几十年后，布什政府为了排斥反对伊拉克战争的法国，也曾经把油炸薯条原来的法文名（freneh fries）改成“自由油炸食品”，宣传手法如出一辙。美国人吃的德国泡菜（sauerkraut）现在成了“自由白菜”（liberty cabbage），著名的德国巧克力奶也变成了荷兰巧克力奶。德裔美国人，虽然热爱和平并且爱国，却由于他们的民族背景和血统而生活在有组织的围攻的恐惧中。

美国经历了战时被李普曼、伯奈斯、拉斯韦尔等用大规模的非常手段操纵舆论的年代之后，已经被改造了。那是一个转折点。这些人把美国改造成外表上很民主，实际上是由一群富豪精英为一己私利而实行欺骗性统治的国家了。

伯奈斯于1928年写了一本极其坦率的书，书名就叫《宣传》。伯奈斯宣布：“战时宣传的巨大成功，打开了少数聪明人的眼界……他们看到了指挥大众意识的可能性。”伯奈斯这样谈论他在公信委的工作：

> 美国政府开发了一项“新”技术……舆论的操纵者利用了大众的传统心态和情感模式，制造出对敌人的所谓暴行、恐怖和专制的群众性反感。战后，聪明人自然会问，对于和平时期的问题是否也有可能采用类似的技巧呢？[27]

伯奈斯欲罢不能，他接着动手建立了一个新的专业，他称为“公共关系”。[28]他在第二次世界大战结束后编了一本书，把这种工作叫作“游说工程学”。纽约麦迪逊大街上的高级广告技巧，那种让人在无意识中产生购买任何一种东西的强烈愿望，如品牌香烟、昂贵的女鞋甚至连收买政治代理人在内，都是伯奈斯创造的。这是一个为了实现特定目标而操纵事实真相的高级技巧，具体目标可以是推销一项政策，也可以是出售象牙牌香皂。他因此获得了“公关之父”的头衔。[29]

由于威尔逊政府的公信委使用了非凡的宣传机器，紧锣密鼓地煽动了美国大众的战争激情，在为英国、法国和意大利提供私营的战争融资和物资供应的背后，摩根和华尔街的利益集团才得以赚大钱，并且还能把有利可图的战争生意进一步扩大。这一次，有美国政府的全部信誉在为摩根和金融托拉斯私人银行的利益作担保。刚刚成立的美联储所具有的事实上无限的融资能力，给摩根和金融托拉斯此次贷款高风险提供了保障。

令人震惊的战争成本

五年可怕的战争岁月过去了，它所造成的死亡和破坏的代价不可估量。在这场号称“结束所有战争的战争”中，按照政府的正式统计，直接或间接死亡的人数为 1600 万—2000 万，其中 700 万人是军人，1000 万人是平民。威尔逊派到欧洲的美国远征军总司令约翰·约瑟夫·潘兴将军*在纽约受到群众狂欢式的欢迎，就像欢迎出征帝王带着战败国丰富的战利品凯旋那样。[30]只是这一次来自战败国的战利品没有归属于打胜仗的将军们，而是收入了摩根家族公司和华尔街的投资银行囊中：它们紧紧抓住新成立的美联储发行的政府自由公债和买卖债券的“业务”，拿着这些钱来投资于欧洲的大战。

用货币来衡量所有参战国的战争代价的总和是惊人的 1860 亿美元，其中德国花费了 390 亿美元，而美国和其他协约国的总数为 1230 亿美元。美国的战争开销是 220 亿美元，实际上从 1917 年 4 月起参战，时间只有两年多一点，花费就有如此之巨。[31]

1919 年 6 月 28 日《凡尔赛和约》签订，此时英国和印度、加拿大以及其他英联邦国家在与德国和其他同盟国的战争中已经花费了 110 亿英镑（540 亿美元）。用历史的眼光来看看这个数字：从 1914 年 3 月 31 日到 1920 年 3 月 31 日的 6 个财政年度中，英国政府的支出已超过 1914

---

* 潘兴为美国著名军事家，是美军历史上第一位获得特级上将军衔的人。——译者注

年以前 225 年支出的总和。

英国人民以税收的形式支付了其中的 36%，其余 64% 是借来的，主要是通过美联储向美国政府借的。他们一共借了 74 亿英镑，然后钉住每英镑对 4.86 美元的汇率。1914 年世界大战爆发的前夜，英国的债务只有 7.11 亿英镑，不足全部国家财富的 5%。战争结束的时候，国家债务已经如吹气球一样涨到 82 亿英镑，6 年时间内增加了 11.5 倍。

这是英帝国作为世界银行业之都的终结，正如托马斯·拉蒙特于 1915 年所希望的那样。英国的战争债务令它窒息。[32] 美国战争期间的公共债务扩大了约 25 倍，从 1913 年的 10 亿美元上升到 1919 年年底的 250 亿美元以上。那笔债务由美联储出售政府债券来融资，购买者是以 J. P. 摩根、库恩 - 洛布公司为首的华尔街私人债券营销商，它们获得了惊人的利润。[33]

J. P. 摩根、洛克菲勒和华尔街上的公司还面临着一个问题，即这个国家还没有准备好从英国手中夺取全球帝国的权杖，还需要多做一点工作，还需要多一点美国佬的精明，还需要再打一场世界大战。

对于 J. P. 摩根公司和它在华尔街金融托拉斯的亲信们来说，最有意义的是第一次世界大战改变了美国的地位，这就是摩根的托马斯·拉蒙特在 1915 年于费城对美国政治与社会科学院的演讲中所期望的——美国从一个债务国变成世界上最大的债权国，这个地位以前是被英国占据的。

在凡尔赛宫镜厅签订《凡尔赛和约》的场景

战争期间，全世界的银行家所普遍接受的那个市场的中心从伦敦转移到了纽约。不只是银行家，美联储董事会前副主席保罗·沃伯格也转移到了纽约。这个美联储的立法设计师回到了库恩－洛布公司，现在它已经是世界上最强大的经营商业承兑汇票的银行了。黄金本位制仍然是外汇兑换的基础，以华尔街银行为首的为数不多的几家国际银行手握黄金，控制着西方国家的货币体系。英国直到1925年以前都没有办法回到金本位制。那一年，借助从本杰明·斯特朗的纽约联邦储备银行得到的一笔黄金贷款和后来追加的摩根公司1亿美元私人贷款，英国经济以惨重的代价回归金本位制。

1919年12月，在纽约的银行家推动下，国会通过了1913年《联邦储备法》的修正案，即《埃奇修正案》。那个小小的修正案说得非常清楚，它授权成立特殊的金融机构，目的是为了“从事国际银行业务和在国外的银行业务，从事其他各种国际或对外的金融操作，包括经营黄金或黄金实物以及持有外国公司的股票”。普林斯顿大学经济学家E. W. 凯默勒这样评价该修正案：“美联储正在证明自己对美国贸易和美国金融的国际化所具有重大的影响。”[34]

凯默勒在这里扮演了20世纪20年代纽约银行业走向国际化的主要角色，他深知此举的意义。国际化正是J. P. 摩根、沃伯格、洛克菲勒和华尔街金融托拉斯内部人小圈子旷日持久地坚持和努力成立私营的美联储的真正目的。美联储在1919年第一次世界大战结束后的十年里对世界政治的重新定义，将证明它确有非同寻常之处。

第三章

异军突起：

洛克菲勒家族占领制高点

New Deal, Great Depression: Rockefellers Take Charge

嗨，总统先生，那不成盗窃了吗？

——参议员托马斯·戈尔质问罗斯福总统于 1933 年停止用黄金偿还债务的决定

摩根家族的衰落

1931 年 9 月，英国和一批欧洲国家放弃了金本位制，这标志着把纽约建成以金汇兑本位制为基础、由美国主导的世界金融中心的第一次尝试失败了。

只要看看这个 1919 年凡尔赛和会以后，由摩根家族公司建立的国际银行信贷体系和债券认购制度有多么脆弱，就会发现这次失败合法合理，而且完全可以预测。

1930 年，美国的农业萧条已经蔓延到全国，1345 家银行倒闭，主要是小型农业银行。继续营业的银行也面对着不断加剧的储户提款压力、深不见底的衰退、信贷资金限量发放和更严峻的萧条，更多的银行倒闭。这是一个不断加速的下降螺旋。1931 年又有 2294 家银行关闭，这个数字几乎是上一年的两倍。1932 年又有 1453 家银行关闭。1932 年是大选年，危机已经从个别银行蔓延到所有的州。从内华达州开始，各州州长宣布全州“银行放假”，试图制止恐慌挤兑。不久，密歇根这个工业州也给银行放假了。

外国中央银行担心美国最终会让美元对黄金比价贬值，以刺激工业出口、遏制失业扩大的趋势，它们和其他美元持有者开始用手中持有的美元兑换黄金。最终必将来临的危机已经无法避免，这更加坚定了美联储不惜一切国内代价坚守黄金平价的决心。1931 年 10 月，美联储在一

一家纽约银行即将破产的传言四起，人们争相挤兑

周内将贴现率从 1.5% 提高到 3.5%，增加了一倍多，试图在当时实行的金本位制下做到“失去的黄金收于货币流通”。

这么高的利率毁掉了美国国内银行复兴的任何希望，还进一步恶化了国内的危机。这一切反过来又刺激了更多的银行储户挤兑。从 8 月到 11 月，包括流通货币和银行存款在内的货币供给下降了 8%，在美联储短短的历史中前所未有。与此同时，在高利率之下，美联储的黄金储备并没有按照“高利息吸引金钱”的理论而增加，反而发生了惊人的下降，损失达 11%。

从 1929 年 10 月的股市崩溃到 1932 年年底（即富兰克林 · 德拉诺 · 罗斯福总统于 1933 年 3 月就职之前），美国国家财富的蒸发规模令任何人都无法想象。国内生产总值从大约 880 亿美元下降到 1932 年年底的 420 亿美元，连一半都不到了。[1]

就在 1929—1933 年纽约股市垮塌的混乱当中，在全美国好几千家小型地区性银行破产的浪潮中，一场巨大的权力斗争在纽约银行的最高层发生。谁将会从这场危机中脱颖而出呢？

如果不算 1861—1865 年内战时期，这是美国历史上第一次政府的公债主导了美国的资本市场。1929 年 10 月纽约股市崩溃之后很短的时间里，美国公债就达到 160 亿美元（1930 年），相当于国民收入的 22%。到 1946 年 1 月第二次世界大战结束时，美国公债达到 2780 亿美元，相当于国民收入的 170%。在仅仅十六年之内，联邦政府的名义债务就增加了 17 倍以上。[2]

美国的银行业务发生了急剧的转变：从为股票买卖和国际信贷融

资，转向为联邦政府的债务融资。银行实际上变成了政府债券的交易机构，而不再是商业贷款人。在几乎四十年的时间里，美国股市都无法恢复到 1929 年达到的水平。

罗斯福政府的政策有一个后果，就是在国际投资银行业的权力大大缩小，特别是摩根、库恩－洛布、狄龙－里德等私人银行从事的那些国际投资业务。英国于 1931 年 9 月放弃金汇兑本位制时，这些银行向欧洲或拉丁美洲发行债券而赚大钱的能力也随之失去了。

摩根公司从此以后再也没有恢复它在纽约和国际金融界的统治地位。摩根公司在第一次世界大战中是英国财政部的独家代理银行，20 世纪 20 年代摩根的继承人和本杰明·斯特朗与英格兰银行的蒙塔古·诺曼保持了亲密关系，从始至终摩根家族不断深化和扩大同衰落中的伦敦金融城的交往，以此建立了它如日中天的国际影响。

1931 年夏天，英格兰银行的诺曼正在疯狂地、徒劳地竭力将英国保留在金汇兑本位制之中。此时，纽约联邦储备银行总裁本杰明·斯特朗告诉诺曼，英国政府的救援计划必须和摩根公司一起制定，该公司仍然是国王陛下的政府在美国的财务代理。如前所述，这是自 1914 年以来摩根一直占据着的能赚大钱的位置。

摩根公司提供贷款的先决条件是，英国必须大大降低失业救济金的标准，这遭到内阁成员的多数反对，拉姆齐·麦克唐纳的英国工党政府为此下台。伦敦的《每日先驱报》写道，纽约的银行家要求以削减英国失业救济金作为贷款的前提条件。摩根保证要组织一个纽约和其他银行的辛迪加，筹集 2 亿美元的巨款，以此拯救英镑和摩根的金本位制。[3]

结果，摩根还是太晚了。1931 年 9 月，英国宣布脱离金本位制。这个事件标志了摩根将英国和伦敦金融城财力结合起来建设以纽约为中心的金融统治计划的失败。

从此以后，英国政府将不再让摩根公司作为它在美国的政府独家金融代理。这是摩根自 1914 年以来一直在扮演的角色，曾给摩根公司带来

1933 年，罗斯福签署了《格拉斯－斯蒂格尔法》

了巨大的好处。[4] 从此，摩根家族的内部权力在美国企业界明显衰落下去。鲨鱼最善于闻到鲜血，尤其是对手的鲜血。

摩根在纽约金融界的首席地位遭受的毁灭性的打击，发生在 1933 年 6 月。国会通过了《格拉斯－斯蒂格尔法》，正式名称是《1933 年银行法》。为了减少将来的股票和金融投机泡沫，该法令禁止拥有公司的银行同时拥有包括保险和投资银行在内的其他金融公司。它还设立了联邦存款保险公司，为银行存款提供担保。

洛克菲勒的大通银行是支持国会通过《格拉斯－斯蒂格尔法》的唯一一家纽约大银行。大通银行主席温思罗普·奥尔德里奇是参议员纳尔逊·奥尔德里奇的儿子。纳尔逊·奥尔德里奇的“奥尔德里奇计划”是 1913 年《联邦储备法》的核心。温思罗普·奥尔德里奇在 1933 年的前几个月一直在华盛顿游说国会。尽管遭到摩根和纽约的其他银行的强烈反对，国会还是通过了《格拉斯－斯蒂格尔法》。大通银行向洛克菲勒旗下各公司（如标准石油公司）提供传统的（实业）贷款，已经建立了世界上最大的存款银行，它越来越不依赖国际债券的认购或买卖股票的投机，这一点与摩根很不一样。[5]

在摩根最虚弱的时候，洛克菲勒不失时机地在对手的后背上捅了一刀。大通在美国国会参议院银行委员会对银行不正当行为的调查中不仅能够自保，还能被描画成新政的“友党”，这在华尔街那个行当中十分罕见。富兰克林·罗斯福被轻蔑地说成是“自己阶级的叛徒”，因为他发表过攻击华尔街贪婪和腐败的讲话，说他们是“经济保皇党人”。罗斯福政府的措施，如设立国家工业复兴总署，则被传统保守的华尔街银行家视为迈向布尔什维克主义的一大步。[6]

J. P. 摩根被迫将本公司拆分成两家企业，即摩根银行和摩根士丹利投资银行，后者的营业范围是购买、出售和承销公司证券。《格拉斯－斯蒂格尔法》通过的时候，全国的银行尚在恐慌之中，罗斯福政府刚刚开始执政。一度强大的摩根家族遭到此项法令毁灭性的一击，再也没有从这个打击中完全恢复过来。[7]

黄金危机和美元缩水

1934 年 1 月，以美国为中心的金本位制仍在勉强维持，带病运转。政府又公布了一份名单，列出了运行状况危急、需要政府援助的银行，结果触发一轮新的恐慌挤兑，遭难的是数千家资本匮乏的小银行。

1933 年 3 月 6 日，罗斯福就任总统两天后颁布了一项关于全国银行假日的法令，规定每一家在美国的银行每周都要关门四天，不能存款也不能取款。总统先生表明他蔑视正式的法定程序，他只援引了一项 1917 年的《与敌方贸易法》作为他的法律依据。按照这个逻辑，持有以黄金为担保的美元的外国人，现在就成了“敌人”。

美国国会在 3 天之内就通过了《紧急银行法》，使总统的行动合法，并授予他采取进一步行动所需要的几乎全部法律权力。1933 年 4 月 5 日，罗斯福签署了一项行政命令，宣布美国公民囤积金币、金块或黄金证券为非法。联邦政府没收了本国公民的黄金。黄金是永远的通用货币和偿债的最终手段，国家大规模没收黄金就是对公民私有财产的强制侵犯，换来的只是印在纸上的支付承诺。公民没有采取行动的能力。他们在不断恶化的萧条中只能期望将来会有好光景。没有几个人能明白黄金的复杂运转。

同时，政府还停止用美元兑换黄金。1933 年 6 月，国会宣布传统的黄金条款合同失效。可是，总价值约 1000 亿美元的这类合同已到期，其中有按揭合同、寿险保单和铁路债券等。黄金条款本来是预防通货膨胀的手段和全额货币偿还的保证；债权人可以根据合同条款，要求以货币或黄金两者中的任意一种作为支付的手段。[8] 现在不能这么做了。债权人再也不能要求用金币偿还私人债务了。来自俄克拉何马州的参议员托马斯·戈尔，当被问及对国会废除黄金条款（罗斯福的诸多紧急稳定措施之一）的看法时，他怒气冲冲地反问道："嗨，总统先生，那不成盗窃了吗？"当美国财政部宣告不再用黄金还债时，伦敦称为"美国式违约拖欠"。[9]

巴鲁克赚钱，别人赔钱

有这么一个人，能够走出金融危机并趁机大大增强了自己拥有的权力和财力。他就是伯纳德·巴鲁克，华尔街金融托拉斯最有政治影响力的融资专家、华尔街在国会的政治"捐助人"。他不仅是威尔逊、胡佛、罗斯福总统的顾问，还是英国首相温斯顿·邱吉尔的顾问。

巴鲁克在当时是最推崇坚持正统的金本位制的人之一，他在第一次世界大战之前和期间发了大财，他的身份是以古根海姆家族为首的美国铜业托拉斯的股票推销人。

在美国参战之前的 1916 年，威尔逊总统任命巴鲁克领导国防部的顾问委员会，这个委员会是后来的军工委员会的前身。在美国参与战场拼杀的时候，他是军工业事实上的执牛耳者。在这个职位上，正如后来美国国会的调查所记录的那样，巴鲁克把美国工业的主要部门组成了企业卡特尔，还帮助铜业等行业建立了大规模的托拉斯，如同价格同盟一般，就这样从战时的生产中赚了大钱。[10]

巴鲁克充分利用了他在国防部机构的职位，获得内部信息。在一份有记录的实例中，巴鲁克曾经在美国参战前两周向他在铜业卡特尔的生意伙伴们通风报信，暗示他们把黄铜价格提到极高的水平，然后向美国政府出售这一重要的战争物资，且数量巨大。两周后的1917年4月2日，威尔逊总统宣布参战。[11]这一切都发生在巴鲁克担任涉及公信力的敏感职位期间。

美国在1917年4月参加欧洲战争之后，在明显的利益冲突中，巴鲁克的谋私行为更加肆无忌惮，以至于遭到报纸的攻击。在战争时期，巴鲁克曾提名由他在华尔街的老朋友和商业伙伴小尤金·迈耶，来监督对铜的全部政府采购。当时迈耶是政府战时金融公司主席。内部人交易和利益冲突对于巴鲁克来说从来就不是问题。巴鲁克后来为他的朋友迈耶获得了很有政治影响力的《华盛顿邮报》的所有权，很可能就是对他的答谢。

华尔街崩溃时，巴鲁克被认为是华盛顿的胡佛政府内最有影响力的民主党人。随后在20世纪30年代初期，国会中的民主党力量开始不断上升，在这个时候当一个民主党人可以掌握很多的权力。在20世纪20年代共和党当政的时期中，巴鲁克就已经建立起了自己的名望，主要的手法是向国会中有影响力的民主党人提供大量政治资金。他曾经是一个没有竞争对手的权力掮客，能控制国会参众两院60张选票，这是人尽皆知的事实。

1930年之后，巴鲁克更频繁地被共和党的总统赫伯特·胡佛点名进行磋商，讨论对于一个由民主党领导的国会，总统应该采取何种行动这一问题，以及在对付国内蔓延的经济危机这一点上，国会能够接受什么样的建议。

巴鲁克在1929年10月股市崩溃前几周售出手中的全部股票，抢在危机前面赚了大钱。他对此从不掩饰，因此在20世纪30年代早期，他在公众场合的讲话几乎被奉为神谕。但是，他从来不告诉大家的是，他的密友、英国前首相温斯顿·邱吉尔在他的建议下也这样做了。巴鲁克和邱吉尔都能做到在股市的巅峰期出手，而这事恰恰就发生在英格兰银行触发了一系列事件，导致了1929年9月的伦敦股市崩盘之前，这总有

伯纳德·巴鲁克（右）帮助邱吉尔（左）在1929年纽约股市崩溃之前成功抛售了股票

点令人生疑。人们会怀疑邱吉尔和巴鲁克利用了自己的内部人身份。

在1931—1932年的关键时刻，伯纳德·巴鲁克在国会的民主党人和共和党人中营造了和谐的氛围，进而主导了立法和政治辩论。很有影响的参议院金融委员会主席和其他权力在手的国会人物，是20世纪30年代初巴鲁克在南卡罗来纳州的庄园的狩猎常客。南卡罗来纳州的年轻参议员、后来的国务卿詹姆斯·伯恩斯也是巴鲁克圈子里的人。

在大萧条的头几年里，巴鲁克占据了对华盛顿的经济政策有特殊重要影响的权力职位。那种时代大家都没有经历过。他利用这种影响力所做的事情，日后被证明对随后的进程有决定性的意义。

他力主参议院的民主党人不要和执政党作对、不要让白宫瘫痪，而是去和胡佛的共和党达成一致。他说道："国家处在一种亢奋状态里。"他告诉参议院的朋友："它现在需要的是休息，不是变革。我们现在不要试图纠正太多的东西。"

民主党有许多方案来代替胡佛灾难性的自由放任政策，但是每一种真正的替代选择在巴鲁克所发挥的独特作用之下都被扼杀了。在这关键的短短几个月时间里，民主党提不出替代胡佛自由放任政策的方案，这个不作为状态，在2008年，国会对共和党提出的7000亿美元拯救华尔街的史无前例的提案进行辩论时，那种非同寻常的沉默相比，其实没有什么不同。

巴鲁克是这样说服国会的：商品价格的下降在1930年10月已经到底，"自然疗法已经发生功效。我不相信政府可以做任何有用的事情。每一次政府插足都把事情弄得更糟糕”。

有一次，他对一群民主党的学院派经济学家说：“商业必须经历被绞干的艰难，然后再从头开始。”好像国民经济只是一台巨大的洗衣机。一位在座的经济学家提出抗议：“如果走这种放任自流的路，政府是在冒街头发生暴乱的风险。”巴鲁克这样反驳他：“用催泪瓦斯总是可以对付的。”

他利用自己的影响力全力以赴地反对一切政府市政工程支出以及借此缓解失业的建议。他轻蔑地说，那叫“岗位膨胀”。1931 年 11 月 12 日，《纽约时报》的头版标题是《巴鲁克认为国家正从衰退中复苏》，而同版上的一篇报道却是反映有超过 67000 名失业者在纽约市排队登记找能救急的工作。巴鲁克呼吁提高税收，目的是在危机中保持政府预算的“平衡和健康”。他坚持认为，所有能发挥作用的公共支出都将使美元膨胀。他的眼睛永远只盯着黄金，从来看不见大众的福利。

巴鲁克成功运用他对国会中民主党人的影响力，说服他们支持胡佛领导的共和党提出的破坏性财政紧缩政策。在国家更深地陷入经济萧条泥沼的时刻，巴鲁克瓦解了制定替代性经济政策的所有努力。在萧条的年代里，巴鲁克坚持不懈地把通货紧缩当作国家政策一直鼓吹下去。

巴鲁克的战略核心是金本位制——他要防止国会修订美国联邦储备体系的任何尝试，不惜一切代价使美国坚守金本位制，即使英国和其他 24 个国家在 1931 年年底已放弃了该体制，他也不会改变。正如他写给参议员好友吉米·伯恩斯的信中说道：“这个国家是不能脱离金本位制这个基础的。”[12]

巴鲁克力促国会和胡佛政府不要放弃金本位制。胡佛的财政部副部长是小奥格登·米尔斯，他也是巴鲁克在胡佛时代在阿拉斯加金矿的商业伙伴，同他们在一起的还有巴鲁克的老朋友小尤金·迈耶，他刚刚被胡佛总统任命为美国联邦储备委员会的董事。[13]

到 1932 年 2 月，在大选年里，美国的黄金储备下降到了令人震惊的低点。超过 10 亿美元的黄金消失了。一方面是由于黄金外流，另一方面是因为私人囤积，这些都是随着美国银行业危机的扩大而发生的。根据法律，美国联邦储备银行必须筹集到 15 亿美元的黄金储备。当时，联邦储备银行的“自由黄金”数额下降到 4.33 亿美元，而且还在以每周 1.5 亿美元的速度消失。巴鲁克鼓足力气向私人和公众呼吁，不惜一切代价坚持金本位制。

胡佛坚定地宣称，他将不会采取进一步的行动来“触动”金本位制的自动运作机制。黄金继续从联邦储备银行的金库流出，倒闭的银行也越来越多。

从 1932 年 5 月《费城档案》的一篇社论中可以听见全国越来越尖锐的警报声：

> 在 3 个月内美国必须暂停黄金支付。如果政府要拖到最后才被迫动手，美国就要大难临头了。如果政府现在就采取行动，它还可以控制通货紧缩，结束萧条，赢回繁荣……以现在黄金逃离联邦储备系统的速度来看，6 周内市场公开的交易就会被迫停滞。要到黄金储备耗尽时它们才会骤然停手——黄金的链条环绕着医治衰退的一切措施……
>
> 我们为什么不能像打仗一样与萧条作斗争？1917 年我们就宣布了黄金禁运，为什么没有人想想这是为什么？……胡佛总统宣布协约国的债务延期偿付，但是却让这些债务国*的国民抽走我们的黄金，还把我们朝毁灭的方向推动。我们是不是被奇异的迷思攫住，为什么只要一提到这种贵金属，我们的行为就失去理性？

在民主党人富兰克林·罗斯福显然将赢得 1932 年 11 月的总统大选时，巴鲁克迅速转向，加入罗斯福联盟，而他先前曾反对提名罗斯福当总统候选人。与此同时，巴鲁克开始在纽约银行的金库中私自囤积金条，向欧洲的供应商购买黄金，还从他自己的阿拉斯加朱诺黄金矿业公司购

---

* 指法国和英国。——译者注

买。1933 年 2 月，即罗斯福就职典礼前的一个月，巴鲁克已经有 66 根金条。他在此时突然停止了购买黄金。巴鲁克已经得知了当选总统罗斯福的黄金政策，他是精选出来的“智囊团”五个成员之一。

1933 年 4 月 5 日，罗斯福发布了总统通告，表示所有的私人黄金要返还给美国财政部。此时，巴鲁克在大家的眼中是“持有金条最多的个人”。当年的晚些时候，罗斯福政府又宣布，它将以高于市场价的价格购买所有新开采的黄金。这是一个错误的恢复商品价格的行动，巴鲁克是主要受益者。巴鲁克还随时向他的朋友邱吉尔通报事态的发展。

结果，美元与黄金的自由兑换一直持续下去，直到新总统富兰克林·德拉诺·罗斯福于 1933 年 4 月 19 日宣布，美国已停止美元在金本位制之下的自由兑换。这是他就职后的首次官方行动之一。

1934 年 1 月，罗斯福按照国会通过的《黄金储备法》恢复金本位制，这是美元对黄金自 1900 年以来的第一次正式贬值。1900 年，麦金利总统签署的《金本位制法》，曾再次确定 1 美元的价值为 25.8 格令 * 黄金。

1934 年的《黄金储备法》将美国置于国际金本位制之下，并规定国内美元不能兑换黄金。各联邦储备银行都要把自己的黄金送到美国财政部，换取财政部发行的黄金证券。罗斯福利用该法令赋予他的权力，宣布美元立即贬值 59%，即 1 盎司（约为 31.1 克）黄金兑换 35 美元。自此，美元保持了 1 盎司黄金 35 美元的比率，直至 20 世纪 70 年代初期那一场致命的美元危机，那是标志“美国世纪”走向终结的起点。此时，即 1934 年，摩根家族相对影响力的衰落已经显露无遗了。

洛克菲勒胜利亮相

摩根家族在美国权势集团中的衰退，导致了一个不可挽回的后果，

* 又称“谷”，为英美制最小的重量单位，等于 0.0648 克，原为麦穗中部麦粒的平均重量。——译者注

这就是洛克菲勒家族的崛起。美国的经济和政治政策从此被一个家族的利益左右和支配，这在美国也是前所未有的。

20世纪20年代，在摩根建立全球美元势力的时候，洛克菲勒集团一直处于幕后。它忙着建设标准石油公司，在中东、拉丁美洲、欧洲和其他地区扩展标准石油公司的势力，并且还集中力量建立了一个国际化学品工业和军事工业，这正是美国的冷战时代军工综合企业的前身*。

到20世纪30年代后期，强大的洛克菲勒王朝实际上由四个兄弟掌管，即第二代的小约翰·D.洛克菲勒的四个儿子：戴维·洛克菲勒、纳尔逊·洛克菲勒、约翰·D.洛克菲勒三世，还有劳伦斯·洛克菲勒。第五个兄弟，温思罗普·洛克菲勒，他在家族王朝的政治活动中扮演的角色不太重要。这四兄弟以标准石油公司和纽约第一国民银行（该行行长为詹姆斯·斯蒂尔曼）为中心，建立了在美国权势集团最高层里的洛氏集团。第一国民银行的董事会成员中有威廉·洛克菲勒（即小约翰·D.洛克菲勒的兄弟）。大通银行是标准石油公司的家族银行，在1933年时居世界银行之首，当大通与洛克菲勒的公平信托公司合并后，便处于洛克菲勒家族的控制之下。

最初，华尔街上的大多数人诅咒罗斯福新政，把它看作美国迈向经济布尔什维克主义的一大步。可是，洛克菲勒兄弟意识到，他们可以利用萧条和危机以及国家的新角色这个巨大的优势，来建立他们的全球帝国。他们没有什么理由惧怕出自罗斯福内阁的任何政策。他们的人组成了总统著名的“智囊团”，其中最初的五人并没有正式职位，可是却能左右总统的政策决定。

在罗斯福总统身边，有一个极为接近最高权力的核心人物，总统的贴身知己，曾经的洛克菲勒雇员，名叫哈里·霍普金斯。他为洛克菲勒家族指点如何行事才能对他们的家族利益有好处。在他主持“有组织的社会服务”这个团体的十多年里，从头到尾都有洛克菲勒基金会的资助。

---

* 参见作者的《石油战争：石油政治决定世界新秩序》第五章。“军工综合企业”（Military Industry Complex）又译作“军事工业复合体”或“军工复合体”。——译者注

霍普金斯是美国在战争年代仅次于罗斯福的第二个最有权力的人，被新闻界称为“代总统”。后来，他竟然住到白宫里去了。[14]

在同一时间里，洛克菲勒家族还与罗斯福智囊团的另一个成员保持着密切联系，这个人就是影响力很大的哥伦比亚大学教授小 A.A. 伯利。他后来作为洛氏家族的顾问，为洛克菲勒的战后拉丁美洲利益而工作，也是纳尔逊·洛克菲勒自传的合作者之一。他同洛克菲勒家族的紧密关系从 20 世纪 20 年代在纽约当律师时就开始了。

由于听从了他们这些人的建议，有助于早日走出经济衰退的政策没有被罗斯福所采用，国家被导向一种仿墨索里尼的意大利“组合”式的松散的国家管制。

1937 年，罗斯福总统（以缺乏对经济学的理解而著名）的第二届总统任期开始后不久，他接受了财政部部长亨利·摩根索的意见：萧条正在结束，过高的政府开支可能引起的通货膨胀是最大的潜在危险。

于是，罗斯福削减了联邦开支，大大削减了整个政府中的新政机构的预算，如公共事业振兴署。美国联邦储备委员会不失时机地紧缩了货币供应，给消费者支出猛踩了一脚刹车。在发生美国历史上最严重的股市下跌的时候，有 200 万美国人失业。媒体把它叫作“罗斯福萧条”。美国第二次陷入了衰退，罗斯福再一次求助伯利这样的人和洛克菲勒利益集团，帮助他制定使美国摆脱第二次萧条的战略。洛克菲勒对此一定是求之不得的。[15]

霍普金斯是“罗斯福新政”的设计者之一

在低迷的股市氛围中，洛克菲勒家族正好可以大展宏图，把手中相互联结的工业和金融机构的网络进一步扩大，因为骨干企业的资产早已被纳入了这个庞大的工业帝国。把占多数的中小企业拿来作一下对比，罗斯福新政最善待的是洛克菲勒集团和最接近它的《财富》世界500强企业。[16]

擅长调查的记者沃尔特·温切尔曾报道说，霍普金斯承认过，他被任命为商务部部长的时候还欠着洛克菲勒的钱，所以他就把商务部部长助理的职位给了纳尔逊·洛克菲勒（小约翰·洛克菲勒的儿子*）。1975年9月7日，洛杉矶《先驱调查者报》指出，纳尔逊·洛克菲勒是被霍普金斯引进20世纪30年代的新政圈的。当时才三十多岁的纳尔逊·洛克菲勒就任商业部部长助理后不久就成了罗斯福密友，曾与总统在香格里拉（即现在的戴维营）秘密休假。[17]

1938年，伯利成了负责拉丁美洲事务的助理国务卿。在任职期间，他可以让从委内瑞拉到巴西和其他地区的洛克菲勒石油等企业得到巨大的好处。

巴鲁克、洛克菲勒等大企业支持墨索里尼模式

那个时候，洛克菲勒在华尔街的利益集团、伯纳德·巴鲁克和大企业的上层圈子下定一个决心，要重组美国的经济，使它按照墨索里尼的法西斯意大利的中央集权的“组合”模式发展。1931年，巴鲁克和他的密友伯纳德·斯沃普（通用电气公司和国民城市银行董事）力主胡佛总统实行一项“稳定工业”的紧急计划，那个计划的真实目的是要使大企业摆脱《谢尔曼反托拉斯法》的限制，为大型的公司合并打开大门。在大萧条期间的股票价格很低，手中有钱的人（如洛克菲勒集团）吞并接管企业是很容易并且很廉价的。[18]

“斯沃普计划”和巴鲁克的想法被胡佛否决了。胡佛是从思想意识上反对国家干预的。当民主党人富兰克林·罗斯福将于1933年接任胡佛

---

* 洛氏家族第三代第二个儿子。——译者注

的形势变得清晰时，巴鲁克和他的华尔街朋友迅速地转换方向，用无数的金钱来铺路，试图打进罗斯福的内部圈子。与媒体精心策划的宣传相反，罗斯福不是它们描绘的“要把放债人从庙宇里赶出去的那个小个子英雄”，他是东海岸富裕家庭的子弟、西奥多·罗斯福的远亲，他从头到脚、从里到外都是华尔街的人，特别是与巴鲁克和洛克菲勒等集团有着密切联系。[19]

罗斯福的劳工部部长弗朗西丝·珀金斯有这样的叙述：

> 在1933年总统就职典礼后的首次内阁会议上，罗斯福的顾问和金融专家伯纳德·巴鲁克以及他的朋友休·约翰逊将军（后来负责国家复兴管理局）来了。他们拿出意大利法西斯理论家詹蒂莱写的书送给每一个人，我们都十分认真地读了那本书。[20]

同样的一个国家控制下的工业改组计划，巴鲁克和斯沃普在1931年没有能够让胡佛接受，但是罗斯福却接受了。

1933年5月，罗斯福在他就职几个星期之后，向国会提议成立国家复兴管理局（NRA）。在经济大萧条的危机当中，这个提案只经过最低限度的辩论就通过了。它的第一任负责人是休·约翰逊准将，他是伯纳德·巴鲁克的同事和顾问，曾在伍德罗·威尔逊的战争工业委员会里与巴鲁克一起共事。巴鲁克和约翰逊的这个国家复兴管理局的观念，主要来源于国家在战时对工业的紧急动员，他们两人在第一次世界大战期间都参与过执行。大企业和华尔街从那时到现在始终沉醉于再次手握这种经济大权的梦想中。[21]

大萧条本应成为他们施展抱负的机会，而约翰逊却是他们的人。在美国政府中，公开认为墨索里尼的意大利法西斯“组合”将来也是美国模式的人，就有约翰逊。

约翰逊领导的国家复兴管理局组织了数千企业，它的行动所依据的规章是由同业公会和行业组织起草的，而经国家复兴管理局批准加入其中的公司，可以合法使用国家复兴管理局的标志“蓝鹰”。

国家复兴管理局政策是由三个工业巨头组成的“三驾马车”主导的，他们都是权力无边的人物：沃尔特·蒂格尔，洛克菲勒新泽西标准石油公司总裁；杰勒德·斯沃普，就是前面提到的“斯沃普计划”的作者，也是通用电气公司董事长；路易斯·柯尔斯坦，波士顿法林父子百货公司副董事长。[22]

通过蒂格尔对约翰逊的国家复兴管理局的影响力，洛克菲勒集团现在可以重新把那 33 家独立的石油公司组合在一起了，它们是最高法院在 1911 年根据《谢尔曼反托拉斯法》下令解散洛氏石油公司后形成的。[23] 这只不过是罗斯福总统任职期间，洛克菲勒集团在巩固了自己对美国内外政策的决策地位之后，在经济衰退期间采取的一系列行动中的一个而已。

1930 年，大部分银行都在艰难挣扎，以图生存，洛克菲勒的大通国民银行却兴旺发达。在这段时间里，该银行的负责人是参议员纳尔逊·奥尔德里奇的儿子温思罗普·奥尔德里奇，其父正是起草了 1910 年哲基尔岛成立美联储的秘密提案的那个人。与约翰·D. 洛克菲勒的儿子（温思罗普·洛克菲勒）同名的这个温思罗普·奥尔德里奇，他的妹妹艾比嫁的正是小约翰·D. 洛克菲勒。

大通银行在 1930 年金融危机最初几个月，最大的并购行动是对纽约公平信托公司的并购，小约翰·D. 洛克菲勒是这家公司最大的股东。这一并购使洛克菲勒的大通银行成为美国乃至世界的最大银行。[24]

由于大萧条时期摩根家族的衰落，洛克菲勒集团占据了主导地位。它们除了控制纽约大通银行和纽约第一城市银行以外，还控制了美国最主要的几个大石油公司，如纽约标准石油公司（美孚石油公司*）、新泽西标准石油公司（埃索 / 埃克森）、加利福尼亚标准石油公司（雪佛龙）和得克萨斯石油公司（德士古）。

洛克菲勒集团对大化工行业和国防工业产业形成了一种居高临下的

* 又译作“飞马石油公司”或“莫比尔石油公司”。——译者注

态势，控制范围包括联合化学公司、安纳康达铜矿公司、杜邦公司、孟山都化学公司、欧林工业公司、温切斯特枪械公司、壳牌公司、海湾石油公司、联合石油公司、陶氏化学公司、塞拉尼斯公司、合成纤维公司、匹兹堡平板玻璃公司、城市服务公司、斯托弗化学公司、大陆石油公司、联合碳化物公司、美国氰胺公司、美国汽车公司、本迪克斯电气公司，还有克莱斯勒。[25]

洛克菲勒开始购买通用汽车和摩根早年创建的通用电器的大量股票，也开始购买国际商用机器公司（当时还是一家新公司）的股票。

到 20 世纪 30 年代末期，洛克菲勒集团手中的工业资本和那些银行，已经稳稳当当地做好了发战争财的准备。它们用不着等待很长的时间了。

第四章

万事俱备：

打造布雷顿森林美元体系

Creating the Bretton Woods Dollar System

我亲爱的克罗斯曼，我们是美帝国里面的希腊人。你会发现很多这样的美国人，就像希腊人发现的罗马人一样——大块头、粗俗、吵吵嚷嚷，比我们更有活力但也比我们更懒惰，比我们有更多的天然美德但也更加腐败。

——哈罗德·麦克米伦，邱吉尔战时顾问，论战后英美关系[1]

美元本位制

1939 年 9 月，德国和苏联瓜分波兰，欧洲战争由此爆发。随着战争的蔓延，欧洲各国的黄金大量流入美国。1935 年，美国官方黄金储备价值已超过 90 亿美元。到 1940 年，即欧洲战争爆发之后，美国黄金储备已增长至 200 亿美元。感到绝望的欧洲国家为筹措资金、减轻战争损失，只好用黄金向美国购买必需品。1944 年 6 月，国际货币会议在美国新罕布什尔州布雷顿森林召开，此时美国拥有的黄金足足占世界货币黄金的 70%，优势令人瞩目。[2] 70% 的占有率甚至并未计算落败的德国或日本等轴心国所占有的黄金。在德国或日本，确切的情况和数据已被谎言和谣言掩埋。

1945 年，美国联邦储备系统所拥有的世界货币黄金，已具有压倒性的优势。

华尔街主要金融行业打算利用它们的优势，全力建立战后美国世纪。华盛顿和华尔街银行业建立的战后体制下的美元，成为美国控制全球货币和信贷的工具。

1941 年年初，美国政界预料到希特勒向苏联进军的举动终将毁灭德国。于是，美国便开始为其战后经济霸权筑牢基础。战争结束后的前二十年，美国政界将在维持霸权中取得显著成效。

美国经济战略的核心是塑造一个战后的美国世界，即通过所谓的布雷顿森林协定促进美国定义的“自由贸易”，促使美元成为世界贸易的唯一货币。

第二次世界大战造成了巨大的破坏，整个欧亚大陆从大西洋到符拉迪沃斯托克（海参崴），基础设施、工业、人口等无一不遭受其害。世界上唯一一个毫发无损的产业大国是美国，实际上，从经济角度来看，其实力反而大大增强。

作为世界上最大的产业大国，美国不仅躲过了战争伤害，还能继续从开放的全球自由贸易中获取巨大利益。美国产业有全球出口商品市场，能从英国、法国和其他欧洲大国的前殖民地国家自由获取重要原材料。难怪，所谓的“自由贸易”被战后的美国政府奉为宗教信条。

自由贸易包括降低关税，消除阻碍美国出口商品进入全球市场的国家保护，或消除美国从以前或现在位于非洲或亚洲的欧洲殖民领地进口廉价原材料的障碍。

英国相当清楚，“自由贸易”或“公平的竞技场”总是最强大、最发达的经济体发出的战斗口号，它是在为自己的产品寻找并打开那些欠发达国家的市场。一个世纪之前，当英国于1846年废除《谷物法》时，曾有着相似立场，要求世界上其他国家开放关口，进行英国式的自由贸易。如今的1945年，格局颠倒了。美国对自由贸易的设想，意味着这种经济方式将使剩余的大部分英国工业面临破产。

经历了近六年的战争，欧洲各经济体满目疮痍。它们已别无选择，只能同意美国对战后国际经济管理的设想。甚至一直认为，在谈判桌上至少能与美国平起平坐的英国，也在美国严苛的要求面前，不得不拿出谦卑的态度。

经过几个月的激烈谈判，尤其是英国和美国谈判代表之间的明争暗斗之后，最终达成了关于货币和经济事务的战后“新世界秩序”协议。以财政部助理部长哈里·德克斯特·怀特为首的美国谈判代表推动了一个与之前存在的所有金本位汇兑制所不同的体系。

19世纪英国金本位制中，甚至1919年后美国的金本位制中（直到英国 1931 年退出金本位制），各本国货币均由一定储备量的本国货币黄金支持。如果一个国家在对外贸易中遭到不公平对待，理论上该国将自动通过金本位制的工作方式而得到矫正，即根据其贸易逆差或顺差，该国将损失或获得黄金。在新的布雷顿森林体系下，华盛顿强行施加这样一种体系，即美元是黄金支持的唯一一种货币。其他所有货币与美元挂钩，价值均固定。

布雷顿森林谈判的背后是美国以及华尔街银行业使出的一记妙招。1945 年后，美元成为世界储备货币，所有贸易国家均需要用美元与另一国进行贸易。根据布雷顿森林金汇兑本位制，美元同时（自动）成为“世界货币”，更准确地说，是唯一的世界货币，事实上取代了黄金。但是，某些人指出，美国财政部还拥有不受节制的权力，可印发美元，事实亦是如此。由于其货币美元是世界储备货币，世界各国或多或少被迫接受通货膨胀之后的美元。只有美国能享有如此巨大的优势。

《布雷顿森林协定》的签订

1945 年 12 月，29 个国家的代表在新罕布什尔州布雷顿森林的华盛顿山饭店签署了最终协定。这是美国外交关系协会战争与和平研究组成员最辉煌的时刻，他们成功实现了建立战后经济帝国的梦想。至此，在美元的统治下，国际货币基金组织能重新“制造”大部分世界经济发展的形势。

《布雷顿森林协定》的核心是美国对世界金融和贸易体系的霸权主义。从 1943 年以来，英国财政部顾问约翰·梅纳德·凯恩斯勋爵和美国财政部部长亨利·摩根索的助理哈里·德克斯特·怀特举行的一系列私下谈判，早就敲定了那些最要紧的关键性条款。[3]

1944 年 6 月开始的布雷顿森林会议旨在建立战后联合国组织，从而取代以英国为主导的国际联盟。联合国不同于国际联盟，根据战争与和平研究的作者提出的概念，它是一个美国主导的机构，以推动美国关于战后世界的计划。[4] 资助研究的洛克菲勒兄弟甚至捐赠土地，以便在曼哈顿修建联合国总部。外国外交官住在曼哈顿提升了相邻土地的价值，洛氏兄弟得到的回报远远超过了他们的慷慨捐赠。

以美国为主导的布雷顿森林体系之所以能够胜过凯恩斯为英国政府提出的另一套体系，其原因之一是一个简单的事实，即美国是谈判桌上最有实力的大国，最终总能按其意愿确定该体系。当时，英格兰银行的一位高级职员在描述布雷顿森林体系时表示："英国遭受了仅次于第二次世界大战的打击。"[5] 这佐证了金融强权已从英国转移到美国这一戏剧性的变化。

英格兰银行以及有影响力的圆桌会社成员，如里奥·艾默里和邱吉尔的老盟友比弗布鲁克勋爵十分清楚，美国提议建立国际货币基金组织，其目的是将其作为工具，使美元成为世界金融和贸易的主要货币，从而削弱伦敦金融城的重要作用，打破英镑区和帝国特惠制的贸易联系。[6]

然而为了稳固美国期望的《布雷顿森林协定》，华盛顿迫切地想得到拉美国家的选票。此时，罗斯福任命的战时拉美事务部助理纳尔逊·洛克菲勒在其中扮演了重要角色。洛克菲勒利用其在拉美深远的影响力，通过某些交易手段操纵选票。

纳尔逊收买联合国选票

1945 年，美、英、苏三国签署的《雅尔塔协定》曾规定，只有已经向德国宣战的国家才能成为战后联合国组织的创始成员国。一个国家被选为联合国创始成员国之一，就意味着在贸易特权方面，尤其是在与美国这一大型的、蓬勃发展的市场进行贸易时，能更好地占据一席之地，这些是大部分拉美国家渴望拥有的。

为了确保在成立联合国时有足够的选票，从而稳固《布雷顿森林协定》的地位，纳尔逊·洛克菲勒亲自组织了一场“拉”选票活动，通过获取泛美联盟 14 个国家的选票，让这些国家支持美国的计划。在这 14 个国家中，包括阿根廷等 7 个战时保持中立的国家。

纳尔逊·洛克菲勒刚刚被总统任命为拉丁美洲事务部部长助理，就向拉丁美洲各国发出最后通牒：它们必须在 1945 年 2 月前正式向轴心国宣战，否则不允许参与新的联合国组织的创建工作，也不能分享其承诺的战后贸易财富。

为了遵守刚刚达成的《雅尔塔协定》，正式向轴心国宣战十分必要。

只有阿根廷仍保持中立，但美国需要它的选票来抵消英国的票数。洛克菲勒说服病中的罗斯福签署一份授权书，邀请阿根廷以创始成员国的身份加入联合国，但这违反与英、苏两国签订的《雅尔塔协定》，即只有对德国宣战的国家才能成为创始成员国。由于战争实际已经结束，这种宣战在军事上已毫无意义，只是一种姿态而已。

这是纳尔逊·洛克菲勒拉选票反对英国的一个小计谋。在创建联合国的过程中，英国利用了自治领*和英联邦国家来增加它的得票数。华盛顿则通过控制投票成员国，来操纵新联合国的主要决策国，斯大林对华盛顿这一目的显而易见的举动愤怒不已。[7]这更证实了斯大林的忧虑，即华盛顿利用联合国以及新的国际货币基金组织和世界银行作为其伪装工具，以实现美国战后经济霸权。他的担忧很有道理。

布雷顿森林美元体系

布雷顿森林体系建立在三个支柱上：其一是国际货币基金组织，其

* 自治领（dominion）是大英帝国殖民地制度下一种特殊的国家体制，可以说是殖民地走向独立的最后一步。在 19 世纪，所有实行自治或半自治的英国殖民地都被称为“自治领”，它们都是由殖民地或自治殖民地演变而成的。——译者注

成员国的会费将构成应对国际收支困难的紧急储备；其二是世界银行或称为“国际复兴开发银行”，将向成员国政府大型公共项目建设提供贷款；其三是关税及贸易总协定，其目的是通过多国削减关税谈判，实现“自由贸易”。

各成员国将按分配的配额，将等量的货币和黄金投入共同的国际货币基金组织的基金里。根据其占国际货币基金总配额的份额，各成员国在理事会中享有相应的投票权。从一开始，这便是一场美国主宰的游戏。美国是最强大的经济体，拥有最多的黄金储备，获得 27% 的总票率，英国获得 13% 的总票率。相比之下，法国仅获得 5% 的总票率。因此，新的国际货币基金组织是美国主导战后世界经济发展的一个工具。[8]

尽管英国反对，但新的组织机构，即国际货币基金组织和世界银行的投票权、规则和其他重要方面的内容均按美国的意愿确定下来了。实际运行中，将由美国财政部操控国际货币基金组织。各成员国的投票权是根据其投入国际货币基金组织的货币和黄金比例确定的。美国是 29 个创始成员国中最强大的经济体，目前也是投入最多的经济体，在理事会中拥有最多的投票权。

根据新的国际货币基金组织的章程，美国凭借其投票份额，可否决其反对的任何决议。凭借其大量的投票份额，华盛顿还能控制具有决定权的国际货币基金组织的执行董事会，使其根据美国财政部和华尔街的意愿，制定总体政策。为了使美国明确控制战后货币游戏的新规则，国际货币基金组织的总部设在华盛顿，紧挨着美国财政部。这也难怪 1945 年后，斯大林决定不加入国际货币基金组织。

美元本位制取代金本位制

除一小部分国际货币专家之外，只有极少数人了解，美国谈判代表如何在布雷顿森林巧妙地为战后美元帝国建立制度基础。布雷顿森林体系恰到好处地为美国改变了国际货币制，而且从他们的角度来看，这是一次对早先金本位制的改进。新的协定要求所有成员国以美元对其货币定值，而不是以黄金的重量来定值。华盛顿，主要是美国财政部和美联储，将任意决定世界美元的供应。

1945年，有人说“美元像黄金一样值钱”，而一个世纪以前，英国人也是这样说英镑的。把美元当作国际金融稳定“不证自明”的前提这一观点，在二十年后被证明是一个悲剧性的幻想。然而，1945年“美元像黄金一样值钱”的确是事实。欧洲国家急需美元信贷，重建损坏的基础设施。它们的本国货币不可兑换，经济已是一片废墟。

纽约联邦储备银行是一家私人机构，自1913年成立以来，便由华尔街金融托拉斯所控制。它是该体系的心脏，如今控制着大部分非共产主义世界的货币黄金。

布雷顿森林货币体系使美国拥有独一无二且显而易见的优势。实际上，由于美元是主要储备货币，其他国家必须将本国货币与美元挂钩，今后本国货币一旦恢复自由兑换，它们将买进和卖出美元，使市场汇率保持在1945年相对于当时美元初始价值的正负1%内——这是国际货币基金组织规则要求的。

从此，美元代替了黄金在第二次世界大战前国际金融体系金本位制中所扮演的角色。在实践中，这就意味着世界贸易几乎只能用美元交易结算，这对美国是一个具有决定性的优势。美国拥有不受节制的权力，可印发新的美元，不用顾及发行新的美元是否有黄金储备的支持。1945年后，华盛顿和华尔街对世界货币享有一边倒的财政权，这是英国从未达到过的高度。

美国霸权的两大支柱

美元成为世界储备货币，不受任何挑战，这是战后美国霸权的两个基本支柱之一。第二个支柱是作为唯一的军事超级大国，美国的军力也无人可以挑战，这个巨大的优势甚至连冷战期间的苏联都不能与之抗衡。美国的军事力量支柱显而易见，而美元支柱并不那么明显，尤其是第二次世界大战后的那段时间。

参与第二次世界大战的西欧国家战后债台高筑。它们被迫筹措资金，缓解战争创伤。尤其是英国以及在伦敦的许多流亡政权，将大量黄金储备转移到美国，这实际上造就了美国在 1945 年后作为“自由世界领袖”至高无上的霸主地位。[9]

根据布雷顿森林体系，1945 年后各成员国本国货币必须锚定美元。美元官方价格则定为 1 盎司黄金兑换 35 美元，这还是在罗斯福总统时期，即大萧条期间的 1934 年，也就是一场世界大战的重大经济影响发生之前确定的价格。战争期间，美元价格飞涨，但价格仍规定为 1 盎司黄金兑换 35 美元，这对美元以及华尔街国际银行业极为有利。用更少的美元就能买到更多的黄金。

这个制度与 1919—1934 年实行的由约翰·皮尔庞特·摩根和华尔街创建的早前的金汇兑本位制的区别在于，这一次美国成为世界霸主，无论是在政治上还是军事上，美国都没有任何对手了。华盛顿和华尔街可以随心所欲，为所欲为了。事实的确如此。

美元作为储备货币的地位，使美国资本在战后时期获得超越潜在竞争对手的优势，无论是英国英镑、德国马克，还是法国法郎。更重要的是，它赋予美国财政部和美联储不受节制的权力，几乎可以无限量地发行作为世界储备货币的美元，根本不用顾及这样发行货币是否有黄金的支持，因为美元已成为世界储备商品，而不是黄金。

由于美元作为世界储备货币这一独特的地位，使美国可以通过发行新的美元，而不是通过增加自身黄金储备来筹措日益增长的海外军费。要获得黄金不是一件容易的事，因为其他大部分中央银行都在设法寻求黄金，而美国财政部却或多或少可按自己的意愿印发美元。

1945 年后，华盛顿的独特优势在于，美元成为“关键货币”，或是世界货币流通和贸易结算的基石。

如果美国政府为日渐扩大的海外军事基地网（实际上是新的非正式帝国的前哨阵地，伪装成对共产主义扩张的防御前沿）筹措军费而被迫遭受财政赤字，那么它只要以美国财政部债券的名义发行债券就可以了。

外国中央银行持有贸易顺差美元积累，但追索权较小。然而，将贸易顺差美元投资到美国财政部债券中，实际上是在为美国军事全球扩张筹措费用。随着财政赤字的增加，美元供应与定值黄金储备之间的关系产生了巨大分歧。实际上，美国作为“关键货币”国，能以实际贬值美元的形式，将通货膨胀转嫁给贸易伙伴。

在此前的金本位制中——两次世界大战期间的金本位制以及 1914 年前英国的金本位制——各国本国货币与黄金之间均为定价。黄金才是维持稳定的根基，而不是英镑、美元或其他任意一种单一货币。1945 年，凭借其强大的地位，美国首次以本国货币代替黄金成为世界货币，即“美元本位制”，这是历史上的第一次，而且与黄金供应不同，美元的供应以其政治意愿为主，而非实际供需。一位苏联经济学家恰当地指出，没有任何一个国家能享受这样的奢侈，除了美国。[10]

1945 年 4 月罗斯福去世后，杜鲁门政府的地缘政治战略初步成形，国际货币基金组织和世界银行当时并没有发挥什么作用。

艾赛亚·鲍曼领导的外交关系协会战争与和平研究组的最初想法是，战后美国要与苏联和其他同盟国结盟，防止强大的德国重新崛起；中国以及苏联将是美国对付日本的盟友，防止日本死灰复燃。

然而，杜鲁门倾向于听从前驻莫斯科大使、华尔街银行家埃夫里尔·哈里曼和国务卿艾奇逊这几个顾问的意见，他们要求用更强硬的姿态反对斯大林在东欧的活动。但这样做违反了《雅尔塔协定》。战后欧洲分为三个主要战争集团，即苏联、英国和美国。

1945 年 2 月，罗斯福、邱吉尔和斯大林在黑海东岸的雅尔塔会面，讨论战后对德国进行军事占领。在三巨头签署的协定中，要明确认识这样一个事实，苏联红军已解放波兰，将在波兰新政府中发挥关键作用。

三巨头同意将波兰东部边界往西移动，以 1919 年的寇松线为准，西边的白俄罗斯和乌克兰重新成为苏联的加盟共和国。德国将“暂时”分为三个军事占领区，法国受邀成为第四个军事占领国。

斯大林在雅尔塔承诺，苏联将在欧洲战争结束后对日作战。罗斯福和邱吉尔则接受了斯大林的条件，其条件是：库页岛南部及邻近岛屿交还苏联；大连商港国际化；苏联租用旅顺港为海军基地；苏、中共同经营中东铁路和南满铁路；千岛群岛划归苏联。中国对东北享有主权。

在雅尔塔为罗斯福出谋划策的人是时任驻莫斯科大使埃夫里尔·哈里曼，哈里曼的投资银行在战时与纳粹德国有着广泛联系。

杜鲁门搁置了罗斯福利用联合国扩张美国领土的宏伟计划，他更愿意华盛顿采取双边行动，但追求的是同一目标。美国将与英国结盟，联合对抗其战时盟友，而不是重建战时为击败纳粹德国而与苏联建立的合作关系。撕毁《雅尔塔协定》后，华盛顿可以确定，斯大林将作出积极反应，必要时会采用武力保卫苏联在东欧至关重要的安全利益。这是邱吉尔以及之后华盛顿为斯大林设下的一系列陷阱。斯大林上当了。

1946 年，邱吉尔在杜鲁门的家乡密苏里州富尔敦小镇发表了著名的“铁幕演说”，宣布欧洲的新格局正在成形。至少从 1943 年以来，邱吉尔和英国圆桌会社就算计过，他们需要制造与苏联的冲突，以便使英国成为国际战略新手苏联和美国之间不可或缺的“调停人”。

甚至在 1945 年 5 月德国投降以前，邱吉尔曾经有一次下令被俘的德军部队保持建制原地待命，武器也不收缴，以备可能对付苏联红军的战斗行动。这可是一个非同寻常的举动。那个军事行动计划遭到了艾森豪威尔将军和白宫的否决。但是，它透露出来的意图是，英国已经在着手为下一阶段的世界均势做准备了[11]。华盛顿和伦敦已准备好秘密对付其苏联盟友了。

1945 年，邱吉尔已意识到，英国必须与华盛顿拼死抗争，甚至只是为了维持战前大国权力的门面。杜鲁门很早就清清楚楚地表明，美国就是要这么干。

就在1945年8月日本宣布无条件投降后，杜鲁门突然取消对英国的租借援助，并要求英国偿还战争贷款。此时，华盛顿发出信号，表示将构建新的战后秩序。第二次世界大战结束时，英国的黄金和美元储备已降至不到15亿美元，而短期债务竟高达120亿美元。英国非军工行业一片凋零。煤炭产量大幅度下降，停电更是司空见惯。还有数以百万计的退伍士兵需要安排到摇摇欲坠的民用经济部门里去。

如果邱吉尔和英国能诱使杜鲁门与其建立新的合作关系对抗苏联，则英国就有机会成为华盛顿不可或缺的盟友，至少可保持前任强国地位的脸面。但是，那是伦敦一厢情愿的想法。[12]

杜鲁门政府取消对英国的租借援助是打压伦敦的行动，这一点再清楚不过，因为杜鲁门政府在同一个时期还在继续对中国提供租借援助——这是一个例外[13]。取消对英国的信贷和供给与外交关系协会的战略一脉相承，就是瞄准并且压制战后潜在的经济竞争对手英国，要知道英国及其在世界各地的自治领和庞大的殖民地之间还维持着一个英镑特惠协定。“美国世纪”的设计师并不打算与任何国家平起平坐，即使是老盟友英国也不行。

罗斯福和洛克菲勒家族参战不是为了拯救英帝国，他们的目的正好相反。罗斯福和杜鲁门知道，英国必须向美国屈服，然后同意在英美“特殊关系”中充当明白无误的二等角色。英国的哈罗德·麦克米伦（温斯顿·邱吉尔的战时顾问）向理查德·克罗斯曼（英国著名的工党人）这样表述新的现实：

> 我亲爱的克罗斯曼，我们是美帝国里面的希腊人。你会发现很多这样的美国人，就像希腊人发现的罗马人一样——大块头、粗俗、吵吵嚷嚷，比我们更有活力但也比我们更懒惰，比我们有更多的天然美德但也更加腐败。我们必须掌管盟军总部，这与希腊的奴隶替罗马皇帝作战是一回事。[14]

1946年4月，邱吉尔在密苏里州富尔敦发表的“铁幕演说”标志着这样一个转折点：鼓动美国在背后支持英国对斯大林和苏联采取的对抗政策。[15]英美战后的“特殊关系”并非两个平等国家的结合，无论伦敦有多么希望。但是，至少它认为自己还在游戏中，尽管是一场美国的游戏。[16]

那场美国“游戏”利用其军事和经济力量，建立新的经济霸权，将苏联扩展共产主义制造的威胁，取代希特勒的军队，变成新的全球性威胁。

第五章

未雨绸缪：

捍卫美元就是捍卫国家安全

A National Security State Defends the Dollar

以比现在设想的更快速度，加强政治、经济和军事力量以及对自由世界的信心，这是实现我们基本目标的唯一途径。克里姆林宫计划的失败，要求自由世界制定成功运作的政治和经济体系并对苏联发动强有力的政治攻势。反过来，这些又需要一个足够的军事保护来发展。

——保罗·尼采，NSC-68[1]的主要作者

“马歇尔计划”：美国世纪的开始

到了 1947 年，华盛顿的方案确定了：把西欧纳入美国的经济领域，孤立苏联。它们提出了一个重建欧洲的“马歇尔计划”，这是一个美国－欧洲双边计划。

美国东海岸权势集团、纽约银行和国际公司——其中大多数与洛克菲勒集团或其亲信有关系，对于美国战后政策的思路心领神会。标准石油公司主席对此总结得十分到位。

美国援助欧洲的“马歇尔计划”是美国经济战略的工具

1946 年，洛克菲勒标准石油公司财务主管里奥·D. 韦尔奇对华盛顿表示：“……美国对德国以外的国家，包括英国、西半球和远东地区，对它们在政治、军事、领土和经济上的要求和条件，都可以明着说出来了。”他的讲话很可能是外交关系协会战争与和平研究组起草的。

韦尔奇用美国商业界的行话接着说道："我们是最大的资本源泉，我们对全球机制的贡献最大。我们必须当领跑者，我们必须为大多数股东负责任，我们股东的公司就叫作"世界"……这可不是为了仅仅干完一个任期，这是一项永久不变的义务。"[2]

1948年，美国国务院制定冷战战略的主要人物之一乔治·凯南，给国务院写了一份机密的内部备忘录，非常简洁地概述了以洛克菲勒兄弟为首的美国权势集团的战后纲领：

> ……我们拥有世界大约50%的财富，但人口只占世界的6.3%……在这种情况下，我们难免成为嫉妒和怨恨的目标。下个时期我们的真正任务是设计一种在不危及我们国家安全的情况下允许我们保持这种差距的关系模式。为了做到这一点，我们不得不抛弃所有的多愁善感和白日做梦，把注意力集中在我们国家最直接的每一个目标上面。在世界各地干那些毫不利己、乐善好施的事情，这对我们来说太奢侈了，我们不能欺骗自己有这样的错误想法。[3]

凯南在埃夫里尔·哈里曼（洛克菲勒的商业伙伴）当国务卿的时候任美国驻莫斯科的外交官，是冷战"遏制"政策的设计师。他简述了真正的美国战后政策。凯南诚实得可怕，他把战后美国精英的真正目标讲得太真实了。那就是美国主宰世界，或者至少像在1948年那样尽可能广泛地主宰外交关系协会提出的那个"大区域"。

1947年7月，国务卿乔治·马歇尔在威廉·克莱顿和乔治·凯南的协助下，制定并公布了一项欧洲经济重建计划，真正的目标是使美国制造业、大型石油工业和金融业在战后的欧洲保持控制力。这就是"马歇尔计划"，它的正式名称是"欧洲复兴方案"。

"马歇尔计划"援助条件的起草者精心设计了一个提议，即美国向苏联提供援助进行战后重建，但这是有条件的援助：斯大林必须对西方和美国实行经济开放，向西欧供给大量原料，等等。还有其他很难接受的条件，苏联肯定会拒绝这种援助，这样一来美国独自在经济上主导西欧，就不必顾虑是否要与苏联合作的麻烦了。[4]

“马歇尔计划”的援助条件有意识地包括大规模输送美国工业产品到欧洲的内容，这种渗透西欧新市场的方式非常有效。最重要的援助是来自洛克菲勒标准石油王国的石油。根据美国参议院的调查，“马歇尔计划”给受援国最大的一笔支出，是以最高价格购买的美国石油，由洛克菲勒标准石油公司供货。[5]

战争结束时，洛克菲勒控制的“石油五姊妹”（即美国的石油工业）就像英国石油工业一样，已经从里到外完全国际化了。它的主要资源在委内瑞拉、中东和其他遥远的地方。“油老大”是这五家巨头公司的别称，即新泽西标准石油公司（埃克森）、索可尼－维康姆石油公司（美孚）、加利福尼亚标准石油公司（雪佛龙）、德士古公司和梅隆家族的海湾石油公司。这五家公司朝着完全地控制欧洲的战后石油市场的目标采取行动。

战争的创伤已严重地破坏了欧洲以煤炭作为主要能源基础的格局。德国东部的煤炭落入了苏联控制区，而西部煤炭的产量只有战前水平的40%。英国煤炭产量比1938年的水平降低了20%。东欧的石油储藏远在邱吉尔所谓的“铁幕”之后，西方国家无法涉足。1947年，西欧的石油一半以上是由这五家美国公司供应。

美国石油巨头毫不犹豫地抓住了这个天赐良机。美国国会的调查报告、政府中层机构工作人员的批评抗议都没有用，一边在批评滥用“马歇尔计划”的资金，另一边美国石油巨头却在欧洲迫使用户就范。1945—1948年，洛克菲勒石油公司在欧洲把石油价格提高了一倍多，从每桶1.05美元提高到每桶2.22美元。虽然石油来自中东油田，由美国公司控制（那里的开采费用通常不到每桶25美分），但是运费标准的计算公式故意被弄得很复杂，把加勒比地区到欧洲的运费当作计费标准，那样成本当然要高得多。

即使在欧洲市场，这些石油公司的差别定价也是很惊人的。希腊买

1 吨燃油必须付 8.30 美元，而同样的燃油英国买 1 吨只需付 3.95 美元。此外，在华盛顿的支持下，美国石油公司不允许用“马歇尔计划”的钱建设欧洲本土炼油厂，这样进一步加强了美国“油老大”对战后欧洲的控制力。[6]

马歇尔的重建计划始于 1947 年 7 月 12 日，该计划持续到朝鲜战争之后的 1953 年，对欧洲战后的经济恢复和重建起到了关键作用。在此期间，华盛顿为欧洲国家的恢复提供了 130 亿美元的经济和技术援助，受援国都是加入了总部设在巴黎的欧洲经济合作组织的国家。马歇尔的援助有许多附加条件。例如，法国必须放映美国电影以换取美国的财政援助，法国的电影业因此受到伤害。华盛顿十分清楚好莱坞作为宣传工具的价值——可以在观众不知不觉的状态下宣传“美国生活方式”和美国产品。“马歇尔计划”还为美国大公司廉价投资西欧产业开辟了道路，因为欧洲货币相对于美元严重贬值。

“马歇尔计划”的援助最初主要是用于购买美国的物资，如粮食和燃料，后来是用于购买重建所需的工业产品。1950 年朝鲜战争爆发后，越来越多的援助——主要是美国制造的军事装备——以创建新的大西洋防务组织（北大西洋公约组织）的名义用于重建西欧军队。此后，美国的武器出口成为美国战后出口政策中的一项优先战略。

北约和冷战巩固了美国的经济空间

杜鲁门的鹰派国务卿迪安·艾奇逊极力敦促总统支持英国援助希腊的反共产主义运动。邱吉尔已经开始了援助自由派的察尔扎里斯政府的行动。自 1946 年以来，这个政府就与强大的、打算夺取政权的希腊共产党作战。

根据 1944 年 10 月邱吉尔和斯大林在莫斯科会议上所达成的条件，苏联和英国领导人已经商定了战后如何将东南欧分别纳入苏联和英国各自的利益范围。根据该协议，邱吉尔建议，苏联在罗马尼亚的影响力占90%，在保加利亚占75%；英国在希腊的影响力占90%。此外，邱吉尔还建议，在匈牙利和南斯拉夫，它们应该各自占50%。

10月10日和11日，英国外交大臣安东尼·艾登和苏联外交部部长维亚切斯拉夫·莫洛托夫就势力范围的百分比进行了谈判。讨论的结果显示，苏联势力在保加利亚和更重要的匈牙利的百分比修正到80%。此次谈判没有提到任何其他国家。斯大林对希腊的问题上信守诺言，英国支持内战中的希腊政府军，但苏联却没有帮助共产党游击队。[7]

尽管有这个非常小的细节，艾奇逊还是设法让杜鲁门总统同意，虽然那时人们并不认为希腊是美国在欧洲利益的战略重点，但是对希腊的自由发表一份强烈支持的声明仍然是迫切且必要的。

1947年3月12日，在希腊的内战危机当中，杜鲁门总统在对美国国会的演说中宣布了后来的“杜鲁门主义”。他宣称：“我认为，美国的政策必须支持自由的人民抵抗武装的少数人的征服企图，或者外力的征服企图。”

杜鲁门强调，如果希腊和土耳其得不到所需要的援助，它们将不可避免地倒向共产主义。二十年后，这个说法在越南还会再重复一次。

杜鲁门意外地得到参议员亚瑟·范登堡的支持。范登堡在参议院对外关系委员会很有影响力，是这个机构的负责人，曾经当过参议院孤立主义派别的领导者。在玛塔·哈里*式的英国间谍、美艳绝伦的伊夫林·佩特森的引诱下，他“看到了灵光”。1946年4月，他在开始与佩特森秘密来往后不久突然改变了孤立主义立场，努力说服他在参议院的同事们批准给英国一笔急需的贷款。现在，这位很有影响力的共和党参议员、美国参议院对外关系委员会的负责人，又说服了共和党控制的国会，在希腊总理察尔扎里斯的访问之后，同时也是“在英国大力的敦促之下”，提出了杜鲁门主义。[8]

---

* 德国女间谍，其1917年的真实间谍经历被拍成电影《玛塔·哈里》，由著名影星葛丽泰·嘉宝出演。——译者注

杜鲁门公开宣称要以“自由的枪杆子”来对抗“非自由的枪杆子”

邱吉尔在密苏里州富尔敦发表著名的“铁幕演说”后不到一年，就把杜鲁门纳入了他的反对苏联的冷战战略。同样的反苏政策被洛克菲勒兄弟和外交关系协会的主要人物向杜鲁门反复提出已经数月之久，但动机却大不相同，他们已经看明白斯大林不会为美国的经济渗透敞开苏联的大门，他们的美国“生存空间”就得按照这个情况再行修订了。

杜鲁门主义的目的是取代英帝国，让美国自己来当希腊和土耳其的经济和军事担保人。这是美国外交政策的一次剧烈的转向。有一位历史学家这样说道：“在总体上没有发生战争的和平时期，美国在历史上第一次选择了干预北美和南美以外人民的事务。”[9]

杜鲁门主义干预的理由，在外交关系协会一篇耸人听闻的文章里可以找到。应外交关系协会战争与和平研究组主要成员和杂志编辑汉密尔顿·菲什·阿姆斯特朗的要求，这篇文章刊登在他们的《外交》杂志上，署名是“X 先生”。这是根据来自莫斯科的一篇长电文编辑而成的文章，电报出自哈里曼手下的国务院驻莫斯科外交官乔治·凯南之手。1946 年 2 月，华盛顿询问美国驻莫斯科大使馆，为什么苏联不支持新成立的世界银行和国际货币基金组织。凯南写了这一“长文电报”作为答复，说明他对苏联人在 1946 年 2 月时的意见和看法，并将它发送给国防部部长詹姆斯·福雷斯特尔——洛克菲勒在政府里的亲密盟友之一。国防部部长把这封电报交给了外交关系协会。

凯南提到的问题之一是，他认为苏联对理性逻辑是迟钝的，但对武力逻辑却是高度敏感的。他说，斯大林式的国家认为世界分为不可调和的共产主义和资本主义两个部分。正是在这个看法的基础上，美国确定了“遏制”苏联的政策，这也是长达四十多年的宣传“遏制”政策和冷战的基础。[10]

美国的外交政策明显转向了，从与苏联结盟共同对付德国的威胁，转变为与战败的德国结盟共同对付苏联的威胁。这是经典的英国均势阴谋诡计，只不过换成了美国风格。然而，尽管希腊危机、苏联封锁柏林，甚至 1948 年 2 月共产党接管捷克斯洛伐克政府这些事件，推动了一个本来不情愿的美国国会投票通过“马歇尔计划”，对西欧进行财政援助，并且很快导致了美国支持北约。但是，这些对于美国的经济结构调整来说还是不够，而这个调整是美国权势集团的大银行业和工业界所需要的。

欧洲局势的这些变动虽有推动作用，但仍未触及美国经济结构深层次的变革需求。要实现大银行业和工业界的目标，还需更具突破性的政策和行动。

组成“国家安全政府”

到 1949 年下半年时，杜鲁门政府里里外外的主要派系得出的结论是，要鼓动美国人民的牺牲精神从而支持较大的军费开支，唯一的手段是打一场新的战争。这项军费开支是保护他们新的全球“生存空间”所需要的，而这场战争是一场能够控制的战争，对美国或仍然脆弱的西欧不构成直接的威胁。

1948 年，美国经济面临战后急剧的衰退，军工合同大幅度减少后，民用支出的规模太小，填补不了经济赤字。从 1948 年至 1950 年，美国官方报告的失业率上升了 130%。全国生产指数在战争动员最高峰时达到 212 的顶点，1948 年却已下降到 170，1949 年再降到 156。1950 年第一季度资本投资比上年同期下降了令人震惊的 11%。从 1947 年开始美国的出口就不景气，1949 年 3 月至 1950 年 3 月又下降了大约 25%。

出于各种原因，朝鲜被选定为发动一场有限战争的理想场所。打这场战争的目的是动员美国民众支持永久性国家安全政府，支持永久性的快速军工扩张和金融家、杜鲁门的顾问伯纳德·巴鲁克所谓的“冷战”。

1948 年年底，华盛顿宣布了一项计划，要与“马歇尔计划”的伙伴国建立一个新的大西洋军事联盟，以换取在西欧国家设立永久的军事基地。这个建立北大西洋公约组织（北约）的条约于 1949 年 4 月签署，签约国有比利时、卢森堡、荷兰、法国和英国。几个月之内，朝鲜战争还要激发这个欧洲组织的成员国，把这一个由华盛顿控制、总部设在布鲁塞尔的机构，当作处于常备状态的军事防御组织来接受。厌战的欧洲又被拖进了美国的军事同盟。将要构成冷战战略的脊梁的这个同盟，它的影响力远远超过了苏联。

北约第一任军事司令官是英国的伊斯梅勋爵。他宣布北约的目的是“赶走苏联人，按住德国人，留下美国人”。[11]朝鲜战争期间，当华盛顿向德国钢铁工业求助以生产军火的时候，这个说法就得作修改了。到 20 世纪 50 年代初期，联邦德国被纳入美国冷战的新地缘政治体系，但基本的设想保持不变。北约将要充当“美国世纪”的主要军事支柱。

杜鲁门签署《北大西洋公约》，成立北大西洋公约组织

1949 年，即北约成立一年后，美国国务院的一个绝密小组就着手制定一项美国的战略新政策，但遭到了国防部部长路易斯·约翰逊及其在预算局的盟友的反对。为了绕开正式的国家安全委员会渠道，艾奇逊的国务院获得杜鲁门的批准，成立了一个特设的部门间委员会，在政策规划负责人保

罗·尼采手下行动，而尼采与标准石油公司家族有姻亲关系。他们的报告，即《国家安全委员会第68号文件》（NSC-68），于1950年2月开始起草。

《国家安全委员会第68号文件》主张美国以扩大军备的手段对付它所声称的敌人，那个敌人“不同于以往的霸权追求者……被一种新的狂热信念鼓动着，和我们自己的信念针锋相对”。尼采提出，苏联和美国处在一个两极化的世界里，苏联期望“把它的绝对权力强加给世界其他地区”。该报告主张：“苏联现在把它的力量用于统治欧亚大陆。美国是非苏联地区的首要权力中心和反对苏联扩张的堡垒，是苏联的首要敌人，美国将会受到各种方式的打击。如果克里姆林宫要实现它的基本目标，敌人（美国）的完整性和活力就必须被打乱或毁灭。”[12]

这份绝密文件称，这会是一场信念的战争，“法治政府的自由信念与克里姆林宫冷酷无情的寡头统治下的奴隶制思想”是相互对抗的。作为“自由世界的权力中心”，美国应该建立一个国际社会，美国社会在其中将会“生存并繁荣”，还能够推行遏制政策。这个文件在很大程度上来自凯南早些时候以“X先生”署名的文章，但是对于他们所说的苏联全球性威胁，这个文件强调的是采取军事手段而不是政治行动。[13]

《国家安全委员会第68号文件》描绘了一幅1950年苏联军事意图的图景，令人毛骨悚然，但是这个判断相当不现实。苏联当时还远远没有从第二次世界大战的破坏中恢复过来。苏联在这场战争中失去了2200多万身强力壮的青壮年，那时大量军人正在复员，以增加劳动力去收拾战争留下的烂摊子。这一现实并不影响艾奇逊的尼采团队。他们只是在一味地描绘一幅令人震惊的威胁图景：

> 如果1950年发生一场大战，美国参谋长联席会议认为，苏联和它的卫星国处于备战极为充分的状态，并可以立即进行下列战役：
>
> 1. 横扫西欧，可能不包括伊比利亚半岛和斯堪的纳维亚半岛；

向近东和中东产油地区挺进；巩固共产党在远东地区的成果。

2. 对不列颠群岛进行空中打击，对大西洋和太平洋西方列强的交通线路进行海空攻击。

3. 用原子武器攻击选定的目标，包括对阿拉斯加、加拿大和美国本土的可能攻击行动。另外，这种打击能力，再加上苏联会采取的其他行动，可能会使英国无法成为盟军的有效的作战基地。苏联也能够制止盟国强行进入欧洲大陆的任何“诺曼底”式的两栖行动。[14]

尼采报告所建议的在1950年对苏联采取的各种明确的行动中，就差先发制人的核战争了。报告的结论是：

以比现在设想的更快速度，加强政治、经济和军事力量以及对自由世界的信心，这是实现我们基本目标的唯一途径。克里姆林宫计划的失败，要求自由世界制定成功运作的政治和经济体系并对苏联发动强有力的政治攻势。反过来，这些又需要一个足够的军事保护来发展。[15]

对尼采的《国家安全委员会第68号文件》的最初反应很难说是积极的。杜鲁门考虑的问题是预算和执行的费用（报告中未提及），他把报告发回重审；国会也认为这是危言耸听。杜鲁门主管经济事务的助理国务卿威拉德·索普不同意关于苏联已经做好战争准备的令人震惊的判断。对尼采报告所说的“苏联正在稳步缩短它与美国在整体经济实力方面的差距”，索普说道：“我认为没有证据能够表明这一趋势，而且恰恰相反……实际的差距正在日益扩大，这种扩大是由于我们的原因。”关于苏联的军事投资，索普很怀疑苏联会把国内生产总值的大部分用于军事。他说道：“我估计苏联的住房建设占用了大部分投资。”

预算局的威廉·肖布也持批评意见。他说在空军、陆军、海军、核武器数量以及在经济的“每一个领域”，美国都远远领先于苏联。凯南也不同意尼采文件，特别不同意他呼吁的大规模重整军备。正如尼采报告的一个咨询顾问所说的："在争取公众支持国家项目这种事情上，政府还需要有人来协助一下，而且很快就会看到这样做的必要性。"负责公共事务的助理国务卿爱德华·巴雷特说道："如果不发生真正的和持续的危机，一个专制的国家无疑可以在常规军备竞赛中比民主国家坚持的时间更长久。"[16]

国务卿艾奇逊把杜鲁门主义制造出来之后，政府的宣传机器就紧锣密鼓地进行冷战宣传，试图说服广大民众反对"邪恶的、不信上帝的"苏联共产党人。他们自信能够赢得多数选民支持并大量增加联邦国防开支的打算，就像杜鲁门的一个亲信所说的，可以"把美国人吓得灵魂出窍"，也可以用制造"战争恐慌来欺骗国家"。[17]艾奇逊在回忆录中明明白白地承认："政府官员在解释一项重大政策或寻求对这个政策的支持的时候，他不是在写博士论文，话必须讲得简单明了、讲得好听，还要把握住直率和粗鲁的分寸，不能有书生气，你的目的是要把别人说服，让他们同意你的观点。"[18]

艾奇逊、哈里曼以及五角大楼的军方要人（道格拉斯·麦克阿瑟将军、洛克菲勒家族等）周围的精英，开始动手加工制造这样一个"真实的和持续的危机"了。

韩国提供了借口

就在尼采报告被有选择地送交国会之后的两个月，美国扶持的韩国李承晚独裁统治开始了；李承晚在美国生活了三十三年之后，被华盛顿政府送回去控制朝鲜半岛的南方。

保卫韩国的这场战争有许多吸引人的地方。首先，它将使苏联间接卷入进来，因为苏联是朝鲜的主要支持者。其次，洛克菲勒家族和杜勒斯兄弟以及他们的业务伙伴早已在韩国甚至朝鲜大量投资。日本战败之后，美国和苏联曾同意暂时以三八线为界，把这个朝鲜半岛一分为二，别的事等到恢复和平秩序以后再说。

1950年6月25日，世界各地收到来自韩国令人震惊的报告：朝鲜军队大举入侵南方。然而，最初几天的报告是相互矛盾的。当天正与麦克阿瑟一起在日本旅行的记者约翰·根室有亲身经历，他的第一手材料描述这位美国将军的助手激动地从汉城打来的电话报告是："韩国人进攻北方了！"[19]

关于朝鲜半岛问题的华盛顿版本中有这样一个疑点：美国召集了联合国安理会特别会议，遭到苏联的临时抗议和抵制，因此苏联就未能到会，也就不可能否决安理会决议——联合国安理会决定派遣联合国"维和部队"（实际上是道格拉斯·麦克阿瑟指挥的美军）前往阻止朝鲜的侵略。美国大使馆和华盛顿在正式声明中不经意地忽略了以下的事实：6月25日，朝鲜"回应"韩国的前两天，韩国空军曾多次轰炸朝鲜境内目标，韩国军队开进朝鲜的海州并占领了那个地方。按照华盛顿的观点，"联合国"采取干预行动（技术性地称为"联合国警察行动"）的全部根据是朝鲜的共产党先动手，无端地大规模入侵韩国，后来在所有美国官方的宣传中都守住这个界限是很重要的事情。

麦克阿瑟曾经向杜鲁门要求，让他指挥的美军利用朝鲜半岛冲突这一借口，对中国本土直接发动军事攻击。美国国防部部长约翰逊也深信，现在发动一场战争，在中国共产党政权立足未稳的时候就打击它，比以后再打它所谓的"未来不可避免的战争"更容易。麦克阿瑟也同意这一点。麦克阿瑟、美国参谋长联席会议主席奥马尔·布雷德利将军、国防部部长约翰逊、洛克菲勒的律师兼国务院顾问杜勒斯，都希望利用朝鲜作跳板，直接对苏联的亚洲地区作战。[20]

他们的观点被华盛顿的哈里曼、艾奇逊等人否决了。后者所理解的战争目标并不是"打赢"。在朝鲜半岛打的战争只是为了移动一个地缘政治大战略中的亚洲棋盘上的棋子，调动北约和美国人对苏联的恐惧，为美国创造"国家安全政府"提供一个永久性借口。朝鲜战争刚打起来，国会就马上通过了《国家安全委员会第68号文件》。

美国媒体的战争宣传也大力渲染美国在韩国的重大投资。它们准确地报道说，美国银行和公司在韩国投资高达 12.5 亿美元以上。洛克菲勒控制的国民城市银行（花旗银行）是主要投资者，而洛克菲勒的律师约翰·福斯特·杜勒斯则是该银行驻汉城*的新高丽公司董事。[21]

利用朝鲜战争来服务于华盛顿冷战派的计划，美国干起来游刃有余。美国国防预算增加了 400%，从战争开始时的不到 130 亿美元增加到 1953 年战争结束时的 600 多亿美元。麦克阿瑟（他当时的助手是一个年轻的纽约银行家，名叫约翰·D. 洛克菲勒三世）领导的美国驻日本军政府，为冷战时期美国在东亚的存在提供了依据。日本工业被允许重组为巨大的联合大企业集团，它们成为在亚洲“抵御共产主义”的防波堤。同样是由于朝鲜半岛战争，德国获准开始重建鲁尔钢铁工业。

国防部的 600 亿美元的年度预算，使它成为世界上最大的军火合同发包者；为了防务方面“防患于未然”的目的，它向美国和指定的欧洲及日本企业发出数十亿美元的订单。20 世纪 50 年代，军工综合企业已经成长为庞然大物。冷战之风劲吹，这是标准石油公司的“利好”，因为它给五角大楼的飞机、坦克、吉普车和其他车辆提供燃料。在美国国内经济方面，政客们很快就意识到，只要为美国的国家安全辩护，他们的任何计划都能在国会通过。

1953 年，美国公众表达的对战争和国家安全的忧虑达到了严重的程度，以至于选举了退休将军艾森豪威尔当总统。当初正是洛克菲勒家族说服艾森豪威尔去竞选，也正是他们筹来了华尔街的助选资金，而死心塌地的孤立主义者、参议员罗伯特·塔夫脱没有得到洛克菲勒家族的青睐。他于 1952 年共和党全国代表大会之后曾经这样宣布：“自 1936 年以来，每一个共和党总统的候选人都是大通银行提名的。”[22] 所以，洛克菲勒的利益在艾森豪威尔确定内阁人选的时候起了重要作用，这一点都不奇怪。

---

* 2005 年 1 月，汉城市宣布，将该市中文译名改为“首尔”，韩方希望在中国也使用这一新译名。同年 10 月，中国决定开始启用汉城的中文新译名“首尔”。——译者注

新总统任命艾伦·杜勒斯为他的中情局局长。杜勒斯是外交关系协会的上一任主席，他在该协会的同事艾赛亚·鲍曼，在战后随即担任该协会副主席一职。鲍曼还是外交关系协会所属的战争与和平研究组的负责人。[23]

正如前面指出的，艾伦·杜勒斯和他的兄弟约翰·福斯特·杜勒斯两人都是洛克菲勒利益集团的律师；是他们促成了标准石油公司、洛克菲勒大通银行和纳粹德国的法本公司之间那些战时的商业交易。战争临近结束的时候，艾伦·杜勒斯担任战略情报局（中央情报局前身）驻瑞士伯尔尼站的站长；战略情报局的负责人威廉·多诺万把他最初的总部设在洛克菲勒中心第 3603 号房间。

为了让洛克菲勒的外交关系协会有更多的权力去支配艾森豪威尔的冷战外交政策团队，艾森豪威尔任命约翰·福斯特·杜勒斯担任国务卿这一重要职务。艾森豪威尔对外扩张的外交政策牢牢地掌握在外交关系协会和洛克菲勒圈子的手里。作为华尔街上的沙利文和克伦威尔律师事务所的合伙人，约翰·福斯特·杜勒斯曾经代表过洛克菲勒的标准石油公司，并且在洛克菲勒基金会当理事。[24]

1954 年，纳尔逊·洛克菲勒被艾森豪威尔任命为负责冷战战略的特别助理，他的职责是监督中情局的秘密行动计划，研究美国在各种战略中的政策立场。那一年，在他手中控制的还包括设在纽约的两家最大的银行——詹姆斯·斯蒂尔曼·洛克菲勒大通银行和纽约国民城市银行，还有世界上最大的石油企业——标准石油集团，以及多家军事战略工业及化学和农业综合企业。更重要的是他对外交关系协会、中央情报局和国务院的控制。[25]

中情局发动政变

1953 年，艾伦·杜勒斯领导的中央情报局发动了一场政变，推翻了非常受欢迎的伊朗民选首相穆罕默德·摩萨台，原因是他把英国石油公司（即英波石油公司）国有化了——这个公司不肯按照伊朗的要求提高付给伊朗政府的石油资源费。美国支持伊朗国王回国掌权，随后对伊朗石油的控制权就从英国石油公司转移到洛克菲勒标准石油公司的手里去了。[26]

此后不久的1954年，艾伦·杜勒斯的中情局又采取行动推翻了危地马拉的哈科沃·阿本斯的民选政府，其罪名是后者威胁了美国的商业利益，且“深受共产主义的影响”。事实上，这里所谓的“美国商业”利益是与洛克菲勒和杜勒斯有关联的“联合果品公司”*的利益。阿本斯是一个民族主义者，努力推行温和的土地改革，将土地分给农民，但得罪了大规模的外国香蕉种植园。

1944年，危地马拉人民推翻了右翼独裁者豪尔赫·乌维科的压迫政权，然后进行了该国历史上第一次真正的选举，选举阿雷瓦洛博士为危地马拉总统。危地马拉采纳了以美国宪法为基础的新宪法。阿雷瓦洛是一名教育家，他在危地马拉建立了六千余所学校，重点加强教育和卫生保健工作。

当时在危地马拉，超过70%的土地牢牢掌握在人口占比刚超过2%的有钱大地主手中。最有权势的地主是美国人掌控的联合果品公司。当大地主将大部分土地闲置时，90%的人口（主要是印第安人）被迫靠本国仅存的10%的土地勉强维持生计。

1951年，危地马拉的第二次自由选举，阿本斯继阿雷瓦洛之后，当选危地马拉总统，继续阿雷瓦洛的改革进程。阿本斯提出重新分配部分闲置土地，分给没有土地的大部分印第安人进行耕种。联合果品公司拥有危地马拉最多的闲置土地，竟占该国土地总量的42%，其中所占土地的95%闲置，而且在危地马拉几乎不缴税。

为了反抗国有化威胁，联合果品公司鼓动了在艾森豪威尔政府任职

---

* 这个公司有“绿色魔鬼”和“香蕉帝国”之称，1970年与美国机器公司合并后，称为“联合商标公司”。——译者注

的朋友，尤其是杜勒斯兄弟。艾伦·杜勒斯是中情局局长，同时也是国务卿约翰·福斯特·杜勒斯的兄弟。杜勒斯两兄弟开始进行黑色宣传运动，虚伪地宣称，阿本斯领导下的危地马拉已成了“苏联的附庸国”。[27]

美国国务院和联合果品公司着手进行了一场重要的公关运动，以便说服美国民众以及其他美国政府部门：危地马拉是苏联的“附庸国”。联合果品公司与杜勒斯兄弟之间的联系从约翰·福斯特·杜勒斯在沙利文与克伦威尔律师事务所任职时便开始了。约翰·福斯特·杜勒斯长期以来代表联合果品公司处理事务。艾伦·杜勒斯曾在联合果品公司的理事委员会任职。联合果品公司的公关主任埃德·惠特曼是艾森豪威尔私人秘书安·惠特曼的丈夫。在那场与伍德罗·威尔逊所发动宣传攻势竞争的宣传活动中，埃德·惠特曼摄制了一部名为《克里姆林宫为何讨厌香蕉》的短片，通过画面描述了联合果品公司在冷战的最前线进行斗争。该短片成功地将收回联合果品公司的土地与国际共产主义的邪恶联系起来。后来，联合果品公司的一位高级官员对该短片作出了如下描述：“这一幕犹如迪士尼电影。”美国记者飞往危地马拉，单方面了解联合果品公司所处的危机状况，联合果品公司为他们支付了一切费用。不久之后，美国《纽约时报》等主要新闻出版机构不断报道危地马拉是共产主义者的事件，这是联合果品公司的惠特曼向它们灌输的内容。[28]

1954年，杜勒斯的中央情报局精心安排了一场代号为“成功行动”的政变，美国扶植的独裁者卡洛斯·卡斯蒂略·阿马斯仅率领150人进攻，发动政变。联合果品公司未受到影响。人们更加相信关于冷战的宣传了。[29]

修路也是为了对抗“苏联威胁”

在国内，洛克菲勒利益集团也在冷战氛围中大牟其利。艾森豪威尔总统最大的公共投资项目是公路，其投资依据是《全国州际和国防公路法》《公共法第84-627号》。该法令于1956年6月29日实施。国会拨款达250亿美元，拟在二十年内建造约66000千米的州际公路。这是当时美国历史上最大的公共工程项目。

全国的公路基础设施建设为战后美国的汽车和卡车运输时代奠定了基础。底特律的通用汽车公司和洛克菲勒的标准石油公司是最大的受益者；原有的铁路基础设施被故意忽略，为卡车和客车运输让路。当过艾森豪威尔的国防部部长的通用汽车公司前总裁查尔斯·威尔逊在1955年说过这样一句名言："凡是对国家有利的，就是对通用汽车公司有利，反过来也是如此。"

可是到了1957年时，战后美国的布雷顿森林美元系统就开始出现断裂的痕迹了。美国经济已经处在严重的不景气中；西欧成了推动经济的动力，西德的表现最为突出。西德应用最先进的技术重建了钢铁工业，在其他领域也是如此。

美国公司自身已经逐渐放松了国内产业，更乐于用坚挺的美元在欧洲、拉丁美洲、非洲和世界各地收购要倒闭的公司。美联储的黄金储备在十年前还无比巨大，位于世界第一，现在却正在慢慢地流失，因为外国的央行都在用美元贸易盈余兑换黄金，用这种方式来建立自己的黄金储备。

第六章

初试牛刀：

新美元本位制接管世界

The Dollar Standard Dominates the World

美国必须培养一种对战后世界解决方案的眼光，这将使我们能够强加自己的条件，这可能相当于美国治下的和平。

——美国国务院内部备忘录，1942 年[1]

经济世界的帝国

1950年朝鲜战争爆发时，美国的新“生存空间”的范围，包括对夏威夷、菲律宾、利比里亚、沙特阿拉伯、希腊、土耳其和以色列的全面经济统治。通过军事占领，美国实际上控制了日本和西德，并在经济上不断增强对阿根廷、西班牙、埃及、泰国和南斯拉夫的控制。

在新成立的中央情报局的协助下，美国控制了欧洲的比利时、挪威和意大利各国政府及重要的工业集团和金融集团。美国在荷兰、瑞典和法国也有很强的政治和经济影响力。

华盛顿和英国之间有“特殊关系”，美国的北方邻国加拿大的经济由美国主导，在英联邦国家包括澳大利亚、新西兰、南非，以及盛产石油的中东大多数地区和前荷兰殖民地印度尼西亚，美国的影响无处不在。它还主导了南方邻国墨西哥的经济。[2]

杜鲁门主义名义上是针对希腊和土耳其内战危机的，但实际上美国是在单方面宣布它有权干预世界上任何国家，它要确保各个国家的政府都服从它的愿望。几乎没有一个国家能与之相抗衡。北大西洋公约组织的建立，使美国在反对苏联共产主义对自由世界威胁的旗帜下，在和平时期把一个永久性的陆海空军事基地网络建立起来，这些基地分布在从挪威到土耳其、从希腊到西欧的西班牙以及从非洲到南美洲和亚洲的每一块大陆上。世界上除了中国和苏联直接政治控制之外的地方，事实上都处在美国的庞大势力范围以内——这就是它的战后“生存空间”。

詹姆斯·伯纳姆是战后“美国世纪”地缘政治思想家之一，曾经被称为“冷战第一勇士”。他供职于美国政府的战时组织——由怀尔德·比尔·多诺万领导的战略情报局（中情局的前身）。伯纳姆在战后创立了最保守的杂志《国家评论》。1947年，他写了一部歌颂美国新的世界权力的专著，书名倒是很严谨——《为世界而斗争》。这本专著改编自战略情报局的绝密备忘录，是1944年伯纳姆为参加雅尔塔会议的美国代表团对付苏联的地缘政治战略而准备的。伯纳姆以最积极的措辞描述他心中的想法：“一个正在出现的美帝国，虽然没有占领正式的边界，却能够决定性地控制世界。”[3]

伯纳姆继续写道：

> 美国不能仅仅通过呼吁理性在一定时间内赢得对世界政治秩序的实际领导权……美国必须有权力，并且要以权力进行威慑，无论是间接的经济制裁，还是直接的炸弹爆炸。权力体系的最高端就是对原子武器进行垄断控制。[4]

“美国世纪”将是一个“不容挑衅”的事业。伯纳姆还说了这么一句话：“独立和自由毕竟是很抽象的。”[5]

美国控制的经济空间里有5.6亿多人口，潜在的市场规模比英国战前的广阔领地更大，美国这个非正式的经济帝国对这个经济空间的许多地方拥有不同寻常的控制权。行使控制权的途径是利用布雷顿森林体系（国际货币基金组织和世界银行）的机制，通过控制“马歇尔计划”和总部设在巴黎的经济合作与发展组织（经合组织）宏大的西欧经济政策，通过美元作为世界储备货币和世界金融中心的功能，最重要的是通过金融托拉斯在纽约的银行，以及在华盛顿的已经结为盟友的行政官僚。

“肢解”英国

德国是美国在战场上的对手，二者为角逐英国后的全球霸权曾兵戎相见。现在德国已经屈服，并在 1945 年后被分裂为东西两部分。华盛顿和华尔街战后最初的行动重心是“肢解”英国——这个虽然虚弱但仍然很难对付的潜在竞争对手。它们把这活儿干得很彻底，虽然口头上一直在不停地赞扬“友谊”和英美的“特殊关系”。

就像唐·柯里昂的黑手党的礼仪书中的伎俩，华盛顿对战时亲密盟友的政策就是一种变相的“落井下石”。1941 年，罗斯福和邱吉尔在大西洋宪章会议期间曾经会面。根据罗斯福的儿子埃利奥特·罗斯福的亲眼所见，沮丧的邱吉尔急促地对美国总统说：“总统先生，我相信你是在试图消灭英国。你有关战后世界格局的每一个想法都表明了这一点。但是，尽管如此，无论如何，我们知道你们是我们唯一的希望。”[6] 邱吉尔从来都能够明白无误地把握华盛顿背后意图的地缘政治权力的平衡方式。

1945 年，美国突然停止了对英国的租借援助，英国不得不与华盛顿就经济复苏贷款进行艰苦的谈判。英国最终拿到了贷款，但条件是苛刻的。华盛顿是要补偿的，英国和英联邦国家要给美国“非歧视”贸易的待遇作为补偿。这意味着英国在战争期间的所有的努力都徒劳无功：英国曾经竭尽全力与南非、加拿大、澳大利亚等前殖民地一起创造自己的经济空间（即所谓“英国特惠制”）以减少对美元的依赖。[7] 华盛顿深知英国战后经济的致命弱点在哪里，一出手便打击这个弱点。

美国和英国作为“世界银行家”的主次位置在战争期间颠倒了过来。在私人对外投资方面，1949 年，美国的对外投资总额超过英国对外投资的 3 倍。如果再加上美国政府的海外投资，1950 年，美国的对外投资总额不仅超过英国 3 倍，而且还超过了所有其他工业国家对外投资的总和。美国已经将英国无情地抛在了身后。作为战后布雷顿森林体系美元本位制的掌管者，纽约的大小银行和华盛顿携起手来，最大限度地扩张它们新的金融权力。它们手中有的是世界其他地方迫切需要的美元。

美国对英国控制下的中东国家丰富的石油资源垂涎已久。利用新的杜鲁门主义，通过供应美国武器和防止“共产党接管的威胁”的名义，美国向中东步步推进。“马歇尔计划”的条件中有专门的条款，即某几个主要位于非洲的欧洲殖民地国家必须向美国提供充足的用于“防御”的战略性原料。在1949年欧洲发生美元短缺危机的时候，美国曾抓住这个机会强迫英镑贬值，进一步削弱英国利用帝国特惠制避免在经济上受制于美元的能力。[8]

北约开辟了新市场

除了1949年4月签署《北大西洋公约》、建立北约组织，华盛顿还制定了一个新的经济干预措施来取代“马歇尔计划”中的“欧洲复苏”。现在，美国能够以军事准备、战略规划和统一指挥这些随意的名义，对欧洲北约“伙伴”的事务进行更为广泛的经济干预了，而这些都是为了发动“冷战”。

美国对东西方贸易进行了大量的限制，大大地影响了西欧的而不是美国的传统贸易模式。这些限制对英国的打击尤其严重。同样地，西德经济由于得到朝鲜战争期间美国资本的支撑，正在迅速重建，成为英国工业出口的又一个竞争对手。由于所有这些压力，1951年，英国国际收支的美元赤字达到了战后的新的危险水平。[9]

1951年，美国在加拿大（英联邦成员之一）的资本投资，从1939年战争开始时的40亿美元上升至90亿美元，大大超过了英国在加拿大的投资，后者到1948年已降至16亿美元。[10]美国的资本投资在其他英国殖民地或前殖民地也形成了类似的格局，这些殖民地包括印度、澳大利亚和新西兰。

最具有地缘政治意义的事件是美国侵入石油资源丰富的中东，这也是英国的传统势力范围。除了前面提到的罗斯福对邱吉尔的巧妙计谋为洛克菲勒标准石油公司集团获得沙特阿拉伯王国的石油财富外，美国情报机构还曾秘密在伊朗行动，导致英国从伊朗把石油工人撤出来。

1952年，在英属北罗得西亚（该地区以英国圆桌会社创始人塞西尔·罗得斯的名字命名），美国资本通过对罗得西亚美国金属公司的掌控，控制了丰富的罗得西亚铜矿带。

在南非，洛克菲勒集团通过合并两个银行集团，即拉扎德公司*和拉登堡塔尔曼公司，进而控制了一百多家南非工业和矿业公司。J. P. 摩根公司与奥本海默家族强大的南非英美公司联合，旨在控制黄金和金属的开采。亨利·卢斯的《时代》杂志称这一举措建立了“美国资本在南非的首个滩头阵地”。纽约巨头肯尼科特铜业公司投资于那里的两座大型新金矿，而特拉华纽蒙特矿业有限公司采取行动接管了德国的矿业和铁路公司先前在西南非洲的资产。[11]

对于正在崛起的美国大区域或“生存空间”来说，非洲的矿产资源中没有一个超得过比（利时）属刚果的巨大铀矿的价值。洛克菲勒财团，特别是洛克菲勒大通曼哈顿银行通过收购股票掌握了坦噶尼喀特许有限公司的控股权，而这个公司于1950年4月控制了比利时上加丹加联合矿业公司。按照当时的估计，比属刚果东南部的加丹加地区拥有50%以上的世界已知钴储量和60%的世界已知铀储量，这对于建造美国核武库、发动朝鲜战争和随后的美苏冷战来说，是一个重要战略的关键部分。[12]

战后美国大厦初现裂缝

美国主导“自由世界”的货币和经济事务的黄金时代持续了仅仅十年多一点，布雷顿森林体系大厦下面那个有毛病的地基就出现了裂缝。1957年的“艾森豪威尔衰退”就是美元世界出麻烦的第一个预警信号。

---

* 又译为“雷达飞瑞公司”“瑞德公司”“拉扎德投资银行”。——译者注

实际上，1957年的警报显示的是美国军工的老龄化问题——钢铁、铝、机床业等都是在二十年前军备建设期间建立的。而20世纪50年代末期，大多数西欧国家，特别是西德和稍小一些的法国和意大利，都在变成拥有现代厂房和设备的不可小觑的竞争者。西欧国家不仅不需要进口美国工业产品来重建经济，到1957年，它们甚至再次变成与美国公司直接竞争的出口国。

美国工业界和金融界最大的跨国公司都是靠到海外去搜刮坚挺美元产生利润，而不是致力于投资国内工业的重建。1957年10月，苏联成功发射了第一颗人造地球卫星，领先于美国的任何同类计划，这让每一个人都看到美国在技术上落后于世界的其他国家了。

朝鲜战争期间，美国就开始在布雷顿森林体系下的金汇兑本位制背后瞒天过海玩弄规则。为了支付日益增长的巨额战争开支，美国采取了“大炮加黄油”计划。尽管根据规定美国必须用黄金来支付外债，但华盛顿却发行了美联储特别债券和美国短期国库券用来偿债。第一次得手使美国的金融界意识到，这个世界会把美联储的特别债券当作“像黄金一样值钱”的东西，它们就决定要不断扩大在全世界发行美元纸币，但不再按比例扩大黄金储备了。[13]华盛顿就这样在事实上悄无声息地把美元慢慢地针对贸易伙伴贬值，打击的主要是西欧的贸易伙伴。

从肯尼迪时代开始，1961年之后美国出现了严重的贸易赤字。对于外国的中央银行来说，这是一个明确无误的信号，应该在问题恶化之前，用它们的贸易顺差美元来兑换美联储的黄金了。美国自己的工业几乎没有对厂房设备进行重大的新投资。相反，剩余的钱被用来投资——购买西欧国家中最先进的工厂，因为在西欧，美元依然坚挺，汇率由布雷顿森林体系固定并保持不变。

肯尼迪拉响了警报

1949 年，即朝鲜战争爆发前，美国的黄金储备比美国的外债总额多 180 亿美元。到 1960 年 10 月，形势已天翻地覆。美国的外债总额比黄金储备还多出 8 亿美元。在同一时期，美国对外直接投资总额和美国公司持有的长期海外资产规模持续攀升。从 1949 年的 270 亿美元，增加至 1960 年的 620 亿美元，增幅近 250%。[14]

总有一天这个世界会意识到，美元不再像黄金一样值钱。如果人们想把手中越来越多的美元钞票兑换成黄金，他们最好排在纽约美联储黄金贴现窗口的第一位。这意味着作为整个战后布雷顿森林体系债权国的美国，已经没有偿债能力，即用黄金偿还短期债务的能力。

20 世纪 60 年代，美国欠外国央行——尤其是德国联邦银行、法兰西银行和日本银行的外债，已经变成了填不满的鸿沟。这种状况对于在国外经营的美国公司来说，却是巨大的利好。在 1961 年 1 月总统在国会发表的第一次国情咨文中，肯尼迪承认美国国内经济的状况令人不安：

> 我们就职的时候，经济衰退已经发生 7 个月，滞胀持续了三年半，经济增长减速延续了七年之久，而农业的收入连续下降已经发生了九年。
>
> 企业破产率已经达到大萧条以来的最高水平。1951 年以来，农民收入已缩水 1/4。除了 1958 年的短暂时期以外，失业保险发放达到历史上最高纪录。在大约 550 万失业者中，有 100 多万人找工作的时间超过 4 个月……
>
> 近 1/8 的失业者生活在将近 100 个绝望而且不安定的地区。此外，刚毕业的学生无处发挥聪明才智，农民不得不放弃维持生计的兼职工作，熟练工人和非熟练工人从金属、机械、汽车和服装这些重要行业中被解雇。[15]

肯尼迪接着描述了美国国际金融和货币令人震惊的状态：

1958年以来……我们的负债余额（赤字）在三年中增加了将近110亿美元，海外的美元持有者用美元兑换黄金的总量已达到近50亿美元，这些黄金已经从我们的储备库中流到了海外。造成1959年赤字的主要原因是，对我们的货物的限制和没有竞争力的价格；我们的出口未能打入海外市场。另外，1960年的财政赤字更是由于不断有私人资本流出，去寻求海外的新机会和高得多的回报或者投机利益。[16]

从美国外逃的大部分资本滞留在海外，开始再投资，不流回国内。

为了“保卫”美元，华盛顿呼吁西德和其他北约成员国提高（为北约承担的）防务开支的份额。1962年，华盛顿对西欧各国施加压力，要求它们对从美国进口货物取消关税和其他贸易壁垒，以便减少与美国的贸易逆差；欧共体的共同农业政策受到的压力最大。这是法国和西德之间欧洲经济共同体协议的核心。但是，这一切措施收效甚微。

肯尼迪与美联储

作为总统，肯尼迪在他短暂的执政期内树敌很多，这些强大的敌人有美国钢铁公司领导层、中央情报局局长艾伦·杜勒斯，还有五角大楼。然而，谁都没有像华尔街的强势银行家那样强烈地反对肯尼迪。戴维·洛克菲勒当时正在作为大通曼哈顿银行负责人继承洛克菲勒王朝的权力。1962年7月，他在亨利·卢斯的《生活》杂志上发表过一篇文章，公开攻击肯尼迪的经济政策，指责肯尼迪把利率定得太低。他提出了一个“财政责任”问题，说白了，就是要提高华尔街上的政府债券交易商（如大通曼哈顿银行）的利率。

而肯尼迪关注的事情，是如何摆脱持续了七年之久的经济衰退。[17]

JOHN F. KENNEDY
LIBRARY AND MUSEUM

Executive Order 11110

AMENDMENT OF EXECUTIVE ORDER NO. 10289 AS AMENDED, RELATING TO THE PERFORMANCE OF CERTAIN FUNCTIONS AFFECTING THE DEPARTMENT OF THE TREASURY

By virtue of the authority vested in me by section 301 of title 3 of the United States Code, it is ordered as follows:

SECTION 1. Executive Order No. 10289 of September 19, 1951, as amended, is hereby further amended --

(a) By adding at the end of paragraph 1 thereof the following subparagraph (j):

"(j) The authority vested in the President by paragraph (b) of section 43 of the Act of May 12, 1933, as amended (31 U.S.C. 821 (b)), to issue silver certificates against any silver bullion, silver, or standard silver dollars in the Treasury not then held for redemption of any outstanding silver certificates, to prescribe the denominations of such silver certificates, and to coin standard silver dollars and subsidiary silver currency for their redemption," and

(b) By revoking subparagraphs (b) and (c) of paragraph 2 thereof.

SEC. 2. The amendment made by this Order shall not affect any act done, or any right accruing or accrued or any suit or proceeding had or commenced in any civil or criminal cause prior to the date of this Order but all such liabilities shall continue and may be enforced as if said amendments had not been made.

JOHN F. KENNEDY

约翰·肯尼迪的第11110号行政命令挑战了美联储的权威，这或许导致了他遇刺身亡

肯尼迪在被刺杀之前摆脱了美联储发行了无利息的美国纸币。纸币的顶端写着美国纸币，而不是美联储纸币。这批纸币很快被他的继任者收回了

肯尼迪遇刺事件在二十年后被证实是中情局刺杀小组所为。[18]在被刺杀前5个月，肯尼迪发表了一份几乎不为人所知的公告，可能就是这份公告要了他的命。就像不肯借伦敦银行的钱来打南北战争的亚伯拉罕·林肯——当年他发行了无息的美国政府债券“绿背”，1963年6月4日，肯尼迪总统发出第11110号行政命令，授权美国财政部“以银条、白银或标准银元为依据发行银元券”。[19]肯尼迪的这个第11110号行政命令并不需要国会的批准。

这就意味着，动用美国财政部金库里的白银，政府可以把新的资金注入流通领域。肯尼迪把总计近43亿的2美元和5美元面额的美元钞票引入流通。面值10美元和20美元的钞票还没有流通过，但在肯尼迪遇刺之时，财政部正在印制这些钞票。这是继林肯以后发行无息货币的第一位美国总统，也是第一次现任总统向私人的美联储这个货币权力的寡头提出挑战。

在肯尼迪担任总统期间，威廉·麦克切斯尼·马丁是美联储主席。1970年，当马丁作为任职时间最长的美联储主席离开华盛顿后，去当了洛克菲勒兄弟基金会和洛克菲勒家族基金会的负责人。[20]

肯尼迪死后，第11110号行政命令被束之高阁，也没有再发行更多的白银凭证，已发行的也被回笼。[21]第11110号行政命令从公众视野中消失，然后就被遗忘了。

伦敦的黄金总库

尽管采取了措施，美国黄金还是继续流失。1961年年底，华盛顿说服英国和欧洲的各中央银行在英格兰银行设立一个国际黄金总库，以便共同避免对任何国家黄金储备的恐慌性挤兑。黄金损失数额的50%由美联储支付，其余50%由英国、西德、法国、意大利、比利时、荷兰和瑞士共同支付。

到 1962 年 10 月，美国的私人对外直接投资超过 350 亿美元，大多数投向西欧、加拿大和拉丁美洲。尽管 1964 年 9 月美国国会设立了利息均等化税，试图减缓美国资本的外流，但又在加拿大这里留了一个投资免税的漏洞，让美元外逃继续有增无减。[22]

直到 1967 年 11 月，布雷顿森林体系链环上的一个薄弱环节——英镑断裂时才进行美元援助行动。英国已成为战后布雷顿森林体系的第二大支柱，它在非洲、亚洲和其他地方的前殖民地为了方便而纷纷把英镑外汇储备存放在伦敦的英国银行。尽管英国的技术落后于西德和法国，工业经济相对薄弱，但是金融中介这个身份使伦敦金融城仍然是仅次于纽约的世界第二大资本中心，中央银行的黄金和美元储备都放在那里。伦敦金融城的银行家一心一意要恢复伦敦在第二次世界大战爆发前扮演过的角色。

事态还在持续演变。英国的银行和它们的纽约同行一样，也是宁愿损害英国的国内产业也要去海外投资，对欧洲工业投资的资本回报率可以达到 12%—14%，这一回报率是美国或英国国内工业投资收益的两倍以上。英国的银行也是这样一步步削弱了英国保持贸易支付平衡的能力，并逐渐威胁到英镑对美元自 1949 年以来一直固定不变的平价。

20 世纪 60 年代中期，英国被迫两次动用国际货币基金组织的巨额贷款，试图稳定英镑。持有英镑的外国人信心动摇，开始从英国银行大量撤出资金，他们把英镑兑换成黄金或其他货币，使英镑承受的压力进一步增大。由于私人金融投机者不得拿英镑去购买黄金，他们就用英镑买进美元，造成美元走强的错觉。英镑是整个战后布雷顿森林美元体系事实上的薄弱环节。

英镑困境里的法国身影

1965 年 2 月，林登·约翰逊决定大量增加美国对越南战争承担的义务，把美国用来支付对外贸易的钱拿去打仗。法国总统戴高乐发表讲话，尖锐地批评这个货币体系，指责美国拒绝美元对黄金贬值，不调整黄金汇兑美元的比率，不去反映已经变化了的现实。他非常正确地指责美国的决策者事实上向欧洲输出通货膨胀，用这个办法为越南战争和国内计划（约翰逊所谓的“大炮加黄油”计划）融资，美国只需要印刷更多的没有黄金支撑的美元就行了。戴高乐向英国和美国呼吁返回真正的金本位制，那个可能迫使各国调整经济政策的制度，以纠正美国外汇支付中越来越大的赤字。[23]

英国和美国的黄金流失继续恶化。1965 年 3 月，在纽约和其他金融派系的敦促下，美国国会通过了一项法律，废除了 1945 年颁布的货币法。那个法律要求联邦储备体系保持 25% 的黄金储备或抵押债券的比例，不仅要支持流通中的联邦储备发行的钞票，而且也要支持联邦系统中的会员银行的存款。美联储的黄金储备水平已经逼近 25% 的门槛了。20 世纪 60 年代中期，美国作为战后布雷顿森林体系金汇兑本位制堡垒的地位已经急剧恶化。

1949 年，美国持有的官方黄金储备约为 230 亿美元，而流通中的美联储钞票和存款约为 410 亿美元，黄金储备率达到令人印象深刻的 57%。到 1965 年年初，美国的黄金储备已下降到 150 亿美元，而存款和流通中的纸币已上升到 550 亿美元，黄金储备率仅为 27%。1945 年货币法规定美国必须保持 25% 的黄金准备率，美元成了整个世界的支付系统，美元从此不再只是一个国家的货币。[24] 这一切做法依据的是 1944 年的《布雷顿森林协定》；废除 1945 年货币法之后，（全世界的）“货币汤”中唯一的那只苍蝇就是美元（纸币）了。整个世界贸易中的所有国家都接受美元代替黄金进行支付，是因为它们相信，美元的确有黄金的坚定支持，它们需要的时候还是可以兑换的。

法国、西德、意大利、比利时、荷兰和瑞士都在利用自己 20 世纪 60 年代末的贸易顺差不断增加自己的黄金储备。法国还呼吁美元应大幅贬值，这遭到华尔街和美联储的尖锐攻击，声称这是对想囤积黄金储备的国家给予“不公平的利益”：在布雷顿森林制度下各国还是想把积累起来的出口顺差从美元兑换成黄金，而不是继续持有膨胀了的美元。华尔街和美联储从来都不屑于解释“不公平的利益”为什么不公平。

美元贬值将在事实上削弱美元，降低美国跨国银行和跨国公司在世界经济中的作用，这是金融托拉斯最不情愿看到的。1969 年 6 月 5 日，戴高乐的经济顾问雅克·吕夫在《华尔街日报》上的一篇文章里解释了法国的立场。他指出：“目前水平的黄金价格是 1934 年罗斯福总统定下的。从那时起，美国的所有价格都已经提高了一倍以上。”[25]

1967 年，英国已经不得不通过借入外国货币来支持英镑，这是固定汇率制寿终正寝的信号。这一年，国际上对黄金而不是英镑或美元的私人需求越来越大，英格兰银行的伦敦黄金总库被迫加强了干预。

根据 1967 年 1 月法国议会通过的一项法律，法郎实行完全自由兑换，因为法郎有 80% 以上的黄金储备支持。这是法国出手把国际货币改革这个迫切问题提上桌面的一次尝试。1967 年夏天，法国退出了黄金总库，不愿意再拿自己的黄金来徒劳地支持美元。结果是英镑的外汇汇率持续下降，市场上私人手持的黄金价格上涨。挤兑潮已经发生。

投机者现在只想赌一个确定无疑的东西了。他们迅速地将英镑兑换为美元和其他货币，然后去购买苏黎世、法兰克福、巴黎和比勒陀利亚等所有市场上的黄金。私人黄金市场的价格相比于布雷顿森林体系的固定价格大大上涨，锚定整个世界支付系统稳定性的美元，现在处在巨大的压力之下。

这是一场与 1931 年英镑危机（黄金储备流失）很相似的戏剧性事件。稳定英镑的紧急借款并没有减轻英镑的压力。1967 年 10 月，持有大量黄金的、以瑞士联合银行为主的瑞士银行财团向英国提供了 1.04 亿美元的贷款，但是国际货币基金组织和欧洲的主要国家拒绝进一步支持英镑。当英国政府再次与瑞士谈判，要求瑞士私人银行增加 10 亿美元至 30 亿美元的贷款时，1967 年 11 月 18 日，工党首相哈罗德·威尔逊宣布英镑对黄金贬值 14%，对美元的新平价固定为 2.40 美元兑换 1 英镑。

这个贬值的幅度远远小于1949年的30%，但已经足够使20世纪60年代末这个已经变化了的世界把压力聚焦于全球货币体系的心脏——美元之上。[26]

美国对法国伺机报复

华盛顿是不能容忍法国这样干涉美元金融秩序的，它要报复。华盛顿在华尔街银行家的支持下，发动了一场攻击法国和法郎的全面经济战争，打击这个货币改革的主要推手。为了破坏法国货币改革的理念，华尔街银行界和华盛顿政府要打破法国货币和金融的稳定性。一场幕后操纵的、静悄悄的全面货币战争在1968年年初爆发，所有主要市场的参与者都很清楚，是美国银行界操纵了对法郎和法国黄金储备的挤兑。纽约的银行突然从法国银行取出存款去买德国马克，这是沉重的一击。华盛顿向联邦德国银行施加压力，要后者跟进，给人们心中的一个模糊的暗示增加点分量——好像大家对法国货币政策已经普遍没有信心了，而并不是美国在推动金融战争。美国还限制法国对美国的出口，建议美国人不要去法国度假。在法国投资的美国公司还悄悄地从法国撤出资本，给法郎再增加一点压力。[27]

然后就发生了在时间上看起来几乎不可能的巧合——一个鲜为人知的激进左派无政府主义集团“境遇主义国际”，突然在法国新左派中出现。这一事件被英美主流媒体（如伦敦的《经济学人》）大加渲染。它好像是空降到楠泰尔大学（巴黎第十大学）的学生团体领袖，在索邦大学的激进学生运动中也具有相当大的影响力。

1968年5月，华尔街和伦敦金融城充分地利用了被大肆渲染的学生暴乱。“境遇主义国际”的说客丹尼尔·科恩-本迪特那样的激进分子一夜之间就变成“法德左派的切·格瓦拉”了。这位科恩-本迪特一直是一个团体的成员，这个团体在1967年11月组织了有12000名学生参

美国在1968年对戴高乐展开了经济战，为5月的学生运动做了铺垫

加的罢课活动，抗议学校人满为患的现状。在此前的十年中，学生人数从17万上升到51.4万，几乎增加了两倍，但是从1962年以来，大学校舍的总面积只增加了一倍。设施严重不足，校园人满为患，这种严峻的状况构成了社会不安的潜在因素。在这种情况下，任何微小的触发点，都极易引发剧烈反应。[28]

戴高乐受到了打击。一年后的1969年4月，戴高乐宣布辞职。金融危机对他的民意支持率非常不利，警察对1968年5月的学生暴乱事件处置不当。美国情报机构人员在学生造反的现场出现，至少采取了鼓励行动。[29]

指挥法郎攻击行动的集团巧妙地散布谣言，称德国马克即将对法郎升值。这一谣言为法郎的恐慌性抛售和法国黄金的流失推波助澜。1968年3月至1969年3月，法国的外汇储备已经减少了80%。尽管银行始终没有放弃保卫法国法郎对美元的比价，但到1969年8月，法郎还是被迫贬值12%。同年10月，西德金融当局不得不让德国马克增值，幅度达8%。这两个经济最强大的欧洲共同体成员国之间的差距一下子就扩大了20%。

西德没有资格支持法国的金融新秩序改革的要求，也没有力量抵抗美国银行要它进攻法郎的压力，因为它担心失去美国驻军，华盛顿曾这样暗示过。

打击戴高乐政权的这场金融战，为华尔街和美联储赢得了一点时间，人们的注意力不那么紧盯着美元的脆弱性。不过，这种注意力转移的时间很短，对美元的攻击很快又要开始了。

第七章

昙花一现：

尼克松离开布雷顿森林体系

Nixon walks away from Bretton Woods

你已经说明了美国如何超越英国和历史上所有其他建设帝国的国家。我们玩了一把天字第一号骗钱术。

——赫尔曼·卡恩，哈得孙研究所[1]

1971年：美元体系开始谢幕

20世纪70年代最初的两年标志着一个分水岭：美国政策发生了转向。为了确保美国继续担当全球经济和金融超级大国，采取大刀阔斧的措施迫在眉睫，那些执掌华尔街的实力集团好像一时还不知道究竟该怎么干，但它们很快就制定了战略。

由于林登·约翰逊在东南亚打的战争不断升级，巨额开支使得国际银行和央行加快了出售美元、买进黄金的行动。1968年，巨额的战争费用使美国的联邦预算赤字雪上加霜，上升到当时史无前例的300亿美元。美国的黄金储备继续下降，已跌至法律所允许的25%底线。国防部部长罗伯特·麦克纳马拉递交了辞呈，他因制定了一个"打不赢的战争"的战略而闻名遐迩。此时此刻的政治混乱进一步加剧了资金的外逃。

战后的布雷顿森林体系注定在核心处发生破裂，这只是时间早晚的问题。最终，这个裂口出现在1971年8月15日：尼克松总统向世界宣布，他下令关闭了纽约联邦储备银行的黄金贴现窗口。持有美元的外国人没有得到任何预警，就被美国总统的单方面行动剥夺了兑换黄金的权利，尽管这是美国的一项由国际条约规定的义务。

尼克松听从的建议是来自洛克菲勒圈子的顾问们，其中有预算顾问乔治·舒尔茨，他后来担任国务卿，卸任后成为庞大的建筑工程巨头柏克德公司的董事长。这个小圈子还包括财政部杰克·贝内特（后来当了洛克菲勒埃克森石油公司董事)、财政部负责国际金融事务的副部长和前大通曼哈顿银行执行官保罗·沃尔克（此人堪称洛克菲勒财团的终身走卒)。八年后，沃尔克再一次扮演一个决定性的角色：在戴维·洛克菲勒的操纵下，卡特总统任命沃尔克为美联储的主席，使得银行家的重大行动计划付诸实施。[2]

在华盛顿举行的国际对话上，在欧洲各主要国家、日本和其他一些国家面前，美国重申了尼克松对黄金兑换采取的单方面行动，并且同与会者达成了一个很糟糕的妥协，这就是《史密森氏学会协议》。尼克松在会谈之后是这样宣布的：他们“缔结了世界历史上最重要的货币协议”。

美国已正式降低了美元的价值，但没有达到欧洲国家所期望的程度。美元对黄金贬值仅8%，黄金固定价格从每盎司黄金兑换35美元变成每盎司黄金兑换38美元，虽然欧洲认为如果重建全球性均衡，美元有必要更大幅度地贬值。该协议还正式允许币值在上下2.25%的幅度内波动，布雷顿森林规则中国际货币基金组织规定的波动幅度只是1%。

尼克松的“黄金兑换停止”声明启动了一系列即将震动世界的行动。在仅仅数周之内，对《史密森氏学会协议》的信心就开始崩溃了。

黄金有一点工业用途，可以做漂亮的首饰，此外这种物质本身没有什么特别的性质。但是在历史上，它因为稀缺而成了公认的价值标准，不同的国家之间对照此标准来确定其贸易条件，因此成为货币。当尼克松决定不再履行美国货币对黄金的义务时，他就拉开了全世界防止投机的防洪闸门，历史上从未有过的拉斯维加斯式投机狂潮就要开始了。

1971年8月之后的世界经济并没有被这个固定汇率调整过来，国际贸易变成了另一种投机的舞台，赌注下在各种货币之间汇率变动的差别上。这一切的后果是：世界流通中的美元总量的增长从20世纪60年代末相当稳定的状态变成了指数型增长，20世纪90年代末流通中的货币指数是2500%。[3]

20世纪70年代初，暂停兑换黄金以及由此产生的国际“浮动汇率”没有解决任何问题，它只是为美国金融权势集团准备下一步行动赢得了一点时间。在《史密森氏学会协议》无效的背景下，进入1972年后形势进一步恶化，资本大规模流向日本和欧洲，逃离美元体系，直到1973年2月12日尼克松终于宣布美元第二次贬值，这次相对于黄金贬值10%，黄金的官方价格定在每盎司42.22美元，一直沿用至今。

贬值还是阻止不了卖出美元。1973年5月，在斯德哥尔摩城外一个度假小岛上召开了一次高度机密的会议，决定以牺牲世界工业增长为代价，为美元注入新的生命力。以国务卿和事实上的代理总统亨利·基辛格（他本人就是洛克菲勒财团的附庸）为首的华尔街和华盛顿的权力精英的决定是：对世界经济实施一次重大打击，以便挽救不断贬值的美元，即作为世界贸易资产和金融资产、作为美国经济帝国主义战略支柱的美元。

萨尔特霍巴登与彼尔德伯格的石油冲击

1971年8月15日，尼克松美元战略背后还有一项计划方案，一直到1973年10月才出台。即使在那时，除了极少数内部知情者以外几乎无人了解其中的关联。1971年8月，美元的“去货币化”（和黄金脱钩）是纽约的金融权势集团用来争取时间的，决策者要制定的计划是一项无法无天的新货币主义方案，有人喜欢说它是“范式的转变”——是重建坚挺美元的战略，目的是在这个眼看要全线败退的时候，再一次加强美元在世界上压制对手的政治力量。

1973年5月，美元的下跌还在继续，84名世界顶级金融和政治人物举行了一次集会，地点是瑞典瓦伦贝里银行家族僻静的度假海岛——萨尔特霍巴登。在伯恩哈德亲王主持的彼尔德伯格集团的这次会议上，美国来的一位与会者把提高欧佩克（OPEC）石油收入400%的“方案”讲给大家听。萨尔特霍巴登秘密会议的目的不是预防石油价格可能会带来的冲击，而是如何管理将要被创造出来的大量石油美元。美国国务卿基辛格后来称这个过程为“石油美元的回流”。

美国人沃尔特·利维是洛克菲勒标准石油公司的顾问。他告诉研究大西洋－日本能源政策的彼尔德伯格会议，未来世界对石油的需求将由少数几个中东产油国供给。他预言：

> 进口这些石油的费用将大大增加，石油消费国将会遇到平衡国际收支的困难，而沙特阿拉伯和阿联酋这些国家会积累前所未有的外汇，这也会造成严重的问题。
>
> 国际石油公司的母国与石油的生产国、进口国和它们的国有石油公司之间，在政治、战略和权力关系方面的关系正在彻底改变。

他估计欧佩克中东石油收入的上升将会刚好超过400%，之后基辛格要求伊朗国王做的正好也是这么多。

1973年5月，出席萨尔特霍巴登会议的有，大通曼哈顿银行的戴维·洛克菲勒（享有“美国建制派董事长”的美称）、洛克菲勒的盟友和大西洋里奇菲尔德石油公司的罗伯特·安德森、英国石油公司董事长格林希尔勋爵、华宝银行公司的埃里克·罗尔爵士（欧洲债券的共同创造者之一）、雷曼兄弟投资银行的乔治·鲍尔（曾担任过美国助理国务卿，并推动他的银行家朋友、伦敦华宝银行公司的西格蒙德·沃伯格开发伦敦的欧洲美元市场）、兹比格涅夫·布热津斯基（戴维·洛克菲勒私人的三边委员会的新执行主任，很快将担任卡特总统的国家安全事务助理）、意大利菲亚特集团的詹尼·阿涅利、德国的奥托·沃尔夫·冯·阿梅龙根（德国战后最有影响力的商界人物之一，被任命为洛克菲勒埃克森石油公司的第一位德国董事）。亨利·基辛格也应邀到会。

1954年5月，绝密的彼尔德伯格俱乐部会议的召集者是一个大西洋精英团体，到会者有戴维·洛克菲勒、乔治·鲍尔、约瑟夫·雷廷杰、荷兰的伯恩哈德亲王、乔治·C.麦吉（时任美国国务院外交官，后来担任洛克菲勒美孚石油公司的高级主管）。第一次开会的地点——荷兰阿纳姆附近的彼尔德伯格酒店——成了这个年度会议的名称，与会者都是欧美顶级精英，他们进行秘密协商和讨论，“形成”的一致意见在随后的新闻评论和媒体报道中被精心地加以宣传，但是对彼尔德伯格俱乐部秘密会议本身从不提及。彼尔德伯格的行动是战后英美政策形成的最有效的手段之一。[4]

同年5月，在彼尔德伯格俱乐部的那些权势显贵很显然作出了一个决定，对全世界的工业发展实施一次重大打击，把权力的天平回转到有利于美国经济和美元的方向上来。为了做到这一点，他们决定拿出最得心应手的战略武器，即对世界石油的控制。

彼尔德伯格俱乐部的决定是利用美国的外交手段在6个月之后即1973年10月制造一次全球石油禁运，目的是迫使世界石油价格大幅度上涨。1945年以来，以美元标价进行世界石油贸易成了国际惯例，因为美国石油公司主导了战后市场。因此，世界石油价格飙升意味着世界对美元的需求发生同样程度的上升，这是支付石油费用必不可少的。这样不仅埃克森石油公司、美孚石油公司和洛克菲勒等公司将成为世界最大的企业，它们的银行——大通银行、花旗银行和少数其他银行，也成为世界上最大的银行。

洛克菲勒主导的美国金融权势集团拥有的石油权力，以及它行使这个权力的那种惊心动魄的方式，无人能够想象。这是一个无耻的计划，没有人能想象这样的事情竟然是有意而为的，但事实的确如此。[5]

基辛格的赎罪日石油冲击

1973年10月6日，埃及和叙利亚入侵以色列，发动了后来所谓的赎罪日战争。赎罪日战争不是简单事件的结果，也不是阿拉伯世界决定用军事行动打击以色列这样的失算或者失误。整个赎罪日战争事件是华盛顿和伦敦秘密策划的，通过由尼克松的白宫国家安全事务助理基辛格建立起来的强大秘密外交渠道推进。

1973 年，基辛格同迪尼兹（后左一）一同煽动欧佩克实行石油禁运，从而拯救了美元

基辛格通过他与以色列驻华盛顿大使西姆哈·迪尼茨的亲密关系，有效地控制了以色列的政策反应。此外，基辛格还建立了与埃及和叙利亚的沟通渠道。他的手段是在关键问题上分别向双方说另一方的坏话，确保战争一定能打起来，确保随后阿拉伯石油禁运会发生。沙特阿拉伯国王费萨尔曾多次明确地向基辛格和华盛顿说，如果美国继续单方面向以色列提供军火，欧佩克将对美国实行石油禁运。[6]

基辛格扣压了美国情报部门的报告，包括截获的阿拉伯官员之间确认军队集结的通话。基辛格是尼克松的情报“沙皇”。基辛格臭名昭著的“穿梭外交”，在战争爆发前 6 个月和战争开始之后，都是沿着 1973 年 5 月在萨尔特霍巴登召开的彼尔德伯格会议制定的精确路线推进的，在华盛顿早已写好了脚本。全世界的愤怒即将到来，阿拉伯石油生产国成为替罪羊，而真正应该负责的英美利益集团却静悄悄地躲在后台。[7]

1973 年 10 月中旬，西德总理维利·勃兰特通知美国驻波恩大使，西德在中东冲突中将保持中立，不允许美国从北约在西德的军事基地向以色列提供军事补给。1973 年 10 月 30 日，尼克松向勃兰特总理发出一份措辞严厉的、据说是基辛格起草的抗议照会，几乎是十七年后将发生的类似事件的恶兆。

尼克松的回应十分简短：

> 在我们看来，欧洲人比我们更加依赖阿拉伯石油，但是你们的弱点不会因为你们在这个重大的问题上与我们分道扬镳而减少……你们应该看到，这场危机不是同盟的共同责任问题，为以色列提供

军用物资的目的也不属于联盟（北约）的责任。我根本无法区分出这有什么细微的不同……[8]

华盛顿不允许西德宣布在中东战争中保持中立。但是，意味深长的是，它允许英国明确表示它的中立立场，从而避免受到阿拉伯石油禁运的影响。伦敦在它自己亲手推动发生的国际危机中游刃有余。

后来欧佩克石油提价 4 倍的一个巨大后果是，英国石油公司、荷兰皇家壳牌公司和其他英美石油康采恩在北海投入的风险很大的价值数亿美元的石油勘探开采项目，变得有利可图了。这是一个光天化日之下的怪事，新开发的北海油田在基辛格的石油冲击之前，是没什么指望获利的。当然，这也可能仅仅是巧合，运气太好了。

1973 年 10 月 16 日那一天，在维也纳石油价格会议之后，欧佩克宣布原油提价 70%，即从每桶 3.01 美元提高到每桶 5.11 美元，这在当时是一个惊人之举。同一天，欧佩克的阿拉伯成员国指出美国在中东战争中支持以色列的事实，宣布对美国和荷兰实行石油禁运——西欧获得石油的主要港口在荷兰。

1973 年 10 月 17 日，沙特阿拉伯、科威特、伊拉克、利比亚、阿联酋、卡塔尔和阿尔及利亚宣布削减原油产量，它们将把 10 月份的产量削减到比 9 月低 5% 的水平，并且以后每个月再削减 5%，直到以色列撤出自 1967 年 6 月以来占领的全部阿拉伯被占领土，巴勒斯坦人民的合法权益完全恢复为止。世界上第一次“石油冲击”就这样开始了。

值得注意的是，石油危机最严重之时，正是美国总统尼克松个人深陷“水门事件”之际。这样，基辛格就成了事实上的总统，执掌了 1973 年后期危机期间美国的外交政策。

1974 年，尼克松的白宫派了一名高级官员去美国财政部，想命令其制定一项迫使欧佩克降低原油价格的战略，但遭到了毫不留情的拒绝。这位官员在备忘录中说道：“银行界的头面人物抛开我们的忠告，他们想的是大力推动（美元）回流的程序以适应更高的油价。这是一个关系到命运的决定……”这些银行领导人中毫无疑问包括戴维·洛克菲勒和大石油公司相关联的那些银行的负责人。

美国财政部和沙特阿拉伯货币当局订立过一个秘密协议，后来在1975年2月美国财政部部长助理杰克·贝内特致国务卿基辛格的备忘录里确定了最后的文本。这位杰克·贝内特就是尼克松于1971年8月美元政策的策划人。根据这个协议中的条款，从天上掉下来的沙特阿拉伯石油横财被拿来弥补美国政府的赤字。

戴维·马尔福德是华尔街一位年轻的投资银行家，其供职的公司是首屈一指的欧洲债券公司——怀特韦尔德公司。他被派往沙特阿拉伯担任沙特阿拉伯货币局首席“投资顾问”。负责指导沙特把石油美元投向正确的地方，这自然主要指在伦敦和纽约的美国银行。彼尔德伯格计划按部就班地实行。在以往数年中建立起来的那个欧洲美元市场，很快在海外石油美元“回流”战略中大显身手了。[9]

尼克松神通广大的国家安全事务助理基辛格牢牢地控制着美国情报机构，也控制着美国的外交政策。赎罪日战争爆发几周之前，他说服尼克松任命他为国务卿。基辛格特别愿意在每一个事件中都扮演核心角色。他既当白宫的国家安全委员会负责人又当国务卿，能够做到这种境地的，真的是前无古人，后无来者。在尼克松总统任期的最后几个月里，没有一个人能像基辛格那样手握那么大的权力。基辛格竟然在1973年被授予诺贝尔和平奖，这是在全世界人民的伤口上撒的一把盐。

1974年1月1日德黑兰会议之后，石油价格第二次上涨，幅度超过100%，欧佩克基准油价上涨到11.65美元。令人惊奇的是，这次提出涨价要求的是伊朗国王。其实国王是按照基辛格的秘密指令干的——他能够在1953年重新掌权，完全要归功于美国中央情报局和华盛顿的支持。[10]

仅仅两个月前，伊朗国王礼萨·巴列维还在反对欧佩克把石油价格提到3.01美元，他担心的是这样会迫使西方出口商对伊朗要价更高，国王有一个雄心勃勃的实现伊朗工业化的计划，需要从西方进口工业设备。美国和西方在战争中对以色列的支持，已经使欧佩克国家在开会商议的时候更加愤怒。基辛格手下的国务院完全不知道他与伊朗国王之间是有密谋的。[11]

从 1949 年直到 1970 年年底，中东原油价格平均约为每桶 1.90 美元。按照彼尔德伯格俱乐部那次重要的萨尔特霍巴登会议的决定。1973 年年初，油价要提高到每桶 3.01 美元，即按计划实现；而欧佩克未来的石油价格应该上涨的幅度是 400%。1974 年 1 月，石油价格提高 4 倍已是既成事实。

“游资”：离岸欧洲美元诞生

虽然尼克松不得不撕毁《布雷顿森林协定》，宣布美元不再兑换黄金，但其实在此之前，以戴维·洛克菲勒的大通曼哈顿银行和花旗银行为首的纽约银行界已经着手制定一个计划，目的是为存放在伦敦和欧洲大陆的海外银行里的数十亿美元开发出新的用途。通过纽约银行界精英的努力游说，美国银行的外国分行获得了一项优惠，它们对外国居民发放的贷款将免受 1964 年通过的新《利息均衡税法》的限制。而该法正是为了遏制美国银行的海外贷款和防止美元外流。

这样一来，美国的银行争相在伦敦和其他经济中心城市开设分支机构。尽管英国经济疲软，伦敦金融城却由于发展了新的、以自身为中心的伦敦“欧洲美元”融资和借贷市场而再次占据了世界金融和银行业的中心地带。[12]

20 世纪 50 年代后期，纽约的中心银行已经开始合并，它们的权力和影响力由于一系列的银行合并而极大地增强。洛克菲勒的大通国民银行与曼哈顿银行合并，形成大通曼哈顿银行，行长是约翰·麦克洛伊，他刚卸任美国驻德高级专员回到纽约，就担任了洛克菲勒的律师和洛克菲勒基金会理事，还担任了纽约外交关系协会主席。纽约国民城市银行接管了纽约第一国民银行，重组成纽约城市银行，即后来的花旗银行，董事长是詹姆斯·斯蒂尔曼·洛克菲勒。

纽约的其他大银行，包括化学银行、汉华实业银行和信孚银行，也进行了类似的兼并和重组。根据1961年美国司法部的报告，由洛克菲勒财团的两家银行掌控的五家最大的纽约银行已经是世界金融的中心，控制了美国所有大城市全部存款的75%。20世纪60年代，货币权力的这种非同寻常的集中，决定了随后四十年直至21世纪的国际政治和金融格局。

美国政府为银行免除了反托拉斯法的限制，而该项法律所禁止的就是过度集中或卡特尔化。[13]

20世纪60年代，这些新合并起来的纽约银行，为建立一个美国以外的新的离岸美元市场——欧洲美元市场——而行动起来。华盛顿方面不断地劝导海外的美元持有者，不要用美元兑换黄金。越来越多的美元长期留存在海外，其中大部分分布在西欧地区，尤其是伦敦。伦敦的银行业，也就是伦敦金融城，开始在海外美元市场上呼风唤雨，伦敦低迷已久的金融财运又一次光鲜起来。英格兰银行以及伦敦的银行家西格蒙德·沃伯格爵士（他是英国城市商业银行——华宝银行的创始人）都处在不断成长的欧元海外货币市场的中心。沃伯格在华盛顿的朋友们特别是美国副国务卿乔治·鲍尔的帮助下，巧妙地引导美元流向（英国）这个美国本土以外最大的美元信贷市场，促使美元在这里实现了最高度的集中。

如此造就的这个伦敦欧洲美元市场是“离岸的”，也就是说它不受任何监督——没有任何国家法律或中央银行的监督。纽约的银行和华尔街经纪公司纷纷在伦敦设立办事处，在爱管闲事的美国税务当局视野以外的地方，经营繁华的欧洲新“赌场”。纽约的国际银行从欧洲美元市场获得廉价的资金，还揽下了大型跨国公司的业务。20世纪60年代初，华盛顿有意大开“闸门”，让美元越过美国海岸线外逃到这个新的“游资”欧洲美元市场上去。

这些新的欧洲美元债券——“欧洲债券”的买家身份是不具名的，

他们被伦敦、瑞士和纽约经营此债券的银行家们戏称为“比利时牙医”。这些欧洲美元债券是“过户”债券，在任何地方都没有买家姓名登记，因而成为逃税的投资者、毒品大王和其他洗黑钱者的最爱。你拿着来自欧洲美元债券获取的非法收入，通用汽车公司或意大利高速公路公司为你付利息，天下哪有比这更划算的好事？一位深谙此道的欧元交易过程分析人士这样说过：“欧洲美元市场是20世纪60年代最重要的金融现象，这里是20世纪70年代初期的金融地震的震源所在。”[14]

一边是纽约的大银行，另一边是海外美元（即欧洲美元）的快速积累，二者之间关系的重大转折点发生于1966年。战后美国金融政策的重大变化，基本上都是从洛克菲勒的大通曼哈顿银行开始的，这次也不例外。

在这家银行内部传阅着一份机密的内部备忘录，内容是关于美国（即纽约的银行）未能抓住油水横流的“外逃资本”国际市场。这份备忘录指出，目前占据了优势的是瑞士银行，在这个隐秘的财富市场上有菲律宾的马科斯、沙特阿拉伯的王子，还有毒品大王等人物。这份备忘录建议大通银行推出一项对外业务，去追逐这个蒸蒸日上的离岸外逃资本或“游资”的主体部分。花旗银行与IOS基金*的可疑创始人伯尼·科恩菲尔德已经开始这样做了。[15]

在大通银行这个内部备忘录中，黎巴嫩的贝鲁特被当作一个模型讨论过。那时，贝鲁特只有一家银行，即英特拉银行及其下属的黎巴嫩赌场。这是世界上最大的赌钱和洗钱场所，其规模甚至超过了拉斯维加斯。[16]

1966年，黎巴嫩的英特拉银行陷入极为可疑的困境，出现了资不抵债，竟然需要借款来支付股票和黄金交易产生的损失。沙特阿拉伯国王以往在做重大决定之前，一般都会与华盛顿打招呼，这一次，他却突然撤出了大量存款。然后，大通曼哈顿银行冻结了英特拉银行在纽约的大

* 全称为“海外投资服务公司”（Investors Overseas Services）。——译者注

量存款，作为未偿还贷款的抵押。这家银行被迫于1966年10月14日停止了支付。它的存款户将他们的资金都转移到大通曼哈顿在贝鲁特的分行，以图“安全”。

这时，大通银行派出了一名调停人物罗杰·坦拉兹。他出生于黎巴嫩，身为华尔街的基德尔·皮博迪公司的高级执行官。踌躇满志的坦拉兹成功地使这家黎巴嫩大银行重新开业。这家成立于1951年的银行拥有贝鲁特港口管理局、中东航空公司以及黎巴嫩赌场。这家银行的崩溃使黎巴嫩经济陷入停滞，并且冲击了整个中东地区。这是自从第二次世界大战以来全球规模最大的银行灾难事件。[17]

大通曼哈顿银行涉足黎巴嫩的海外“游资”银行业务，是纽约的海外货币中心银行业在远离政府监管、逃脱了纳税义务的状态下发生重大转折的开端。其中的利润惊人，因为它是在海外并且有美国当局的“允许”，完全不受任何控制。

涉足海外银行业，标志着纽约银行业务的彻底转型。在以后很长一段时间，这个转型的重要性将要以爆炸性的方式显示出来。大通曼哈顿银行、花旗银行和纽约或美国的其他大银行，将要洗白数千亿美元的非法“游资”。在此过程中，没人问钱从哪里来；没人问其中是否有亲美独裁者的钱，如菲律宾的费迪南德·马科斯、墨西哥的劳尔·萨利纳斯·德戈塔里（墨西哥前总统卡洛斯·萨利纳斯·德戈塔里的兄弟）；没人问其中是否有华雷斯贩毒集团要转移的毒资，以及这些资金是否被转移到乌拉圭、阿根廷等众多地方。[18]

1966年，黎巴嫩的赌场成为洛克菲勒旗下大通银行开展离岸游资业务的目标

1971年8月，尼克松取消了黄金汇兑机制之后，海外欧元市场呈现出爆炸性扩张态势，其规模甚至逐渐超越美国国内的银行市场。到

20 世纪 70 年代中期，欧佩克石油价格提价 400% 之后，欧洲美元市场的“游资”总数估计达到了 1.3 万亿美元。到 20 世纪 80 年代末期，每年通过这种海外“游资”银行渠道清洗的国际毒品收入，就超过了 1 万亿美元。如此一来，纽约和伦敦的大银行获得利润大头的计划就落实了。

伦敦的欧洲美元银行市场要成为巨额石油美元回流业务的中心渠道。位于伦敦的“海外银行”会把欧佩克存入的石油收入款，作为贷款提供给阿根廷、巴西、波兰、南斯拉夫、非洲和别的石油进口国。自 1974 年欧佩克石油价格大幅上涨后，这些国家和地区急需美元来进口更加昂贵的石油，对这笔贷款需求迫切。

金融托拉斯发动了一场反革命

20 世纪 70 年代初，美国的经济毫无活力。1971 年 8 月，美国单方面撕毁《布雷顿森林协定》，停止美元与黄金自由兑换，这一决定实际上是美国世纪终结的起点。自 1944 年起，美国凭借世界最强大经济体的地位和健全的货币体系，构建起美国世纪的体系，而这一举措让该体系的根基开始动摇。

1971 年 8 月之后，美元体系迎来了重大调整，被赋予了一个不兑现法定货币的形态。从那时到现在，它的调整经历过若干个阶段。第一阶段可称为“石油美元”，它的力量源泉在于世界市场上涨价 4 倍的石油完全以美元标价，以及石油美元“回流”创造的利润——通过美国、英国和伦敦金融城（欧洲美元的离岸天堂）里个别其他国际银行推行的“回流”中产生出来的巨大利润。这一阶段大约持续到 20 世纪 70 年代末。

1971 年自美元体系调整后，进入第二阶段，从沃尔克发动的 1979 年 10 月利率政变一直持续到 1989 年；柏林墙倒塌，美元的流通更加广泛了，华尔街银行抢劫资产的广阔新天地也打开了。这导致世界各国都出现了工资急剧下降的现象，尤其在工业国家最为显著。

调整后的美元体系进入新的阶段，起始于1997年。当时，由政治目的驱动的对冲基金对经济高速增长的亚洲经济体部分弱势货币的攻击，从泰国拉开序幕，依次波及菲律宾、印度尼西亚，并蔓延到韩国。这场危机在很大程度上导致了亚洲各国央行的美元大规模流入美国，以期建立美元储备来防御可能出现的新的投机性攻击。1998年后，数千亿美元资本从亚洲涌入美国，助推了1999—2002年美国信息技术领域的股市泡沫。

调整后的美元体系的最后阶段是格林斯潘发起的金融革命。他在2001—2002年信息技术领域的股市泡沫破灭后发动了这场革命：他大力支持融资、按揭、抵押贷款和其他在资产领域里以发行新债券为目的的担保革命——证券化革命。这场革命最终以2007年不动产证券化泡沫的破灭为终结。

戴维·洛克菲勒的三边计划

无论怎样看，1973年都堪称以戴维·洛克菲勒和他的兄弟们为首的美国权势集团的总体战略的重大转折点。

1973年10月赎罪日战争期间，洛克菲勒家族、英美石油卡特尔和它们一伙的银行家决定操纵全球油价巨幅震荡飙升，其核心意图在于为作为全球经济和贸易体系基础的美元“延年益寿”，但这是不能持久的，还需要采取更大胆的行动，才能保证洛克菲勒家族、外交关系协会、银行巨头和跨国公司主宰金融的权力。

1973年，时任纽约外交关系协会主席和洛克菲勒家族大通曼哈顿银行行长的戴维·洛克菲勒也认为有必要建立一个新的国际组织，以此拓宽美国影响力的政治基础。这个组织应该是彼尔德伯格会议那样的私人性质的机构，只对受邀请者开放，但是不仅限于美国和欧洲的决策者，这一点和彼尔德伯格俱乐部不同。1973年，由洛克菲勒建立的三边委员会，从名字上即可看出它有三个支柱，分别为北美、欧洲和日本。

作为亚洲经济奇迹的缔造者，日本有必要同纽约权势集团的战略目标拉近距离。这个三边委员会的成员差不多都是戴维·洛克菲勒的"劳力士"名单上的人。第一批成员大部分是同洛克菲勒财团的利益关系最大的、最有影响力的商业伙伴或政治家，如法国的罗斯柴尔德、比利时银行家莱昂·兰伯特男爵、英国商业银行家兼欧洲美元的创立者（伊普斯登的）罗尔勋爵、意大利菲亚特公司的詹尼·阿涅利和荷兰皇家壳牌石油的约翰·劳登。洛克菲勒选择了他的亲密朋友、地缘政治战略家兹比格涅夫·布热津斯基担任三边委员会的第一任执行主任。在这个名单上，还有这几位美国成员：华尔街银行家艾伦·格林斯潘、大通曼哈顿银行的保罗·沃尔克，以及当时尚无名气的佐治亚州州长吉米·卡特。[19]

1975年，在日本京都会议上，三边委员会工作小组提交的报告题目是《重塑世界贸易和金融纲要》，其中提出：

> 三边委员会在维护和平、管理世界经济、促进经济发展和缓解世界贫困方面紧密合作，将为全球体系稳定的、和平的演变提供更好的机会。

在这个委员会的另一份文件中有这样的解释：

> 压倒一切的目标是维护这个相互依赖的世界保持和平。因此，需要保护它为每一个国家提供的利益，对这种利益的外部和内部的威胁，会不断地出现在不惜代价要求更多国家主权的地区。有时候可能需要放慢相互依存的进程……但是更多的时候，务必注意制止那些中央政府侵犯国家之间的交易，无论是经济物品还是非经济物品的国际交易。

三边委员会议程就是整个洛克菲勒和美国权势集团的议程，当年由戴维·洛克菲勒的哥哥约翰·洛克菲勒宣布。

1973年，约翰·D.洛克菲勒三世精心筹备并出版了一本书，书名是《第二次美国革命》，提前向1976年美国建国两百周年献礼。这本书合情合理地由外交关系协会出版，而该机构的主管正是约翰的弟弟戴维·洛克菲勒。这是一篇具有里程碑意义的政策宣言。金融托拉斯的精英们在这里宣布了“第二次美国革命”。

在这本书中，约翰·D.洛克菲勒首次公开呼吁大幅度削减政府的权力，呼吁私有化，强烈主张“将尽可能多的政府职能和责任转交给私营部门”，他指的是那些长期由国家行使的职能。他呼吁放弃罗斯福和凯恩斯主义的新政政策，即自20世纪30年代以来由国家纠正就业和收入分配不公平的做法。[20]

1973年，洛克菲勒的呼吁成为一场全国性媒体宣传运动的启动信号，这场宣传运动采用精心挑选的、每一个公民都能认可的事例，来证明政府效率低下、不称职、不办事，引导大众否定国家的角色，从而为追求利润最大化的私人公司和银行的私利，助力废除规范商业秩序和调节公共福利所必要的国家职能。

1976年，洛克菲勒所倡导的“第二次美国革命”纲领取得了重大进展。戴维·洛克菲勒的门徒、佐治亚州的农民吉米·卡特在总统选举中意外击败了现任总统杰拉尔德·福特。福特是在尼克松因“水门事件”辞职后继任总统之位的。卡特内阁的重要职位都安排了洛克菲勒的三边委员会成员。兹比格涅夫·布热津斯基出任总统国家安全事务助理，三边委员会成员塞勒斯·万斯当国务卿，卡特政府中至少有26个高级职位由洛克菲勒的三边委员会成员担任，所以有媒体称它为“三边执政”。更准确地说，这是戴维·洛克菲勒执政。政府“去管制化”和私有化的漫长进程正是从卡特开始的，而他的继任者罗纳

名不见经传的“花生种植者”卡特出人意料地当选了美国总统

德·里根更是要把“去管制化”作为他的总统任期内的中心工作来推行。

值得注意的是，卡特的共和党前任总统杰拉尔德·福特听从了白宫年轻的幕僚长唐纳德·拉姆斯菲尔德的意见，决定在1976年竞选期间放弃提名纳尔逊·洛克菲勒担任副总统。在此之后，戴维·洛克菲勒在三边委员会日本京都会议上介绍民主党人吉米·卡特时，直接称他为“下一任总统”。

新自由主义的回应：收复新政失地

20世纪70年代初，洛克菲勒家族和主导美国的权势集团所采取的非同寻常的举措、所形成的激进新战略，都是在一场深刻危机的背景下进行的：全球市场和美国市场以及总体利润都处在停滞状态甚至下降当中，美国当时还是世界上最大的商品和服务市场。1975年，美国1%的最富有家庭的财富，以住房、股票、债券、现金和其他耐用品来衡量的全部财产，在财富总量中的份额已经下降到1922年以来的最低水平。[21]

它们对世界石油价格大手笔的操纵是引发战后最严重的全球性经济衰退的原因。1975年，世界经济收益率下降，清楚地呈现出经济学家所称的“结构性危机”。这一危机具体表现为经济增长率递减、劳动生产率下降、失业扩大以及通货膨胀率不断攀升。

就在此时，有一种被称作“新自由主义”的新社会秩序，首先出现在英国和美国这样的核心国家，后来逐步输出到周边的国家和地区。需要明确的是，“新自由主义”与凯恩斯所倡导的“自由主义”经济学毫无联系。20世纪70年代中期出现的新自由主义是美国和英国权势集团，特别是洛克菲勒兄弟推动的一个项目。他们推崇芝加哥大学经济学家米尔顿·弗里德曼的激进的自由市场教义。弗里德曼是最保守的朝圣山学社的成员，后来成为芝加哥大学教授，这所大学是数十年前由洛克菲勒标准石油公司出资创办的。这个“新自由主义”更应该称为“新封建主义”。

弗里德曼登峰造极的新自由主义热门畅销书《自由选择》是约翰·D.洛克菲勒三世1973年宣言的回声。他推崇一种不受任何限制的自由市场和自由贸易，攻击工会是“倒退”到前工业化状态。[22]巴黎国际商会把“新自由主义的使命”定义为“打破国际贸易和投资的障碍，让所有的国家都能从贸易和投资的扩张中获利来提高生活水平”。这个巴黎国际商会是新自由主义革命最卖力的全球倡导者，而新自由主义实质上是全球化了的约翰·D.洛克菲勒三世所倡导的“第二次美国革命”。[23]这就是二十年后的那场“全球化”浪潮的初级阶段。

围着洛克菲勒家族转的美国金融权势集团大张旗鼓地呼吁：

> 符合债权人和股东利益的新的劳动纪律和管理原则；逐步取消国家对发展和福利的干预；大量增加金融机构；在金融与非金融部门之间建立有利于前者的新关系；采取有利于企业并购的法律新姿态；强化中央银行以稳定物价为目标的活动；将边缘国家的资源重新导向中心国家。[24]

这个全球化中的新问题已经随着新自由主义显现了，使处在边缘的发展中国家陷入不可持续的状态。1973年以来，它们便承受着因几千亿石油美元回流的债务负担（主要用来支付石油和其他进口产品）和资本在国际上的自由流动对其造成的破坏。而“新自由主义”的基本特色，就是向地球上所有的地方不停地扩展，这就是它所谓的“全球化”。这个恶性毒瘤在新的多国机构（如世界贸易组织）的推动和华盛顿及其自由市场盟友（特别是英国）施加的巨大贸易压力之下，会以毁灭性的速度和效率扩散开来。

米尔顿·弗里德曼的“货币主义”教条是这场新革命的理论代言。1979年，发生了一件具有决定性意义的事件。戴维·洛克菲勒说服卡特总统，任命他的走卒保罗·沃尔克担任美国联邦储备委员会主席。1979年10月，沃尔克强制实行了美联储历史上最激进的货币政策。他提息的幅度超过 300%，使利率达到 20% 的高位，并且把如此之高的利率一直维持到 1982 年 8 月第三世界债务危机爆发，这场危机正是高利率造成的无法避免的结果。随后，他就把利率政策转了 180 度的大转弯，调整了利率政策。

1979 年是“新自由主义政变年”。[25]洛克菲勒家族、沃尔克和他们金融托拉斯的盟友，借“失控的通货膨胀”事件来证明货币“休克疗法”的正当性了，不过这场通货膨胀的真正源头其实是远在 1973 年彼尔德伯格会议上作出的石油价格冲击的决定。沃尔克最喜欢说的一句话是：“休克疗法”可以“把通货膨胀从系统中彻底挤出去”。

华尔街的“后工业”世界

事实上，高利息政策是富豪集团强制推行的“收复失地”长期战略的一部分。在 20 世纪 30 年代大萧条期间，它被迫放弃了一些权利，因为凯恩斯主义主张社会福利国家和社会保障，政府在罗斯福新政时期支持了工会组织。面对停滞不前的国内市场、绝对利润的减少以及对巨额投资的需求，洛克菲勒集团的选择不是在美国国内对经济基础进行更新和投资，而是随它去变成智囊团所称的“后工业社会”。

沃尔克的利率政策的“核心要点”，是把经过通胀指数减缩调整后的实际利率，保持在 6%—8% 的水平。对于持有大量债券的富豪来说，这简直是天上掉下来的横财，这些得利的富豪才是金融体系的真正核心。沃尔克政策所创造出来的成果是经济衰退，随之而来的就是在欧洲和美国不断上升的失业浪潮，这将为实行新的劳动纪律创造出条件，工会在工资谈判中的影响力也因此被大大削弱。里根和玛格丽特·撒切尔在 20 世纪 80 年代初期强制实行的，正是削减工资的举措。

20 世纪 70 年代是“美国世纪”的过渡性十年。曾经有人指出，20 世纪 60 年代末，当欧洲国家和日本经济复苏的时候，美国发生了第二次世界大战结束以来的第一次持续性贸易赤字，这两者之间是有密切联系的。在美国以外的地方积累起来的美元顺差是一种越来越大的威胁，即用海外美元兑换美国黄金。美元不得不针对黄金和其他主要货币贬值。美国于1971年停止了美元对黄金的自由兑换，开始实行浮动汇率制度。

1973年之后，浮动汇率制的永久化成为无法更改的事实。美国伙同伦敦的盟友，通过1973年5月的彼尔德伯格会议的密谋，大幅急剧拉高石油价格，以此支持贬值的美元。沃尔克1979年对美联储的政变，再次凭借美元升值把巨额财富奉送给手持大量债券等资产的富豪。

1981年，共和党人里根上台后，美国蓄意实施了报复性的赤字政策。里根在他任期内，创下的贸易赤字和预算赤字是美国历史上最高的。这就是哈得孙研究所创始人、美国未来学家赫尔曼·卡恩所说的“天字第一号骗钱术”的真正开端。他在理解了美元浮动（即不受黄金支持的制约）的真正含义后非常满意地说了这番话。[26]

在1973年敲定浮动汇率永久化的多国谈判中，华盛顿把话讲得很明白：它将利用自身在北约和亚洲地区的军事优势地位，来迫使贸易伙伴作出最大的让步。例如，在1973年与韩国的双边谈判中，美国提出的条件是“向美国市场出口的韩国企业，有进口一定数量的美国原材料的义务”。[27]

1973年，美国作为西欧、日本主要贸易伙伴的“地位”确定了。“赚大钱的好买卖”规定美国几乎不对日本或欧洲的产品（如汽车、钢铁以及后来的电子产品）设限，美国打开了边界；反过来，外国必须同意购买美国的国防设备、农产品，就连国内的航空公司所需要的飞机也得从美国购买。

但是，1973年之后美国各届政府所坚持的这一套新汇率－贸易制度最深远的意义在于：美元不能再兑换黄金，在浮动利率制度下，全世界的外汇储备都是美元，那些向美国出口而持有美元盈余的国家，特别是日本和德国，被迫拿这些贸易顺差美元来投资美国国债，这样可以赚一点利息，并且这个放钱的地方也相对安全。

华盛顿在和日本、德国进行双边贸易谈判时做到了滴水不漏：这些国家拿到贸易顺差美元后都得投资美国国债或证券，一点也不能含糊。[28]

就这样开始了一种出口国对进口国的依赖，即各国对美国这个“最后的进口国”的反向的、反常的依赖态势。[29]美国国债的买卖是华尔街银行垄断的，美国赤字爆炸性的增长，且国内的产业被故意忽视（这是上述决策的后果），以华尔街银行为首的美国将要成为 20 世纪 80 年代世界上最大的资本市场。华尔街债券经纪人从中获取了丰厚的利益。[30]罗纳德 · 里根被权势集团挑出来当总统，去实施这个“天字第一号骗钱术”。

第八章

沉疴难医：美国内部腐朽带来新的危机

Reagan's Revolution for the Money Class

他们是历史上最卖力毁坏美国工业的一群人，但他们却到处宣扬一切都好得很，像《绿野仙踪》里讲的故事一样。

——美国石油商人罗伯特·安德森论沃尔克和里根[1]

保罗·沃尔克的货币政变

如果说1973年的石油冲击开启了社会的两极分化进程，让少数人越来越富有而令绝大多数人的生活水平逐渐下降，那么1979年10月之后，保罗·沃尔克实行的货币休克疗法就把这个任务最终完成了。这是一场美国有产阶级精心策划的“政变”。

沃尔克从1979年10月6日起在美国实行的货币休克疗法，是由英国发明的，并且在几个月前就已经付诸实施。沃尔克和纽约银行圈的密友（其中包括华尔街公司——摩根担保信托公司的刘易斯·普雷斯顿）只不过是把撒切尔*政府的货币休克模式移到美国的情境中来。两个地方一个目标，就是要把财富和收入的再分配安排得对本国最富有的人（总人口的5%及以下）更有利，比以前更好。

1979年5月初，玛格丽特·撒切尔在英国大选中获胜。她的竞选口号是“把通货膨胀挤出经济”。撒切尔夫人和她身边推崇亚当·斯密“自由市场”的理论家同伙，实施了一次欺诈行动。他们坚持说，英国高达18%的通胀率的主要“原因”是政府的赤字支出，而对伊朗国王垮台后石油价格上涨了140%这一关键因素避而不谈。

按照撒切尔夫人的顾问的说法，只要减少投放到经济中的“多余的货币”，膨胀的价格就可能下降，但这也可能会引发经济衰退。撒切尔

* 即玛格丽特·撒切尔。——译者注

夫人认为，多余的货币主要源自政府的长期预算赤字，所以政府开支必须大幅度削减，据说这是为了减少一种所谓的“货币的膨胀”。与此同时，英格兰银行以高利率政策限制信贷投放量。所有这些在每一个方面都同洛克菲勒的“第二次美国革命”一模一样，只是它被称为“撒切尔革命”。

1979 年 6 月，撒切尔夫人上台后仅一个月，她的财政大臣杰弗里·豪爵士就动手提高银行基准利率——在 12 周内从 12% 攀升至 17%，提升了 5 个百分点，令人目瞪口呆。这相当于工业投资和买房的借贷成本增加了 42%。在现代历史进程中，从来没有一个工业化大国，在非战时紧急状态下，在如此短的时间内，经受过这样沉重的冲击。

英格兰银行同时减少了货币供应量，使利率在高水平上维持。撒切尔夫人的货币主义革命导致企业因无力支付借贷成本而破产，家庭无力购买新的住房；发电厂、地铁、铁路等基础设施的长期投资几乎全面刹车。

撒切尔夫人有办法迫使向来英勇无畏的英国矿工在罢工数月后屈服，这为她赢得了“铁娘子”的称号。英国的失业人数从她上台时的 150 万人增加到 19 个月后的 300 万人。增加失业人数，这是银行家战略的一部分：失业工人拼命寻求体面的工作，但不得不降低薪资要求。撒切尔夫人坚称工会是妨碍货币“革命”成功的绊脚石，也是引发通货膨胀的首要原因——她的敌人是通货膨胀。撒切尔夫人还采取行动，用解除外汇管制来迁就伦敦金融城的大银行。这样一来，资本没有投向英国以重整衰败的工业基础，而是向国外流出，投机于中国香港的房地产或向拉丁美洲贷款，去挣更多的利润。[2]

自 1979 年起，撒切尔夫人和洛克菲勒的走卒保罗·沃尔克的激进货币主义如同癌细胞般迅速扩散。它率先从英国传到美国，然后延伸到英美世界以外的地方。货币主义要求削减政府开支、减税、产业去管制化，同时削弱有组织的劳工的力量。在世界各地出现了和平时期不可想象的高利率现象。

20 世纪 80 年代初，沃尔克推行的货币冲击政策把美国的利率推升到（名义水平）20% 这个惊人的地步。这种高利率、紧缩经济的“经济学”理念，其影响迅速呈现。在 17% 甚至 20% 的高利率环境下，任何工业投资都不可能“有利可图”，任何正常的、需要四到五年时间才能完成的项目都毫无意义了，只要看看要付的利息就知道没戏了。

卡特总统由于认知局限且应对乏术，只能接受了沃尔克的休克疗法。1980 年 3 月，卡特心甘情愿地签署了一份非同寻常的法案——《1980 年储蓄机构放松管制和货币控制法》。通过这项立法是纽约银行一系列重大举措中的第一步；以戴维·洛克菲勒的大通曼哈顿银行为首的纽约银行要把那些重大行动的后果陆续强加给美国乃至全球经济之上。

这项 1980 年的法案授权沃尔克领导下的美联储对所有的银行执行准备金规定，甚至美联储系统以外的银行如储蓄与贷款银行，都必须执行同样的准备金规定。只有这样才能确保沃尔克成功扼住信贷发放的咽喉，把缩减信贷流量的规模落到实处。此外，这部新的法律逐步取消了银行向客户收取利率的法定上限（即美联储所说的《Q 条例》），同时废除了各州法律中限制最高利率的法规——被称为反高利贷法的那些法规。[3]

在英国人所说的新自由主义的货币主义新教义中，利率好似要以天顶为上限。货币是国王，而整个世界都是它忠实的“奴仆”。

20 世纪 80 年代初，在世界范围内，长期的、政府资助的基础设施和资本投资项目（如铁路、公路、桥梁、下水道、发电厂）都难以为继。国际钢铁学会有一个估计，从 1975 年第一次石油危机到 1985 年，主要工业化国家用于公共基础设施建设占政府总支出的份额，已降至 20 世纪 70 年代中期水平的一半。从世界上生产的钢铁、航运吨英里和实体经济流量的其他指标来看，都反映了英美灾难性的货币休克政策的后果。全球钢铁工业被推入 20 世纪 30 年代以来最严重的一次萧条之中。[4]

保罗·沃尔克推行的货币休克政策以及随后美国经济陷入低迷，是导致吉米·卡特在 1980 年 11 月选举中落败的主要因素。最保守的共和党总统、前好莱坞影星里根毫不犹豫地支持沃尔克的休克疗法。里根任加州州长时就已经聆听过货币主义大师、从朝圣山学社来的经济学家米尔顿·弗里德曼的教诲。

1981 年年初，里根总统最早采取的行动之一，就是利用他的权力解散工会组织“空中交通管制专业委员会”。这个行动也是一个信号，告诉工会不要再因高利率去寻求政府的救济。里根与他的英国“搭档”撒切尔夫人一样信奉“挤掉通货膨胀”这个主张，而且他简直达到了痴迷的地步。

里根把米尔顿·弗里德曼当作他在经济政策方面的非正式顾问。在他的政府内部到处都是弗里德曼的激进货币主义的门徒，就像卡特的政府里曾经充满了戴维·洛克菲勒三边委员会的鼓吹者一样。

权势极大的纽约银行界要做的下一件事情，是利用弗里德曼的激进货币措施搞垮智利的经济。智利当时处在奥古斯托·皮诺切特将军的军事独裁统治之下。美国金融相对于任何对手的强势，让美国夺回了霸权地位。沃尔克的高利率政策（一直持续到 1982 年 10 月）的副产品是美元再次坚挺，资本流入并投到美国的债券和其他资产上，目的是赚取高额利息回报。

沃尔克引爆债务炸弹

1982 年拉丁美洲的债务危机是 2007 年美国次贷危机的前兆，它的直接原因就是沃尔克的货币休克疗法。1982 年 8 月，墨西哥宣布，它没有能力继续用美元支付巨额债务的利息了。墨西哥和大多数从阿根廷到巴西、从尼日利亚到刚果、从波兰到南斯拉夫的第三世界国家一样，已经落入纽约银行的债务陷阱。这个陷阱就是石油美元和国际贷款：回流的欧佩克石油美元是用来投资位于纽约、伦敦的欧洲美元银行，这些银行将美元贷给那些“等米下锅”的第三世界国家，开始时的汇率是与伦敦银行同业拆借利率相联系的那个“浮动汇率”。

当伦敦银行同业拆借利率在数月之内随着沃尔克推行“休克疗法”飙升 300% 的时候，这些债务国陷入了绝境。此时，国际货币基金组织被邀请介入。世界历史上最壮观的“抢劫”大戏开幕，却被错误地命名为“第三世界债务危机”。沃尔克所实施的货币休克政策想必对此早就了然于心。

沃尔克领导下的美联储把严酷无情的高利率政策兜售给轻信的公众，说是可以“将通货膨胀挤出美国经济”。这项政策实施了长达七年后，到 1986 年时，美国自身的经济状态也已经很糟糕了。国内不断扩张的贫民窟、高达两位数的失业率和日益严重的犯罪和吸毒问题，让美国的许多地方逐渐变得有点像第三世界了。美联储的一项研究表明，美国家庭中有 55% 是净负债家庭。联邦政府的年度预算赤字超过 2000 亿美元，这是前所未有的规模。

实际上，沃尔克这个来自洛克菲勒大通曼哈顿银行的戴维·洛克菲勒的走卒，被派往华盛顿的目的，就是挽救美元，防止美元像自由落体那样落下去。这样的衰落趋势会威胁美元作为全球储备货币的地位，同时，他也要为美国上层社会富豪的利益挽救债券市场。这是一场寡头的“反革命”行动，他们是在“收复失地”，把大萧条期间和之后他们被迫让给“下层阶级”的那些权益夺回来。

美元的储备货币的角色，是理解美国金融力量的一把隐秘的钥匙。

美国的利率高过了极限，外国投资者潮水般涌来，购买美国债券十分有利可图。过去和现在，债券都是金融体系的核心。沃尔克的货币休克疗法对于纽约的金融界来说，就是巨大的利好。

沃尔克不辱使命。

从 1979 年到 1985 年年底，美元对德国、日本、加拿大和其他国家货币的汇率上升到历史上从未有过的水平。升值过度的美元使美国制成品出口在世界市场上过于昂贵，结果是美国工业出口急剧下降。

自 1979 年 10 月以来，沃尔克的美联储实行的高利率政策，还导致国内的建设大幅下降，该政策对美国的汽车和钢铁产业造成了严重冲击，因为海外的成本更低，美国制造商将生产外包至国外。

当谈到保罗・沃尔克和他在里根政府里的自由市场支持者时，共和党人罗伯特・安德森（时任大西洋里奇菲尔德石油公司董事长）这样说过：“他们是历史上最卖力毁坏美国工业的一群人，但他们到处宣扬一切都好得很，像《绿野仙踪》里讲的故事一样。”[5]

国际货币基金组织助纣为虐

在掠夺第三世界的过程中，国际货币基金组织起到了推波助澜的作用。没有撒切尔夫人和保罗・沃尔克激进的货币休克政策，就不会发生20世纪80年代的第三世界债务危机。

撒切尔政府的利率－货币休克政策于1979年6月开始实施，同年10月沃尔克的美联储也开始实行同样的政策，第三世界的债务利率负担一夜之间就恶化了，因为伦敦银行的同业拆借利率从平均7%（1978年年初）跃升到将近20%（1980年年初）。

1980年当外债成本中的利息成本负担上升到最高点时，对第三世界债务国偿债至关重要的工业国家的商品出口市场，这时却轰然崩塌了。工业化经济体陷入了自20世纪30年代大萧条以来最严重的经济衰退泥潭，原因还是撒切尔－沃尔克推行的货币休克疗法。

第三世界债务国出口贸易条件恶化，出口收入下降，债务偿还的费用（利率）飙升，这把凶恶的双刃剪刀把它们紧紧夹住。在华盛顿和伦敦眼里，这是“第三世界债务危机”，但这是一场肇始于伦敦、纽约和华盛顿的危机，不是起源于墨西哥城、巴西利亚、布宜诺斯艾利斯、拉各斯或华沙的危机。

那些第三世界债务国多偿还了好几倍的钱。居住在纽约和伦敦的现代“夏洛克”们索要的，就是谚语说的那“一磅肉”。广大第三世界债务国被“手枪顶着脑门”，在国际货币基金组织的压力下与银行签署还债计划，美其名曰“债务解决方案”：这些银行都是私人银行，一般都是花旗集团或纽约的大通曼哈顿银行或者它们的下属银行。

1982年秋天，成立了一个债权人卡特尔，正式的名称是“国际金融协会”，非正式的名称是“迪渠利集团”，因为这个机构成立的地点是英国迪渠利公园，参加那一次秘密会议的都是代表强势私人银行利益的集团，以纽约和伦敦的银行为首。他们玩的那套游戏，被观察者称为“银行家的社会主义”，其中的私营银行可以对着纳税人整体把贷款的风险“社会化”（转移和分散），而把所有的收益都“私人化”。这种模式同布什政府在2008年所实施的政策是一模一样的。

一旦银行家和他们在里根政府里的盟友（如财政部部长唐纳德·里甘）把里根总统唬得没了主意，白宫就招呼上保罗·沃尔克、大银行和国际货币基金组织，对每个债务国分别强制实行严格的“有条件”（还债）计划。

在债务谈判进行到一半的时候，把国际货币基金组织和严格的限制条件强行介入其中，这是美国想出来的办法。在实质上，这几乎就是1919年纽约银行家在命运多舛的“道威斯计划”下，针对德国和欧洲其他国家所采取行动的重演，以及后来对“扬格计划”的所作所为的翻版。

国际货币基金组织的限制性条件、债务国与国际货币基金组织之间的协议，这些都是在国际货币基金组织服务的美国官员欧文·弗里德曼的一个计划的组成部分。由于这个计划的成功，他得到的奖赏是后来在花旗公司谋到了一个高级职位。1944年，在布雷顿森林成立的这个国际货币基金组织，本应该致力于稳定货币和工业化国家之间的贸易关系，现在它转行了，当上了纽约银行的

总部设在华盛顿的国际货币基金组织

债务“警察”。

国际货币基金组织开出的“限制性条件”处方总是一样的。套子里的那个债务国被告知，如果它还想再得到外国银行的贷款，哪怕只是一分钱，它就必须大刀阔斧砍掉进口，毫不留情地削减国家预算（最常见的是食品和其他必需品的国家补贴），贬值本国货币，让它的出口产品对工业国家具有“吸引力”，而在同一时期先进工业产品的进口成本却被抬高到令人望而却步的程度。这样做据说全都是为了能够赚取硬通货来还债。

这个国际货币基金组织的“结构调整计划”到此为止还只是做完了使“候选人”有资格进入第二步的准备工作。“第二步”是与债权银行签订协议，以便“调整”外债（或债务的主要部分）的偿还时间表。进入这个第二阶段，银行就把手插进债务国将来的各种巨大的权益中去了，它们会把被拖欠的利息款加入债务总额的计算数字中去，用银行家的术语来说就是“利息的资本化”。

从 1982 年以来，无数的债务调整计划的最终结果是，负责收债的债权银行的数量大大增加。根据一家大型瑞士保险公司——瑞士再保险公司的数据来看，所有发展中国家的长短期外债的总额，从 1982 年的 8390 多亿美元稳步上升到 1987 年的将近 1.3 万亿美元。在这期间，没有新的贷款发放，只有为了偿还付不清的旧债而进行“再融资”所导致的更多的债务，成为未来经济的更大的负担。

如今已俨然成为全球“警察”的国际货币基金组织，采用了前所未有的严酷手段，强迫（债务国）最大限度地节衣缩食，去偿还高利贷债务。这个机构中决定性的投票集团被美国和英国轴心牢牢控制着，所以它在事实上是英美新殖民主义的货币政策和经济政策的全球执行人，在某种意义上这是前所未有的。实际上，拉丁美洲借的钱绝大部分是来自美国的银行；美国的银行还去敲诈西欧和日本的银行伙伴，声称倘若它们不和美国保持“团结一致”，就要面对国际银行系统崩溃的前景。

当债务国被迫屈服于国际货币基金组织和债权银行的要求之后，在债务国一方发生的事情，是资本流向的大规模逆转。根据世界银行的统计数据显示，从 1980 年到 1986 年期间，109 个债务国向债权人的偿付，仅仅外债的利息一项，总额就达到 3260 亿美元。对同一债务本金的还款总额是 3320 亿美元，还本付息总额合计 6580 亿美元，而原来的债务总额是 4300 亿美元。即便已经偿还了如此巨额的款项，这 109 个国家在 1986 年仍然欠债权人 8820 亿美元。这是一个不可能还清的旋涡式“债务”陷阱。复利和浮动汇率就是这样创造奇迹的。[6]

当债务国陷入债务陷阱，纽约和伦敦的债权银行给它们指的唯一出路，是交出国家对经济的自主控制权，尤其是宝贵的资源。

联合国儿童基金会的汉斯·拉斯穆森有一项研究。他指出，自 20 世纪 80 年代初以来，有一种现象已成为常态，那就是财富从急需资本的第三世界流出，为美国的赤字融资。按照他的估计，20 世纪 80 年代，各类发展中国家向美国这一个国家转移的资金总计就有 4000 亿美元。里根政府因此能够为填补世界历史上和平时期最大的赤字找到钱，同时还假惺惺地主张为“世界上最长的和平时期的复苏”贷款。[7]

然而，就是这样掠夺债务缠身的发展中国家和地区也还嫌不够。美国在高利率、升值的美元和美国政府的支持保障下，为 20 世纪 80 年代的创纪录的财政赤字“融资”的资金，有 43% 是来自债务国的“战利品”，那里曾经是一个正在“发展中”的地方。这一情形就像第一次世界大战后《凡尔赛和约》战争赔款的债务一样，在英美银行家的手里，债务不过是对所有的主权国家实行事实上的经济控制的工具而已。

里根政府、沃尔克和纽约银行的债务战略，同样对美国国内经济造成了损害。1986 年 5 月，有关人员编写了一份名为《拉丁美洲债务危机对美国经济的影响》的研究报告，提交给美国国会联合经济委员会，其中记录了美国在就业和出口方面遭到的破坏，因为国际货币基金组织的严酷措施，拉丁美洲几乎被迫停止进口工业产品和服务，以便节省资金偿还债务。报告指出：

现在越来越清楚了，政府的政策已经超出保护作为货币中心的银行免于破产所需要的程度……里根政府对债务危机的管理，实际上奖励了那些推动危机发生的主要机构，惩罚了对债务危机没有责任的美国经济部门。

推动危机发生的机构，当然是指沃尔克的美联储和纽约银行。这项研究被迅速地藏匿起来，再不得见天日。

非洲的状况因美国的债务战略而（比拉丁美洲）更加糟糕。20世纪80年代的第二次石油冲击、随后的20%的高利率和世界工业增长的下降，对整个非洲大陆的打击几乎是致命的。直到20世纪80年代，撒哈拉沙漠以南非洲地区仍然靠出口原材料来筹措发展所需要资金的90%。从20世纪80年代初以来，这些原材料（棉花、咖啡、铜、铁矿石和糖）的世界市场美元价格一直在不断地下跌。

1987年，世界原材料价格降到第二次世界大战以来的最低水平，与1932年即大萧条进入深谷的那一年的低水平相当。在随后的二十年中，这种低谷状态一直在延续着，直到中国经济的蓬勃发展才开始扭转这个局面，这已是21世纪初的事情了。以上这些都是美国金融利益集团经过深思熟虑的政策结果：在一个全球化的经济中，用“像黄土一样便宜”的原材料为（美国）经济注入活力，以维持其经济优势地位。

如果这些原材料的出口价格还能保持在1980年的价格水平，那么在20世纪80年代，撒哈拉沙漠以南非洲地区本来可以多获1500亿美元的收入。在1982年“债务危机”发生之初，非洲各国欠美国、欧洲和日本银行大约730亿美元。到80年代末期，经过债务“调整”和国际货币基金组织对经济的各种干预，这笔债务数额增加到1600亿美元，较之初时翻了一番以上。非洲的这些国家在稳定的出口价格水平上本来应该获得的收入，恰好和这笔负债额基本相等。

恶有恶报

20 世纪 70 年代的石油冲击和高利率货币休克，其所产生的后果与 20 世纪 20 年代的情况太相似了。凡尔赛战争赔偿给世界生产性投资造成的负担，这一次就被国际货币基金组织的第三世界债务“调整”程序取代了。20 世纪 80 年代初期，通货膨胀率高得令人难以置信，一般是 12%—17% 之间，投资回报的条件被这个高利率强行规定：不仅要求回报迅速实现，而且收益率要非常高。

1982 年 10 月之后，美国为了收缴来自第三世界国家的多达数十亿美元计的资金而专门实施过一些政策，这些政策为美国的银行系统带来了巨大的资金流动性这样的额外好处，但是华尔街还在施压，而财政部部长唐纳德·里甘最热心的是解除金融市场的“政府枷锁”，这样做的结果是难以描述的金融过剩。当 20 世纪 80 年代末尘埃落定之后，才有人开始认识到，里根的“自由市场”其实正是把整个国民经济搞坏的手段。

1981 年 8 月，里根总统签署了战后历史上最大的减税法案。这个法案给予某些投机式房地产，尤其是商业房地产很慷慨的税收减免待遇。政府对企业并购的限制也解除了，这是华盛顿给出的明确信号，“任何事情都可干”，只要能刺激道琼斯工业股票指数上涨就行。

里根在白宫椭圆形办公室发表电视讲话，宣传他的减税计划

1982 年夏天，白宫从保罗·沃尔克和美联储那里得到确切消息，利率水平终于要开始下调了，投机行动已经准备就绪。那年春天，俄克拉何马州的一家不大的石油和房地产银行——宾州广场银行破产。这个事件与墨西哥（债务）危机联系在一起，

使沃尔克相信，放松对货币供给的扼喉的时机已到。从那年的夏季到12月，美联储连续七次调低了贴现率，把利率水平降低了40%。金融市场因低利率而开始疯狂。债券和股票红火兴旺。外国资本涌入纽约金融市场来分享好处，把美元汇率推得越来越高。

里根的“经济复苏”并没有鼓励投资、改善产业技术和提高生产力，只有极少数军事航空航天公司得到创纪录的政府国防合同。相反，资金被用于房地产投机、股票投机和得克萨斯州或科罗拉多州的油井，这些都是“避税所”。

沃尔克的利率下降了，发烧的温度却更高了。欠债是最新时尚。人们这样推理：利息降低了，今天借钱明天还钱是“比较便宜”的。但是，这些做法并不奏效。美国城市二十年之久的长期不景气还在继续，桥梁垮塌，道路失修破损，崭新的用玻璃当外墙的购物中心建起来了，里面却经常空无一人。

破坏工人组织

在里根政策的核心处，工会被定性为“制造麻烦的群体之一”。劳工和管理层之间事实上的阶级对抗被挑动起来，然后是有组织的劳工运动被一个个地击破。

解除政府对交通领域的管制，是里根政策体系的一个重要组成部分。在这一政策导向下，汽车和航空运输都被“解放了”。“非工会”性质的廉价航空公司和货运公司数量增加了，安全标准往往很低，甚至有些根本就没有安全设置。事故发生率上升，工会工人的工资水平下降。

里根的“复苏”计划好像按一按电脑键盘就可以把初出茅庐的股市交易商变成百万富翁，可是数量庞大的蓝领劳动者的生活水平却被迫降低。在华盛顿根本无人理会这种问题。保守的里根和共和党说工会“几乎就是共产党”。19世纪的英国式“廉价劳动力”政策成了华盛顿的正式方针。

曾经实力强大的美国卡车司机工会、美国汽车工人工会、钢铁工会等工会组织千方百计为即将退休的老年工人争取利益或保持工作岗位，但是后来还是都作出了让步。大多数美国人的实际生活水平逐渐下降，而少数人的生活水平空前提高。收入差距扩大，社会两极分化。

“后工业社会”的新教条从华盛顿一路鼓吹到纽约和加利福尼亚。美国经济繁荣不再与投资最现代化的工业能力相关联。钢铁已被宣布为“铁锈地带”的产业，因为钢铁厂生锈，连鼓风炉都坏了。“金钱所在之地”现在是购物中心、闪光的大西洋城、拉斯维加斯赌场和豪华度假酒店。

在里根时代的大部分时间里，美国都处在投机热潮中，资金从国外流入，给这个狂热季火上浇油。到 20 世纪 80 年代中期时，美国已经从世界上最大的债权国变成了净负债国，这是 1914 年以来的首次。与此同时，那些很“便宜”的债务按照指数级增长。美国家庭欠下创纪录的债务去购买房屋、汽车和录像机。政府借债是为了弥补巨大的税收损失和为里根的扩充防务计划融资。

截至 1983 年，美国政府的年度赤字上升到闻所未闻的 2000 亿美元水平。伴随着创纪录的赤字一起增长的是国债，这是用来支付利息的：华尔街债券交易商和客户赚到了创纪录的利息收入。美国政府支付的全部债务的利息在六年内（即 1980 年到 1986 年）从 520 亿美元上升到 1420 亿美元以上，涨幅接近 300%，相当于政府全部财政收入的 1/5。资金从西德、英国、荷兰和日本流入，期望借助强势美元也在房地产和股市投机中捞一把。

布什吹起泡沫赢得大选

1985 年，美国经济前景阴云密布，这一状况威胁到副总统乔治 · 布什未来的总统野心。此次，又是石油来“救命”，不过这一次的方式和20世纪70年代彼尔德伯格俱乐部导演的石油冲击很不一样。华盛顿显然是这样推理的：“既然我们有办法把油价推上去，当我们需要时为什么不能把它降下来呢？”

沙特阿拉伯被成功说服，并深信应该实行“反向石油冲击”策略，凭借自身丰富的石油去淹没不景气的世界石油市场。欧佩克石油价格直线跳水。1986年春天，油价从数月前每桶平均将近26美元降到每桶10美元以下。华尔街经济学家像变魔术一样宣告对通货膨胀取得了最后“胜利”，同时别有用心地忽略石油在20世纪70年代制造通货膨胀和在20世纪80年代消除通货膨胀中的作用。

随后，石油价格继续下跌，此时受到威胁的已不仅是作为小型的独立生产者的竞争对手了，英国和美国石油巨头的自身利益也受到了威胁。1986年3月，布什悄悄地访问了利雅得。据报道，他告诉国王法赫德，价格战应该停止了。沙特石油大臣亚马尼当了华盛顿政策的替罪羊，而石油价格实现了一种变通式稳定，维持在每桶大约14美元—16美元的低水平价位。

1986年的这场石油价格大跌引发的事件，可与1927年至1929年华尔街股市泡沫相提并论。在当时的经济环境下，利率下降比油价下跌更加迅速，因为想在纽约股票交易市场“斩获一把”的资金流入太多。一种全新的金融模式成为华尔街的流行时尚——杠杆收购。因为资金成本下降，股票价格上升，加上里根政府一直推行的“自由市场”这种信仰，没有什么是不可以干的。一个经营有方的百年老工业公司，不论是生产轮胎、机器还是纺织品，都可能被“出击手”当成靶子；“出击手”是华尔街对一种新型法人（专干并购的）——“兜底”人的称谓。各色人等（如布恩·皮肯斯、迈克·米尔肯或伊万·布斯基）都去充当杠杆收购里的头面人物，然后变成纸上亿万富翁。“杠杆收购”作为全新的企业管理理念在庄重威严的机构里被推崇和赞扬；哈佛大学商学院和宾夕法尼亚大学沃顿商学院以“市场效率”的名义，把这种疯狂合理化。

里根当政时期，有近 1 万亿美元的资金流入投机性房地产投资。这一资金规模是以往时期的两倍之多，一个创纪录的水平。大大小小的银行都不希望它们的资产状况受拉丁美洲的牵连，它们第一次直接进入房地产，传统的企业贷款不再是它们唯一的领域。

“储蓄－贷款银行”被抢劫

储蓄－贷款银行是成立于大萧条时期的处于另外的监管体系中的银行，对购房者来说，是安全的长期抵押贷款的来源。在 20 世纪 80 年代初，作为财政部部长唐纳德·里甘推行的华尔街“自由市场”的一部分，对这些银行的管制也被解除了：里根政府于 1982 年 10 月通过的《加恩－圣杰曼储蓄机构法》，取消了所有的监管限制；储蓄－贷款银行也可以“申办”存款批发了——这是一种高收费的“经纪存款”生意。《加恩－圣杰曼储蓄机构法》允许储蓄和贷款银行对它们喜欢的任何项目投资，美国政府为每个账户提供 10 万美元的存款风险担保，使储户在银行出问题的时候免遭损失。

里根总统在签署《加恩－圣杰曼储蓄机构法》的仪式上，以拉斯维加斯的形象，热情洋溢地对应邀前来的储蓄和贷款银行的主管们说道：“我相信我们已经中大奖了。”这个“大奖”，就是用纳税人的利益为代价，成为一场灾难的开端——它引发了规模高达 1.3 万亿美元的储蓄与贷款银行系统的崩溃。

新的法律敞开了储蓄与贷款银行的大门，向着批发金融投机行为和无法约束的投机风险首次敞开。它还使储蓄与贷款银行成为有组织犯罪集团洗钱的理想工具，以数十亿美元计的来自 20 世纪 80 年代风生水起的美国可卡因和毒品生意的黑钱在这里洗白。唐纳德·里甘以前的公司——美林证券的卢加诺办公室，曾经卷入“比萨大亨案”中海洛因黑帮数十亿美元的洗钱案。

解除管制后的西部牛仔式豪放心情创造出一种氛围。在这样的环境下，那些守规矩的、经营良好的储蓄银行，竟难以与那些经营可疑资金却从未受到质疑的银行相抗衡。美国中央情报局、布亚诺家族以及从事有组织犯罪买卖的家族都需要有银行为它们提供秘密服务。布什副总统的儿子尼尔·布什是科罗拉多州锡尔弗拉多储蓄贷款银行的负责人，后来因非法行为受到政府的指控。当他的父亲在1988年获得共和党总统提名后，尼尔知趣地在一周内便选择了“辞职”。[8]

为了能与新近解除管制的银行和储蓄贷款银行竞争，金融界最保守的企业——人寿保险公司，在20世纪80年代也开始大规模地加入房地产投机。与对手不同的是，保险公司从来没有被置于国家的监督之下，可能是因为它们过去一直非常保守。保险公司的保单持有人没有（联邦）政府保险基金的保护，而银行的客户却有这样的保障。从数据来看，1989年保险公司账面上的房地产价值大约为2600亿美元，而1980年只有约1000亿美元。可是，在那个时刻，房地产业正在20世纪30年代以来最严重的萧条中走下坡路，连累保险公司发生战后的首次破产，因为恐慌的投保户要求取回他们的资金。

20世纪80年代，储蓄与贷款银行的崩溃，最终代价超过1600亿美元。有人估计，实际的经济成本高达9000亿美元。1986年至1991年间，新建房屋的数量大幅下降，触及第二次世界大战以来的低点。

事实很简单，自从20世纪70年代石油危机爆发以来，纽约的金融势力有了高居于一切国家利益之上的权力，以至于1982年墨西哥危机之后，在华盛顿几乎听不到任何异议。债务数额的增长令人惊愕。里根在1980年年底当选总统时，美国私人和公共债务总计为3.873万亿美元，十年后增长到10万亿美元。这就是说，在很短的时间内，新增的债务超过6万亿美元。[9]

生产性经济部门承担很重的债务负担，美国工业的厂房设施老化，劳动力素质下滑，二十年来缺少维护累积起来的问题开始体现出来：美国多地发生重要的基础设施倒塌和损坏。公路因缺乏养护而出现裂缝；

桥梁结构破损并发生倒塌；供水系统在贫困地区（如匹兹堡）遭到污染；大城市的医院年久失修，提供给贫困人口的住房破烂不堪。根据建筑业的组织——美国建筑公司协会1989年的估计，仅仅按现代标准重建美国摇摇欲坠的公共基础设施，就迫切需要3.3万亿美元的净投资。然而，华盛顿对此充耳不闻。

布什政府提出让“自由市场”发挥私人积极性来解决这些问题。1990年，华盛顿曾爆发预算危机。里根的“复苏”计划把利益分配得不公平，这很快就体现在美国政府有关生活在“贫困线以下”的美国人的人数上。

1979年，保罗·沃尔克在第二次石油危机中推行他的货币休克行动时，政府记录中生活在贫困线以下的美国人数是2400万。1988年，这个数字上升到3200万人，增长幅度超过了30%；而里根－布什的减税政策把财富集中到一个小小的精英集团手中，这种情况在美国历史上是从未有过的现象。

根据美国国会众议院筹款委员会的一项研究显示，从1980年以来，美国20%最高收入人群的实际收入增加了32%。这个财富差距还要发生急剧扩大，不过这一情况要等到老布什的儿子小布什上台，并推动美国历史上最激进的减税政策通过的时候才会发生。小布什将以特有的行事风格，把金融托拉斯早在1973年就写好的脚本付诸行动。

美国医疗保健费用体现了“自由企业”和政府补贴的奇特组合的结果。美国医疗保健费用在此时也上升到历史的最高水平，其占国民生产总值的比例比英国高出一倍。但是，还有3700万美国人没有任何医疗保险。贫困的黑人、西班牙裔失业者居住的城市贫民窟，这让美国大城市的卫生水平看起来有点像第三世界国家的水平，而不是世界上最先进的工业国家应有的水平。

日本也来拯救布什

1987 年 10 月 19 日，泡沫破灭。这一天，纽约证券交易市场崩盘，道琼斯指数下跌 508 点，创下历史上单日跌幅之最，打破了里根的“复苏”计划。

不过，这不是美国权势集团、布什和洛克菲勒派的战略。他们本来决心用足够的资金维持泡沫不破，直到新总统布什将金融托拉斯的世纪末重大战略付诸实施。

1987 年 10 月的股市崩盘是一个信号：缺乏有效管制的金融投机快要结束了。从 20 世纪 70 年代初以来，金融投机一直是维持“美国世纪”的经济动力。

面临 1988 年 11 月的大选，乔治·布什千方百计要做到在 1987 年 10 月股市崩盘后继续让外国资本流入美国债券和股票市场，把选民记忆中里根－布什的经济复苏幻想保持住。他问计于先前的竞选班子总管和密友、财政部部长詹姆斯·贝克，希望得到美国权势集团伸出的援手。

华盛顿向时任日本首相中曾根康弘透露消息，说一个民主党总统（若当选）会损害日本对美国的贸易。于是，中曾根康弘敦促日本银行和大藏省配合行动。1987 年 10 月后，日元利率走势越来越低，使美国股票和债券以及房地产相对而言变得更“便宜”了。

数十亿美元流出东京，流入了美国。1988 年，美元仍然坚挺，布什在选举中击败了他的民主党对手。为了确保得到这个支持，布什向日本资深人士私下保证过，下一届布什政府会“改善”美日关系。日本向美国的金融让步最后得到的结果，导致了一个投机大泡沫，即从 20 世纪 20 年代以来日本股市和房地产出现的最大的投机泡沫。1990 年，当日本银行担心经济失控而开始提高利率的时候，所有的一切都在崩溃，日本陷入了十年之久的萧条和通货紧缩状态，直到现在也没有完全恢复。

布什新政府的计划实际开始于 1989 年年初，其目的是压迫某些盟国，特别是西德和日本，多承担一些“负担份额”，用这个方法来对付美国的巨额债务压力。布什政府的说法是，当时苏联正在走向解体，唯一留存的、拥有足够的军事实力和经济规模的超级大国，就是美国了。所以在这种情况下，布什认为西德、日本和其他的主要经济和军事盟国都应该增加一点财政支持来维持这个超级大国的地位。敲诈勒索总要有个说法，还要遮上一层薄纱。

无论华尔街和它在华盛顿的盟友在整个 20 世纪 80 年代如何努力，到这十年将尽的时候，美国的超级大国主导地位的前景比任何时候都要糟糕。美国国内经济在相当程度上降落到第三世界或东德的水平，这是自 1971 年以来各种疏忽所导致的后果：沃尔克推行的利率休克疗法、美国企业精英向外投资的决定，还有从墨西哥到亚洲等发展中国家的廉价劳动力的冲击等因素的综合影响。

1989 年，纽约货币中心的大型银行处境堪忧。当时，参议员罗伯特·多尔在白宫召开过一次紧急的秘密会议，专门针对一份参议院机密报告进行讨论。报告显示，严格地说来，11 家美国最大的银行在技术上已经陷入资不抵债的境地。最大的一家（即花旗银行）被描述为“脑死亡”。金融托拉斯需要采取激烈的措施。随后，艾伦·格林斯潘接受布什任命，接替沃尔克（担任美联储主席一职）。他将用行动证明，自己对华尔街的老朋友一定会有求必应。

第九章

薨殁之痛：

偏航的格林斯潘金融革命

Greenspan's "Revolution in Finance" Goes Badly Wrong

随着我们进入 21 世纪，19 世纪银行审查观念靠边吧……银行的附属机构不需要——事实上，也不应该——进行类似银行的监管。

——艾伦·格林斯潘于 1999 年呼吁解除银行管制[1]

格林斯潘效劳金融托拉斯

为期七年之久的沃尔克利率休克疗法，触发了整个第三世界的支付危机。纽约和伦敦的大银行把回流的石油美元贷出去了数十亿美元，以便第三世界用来进口 20 世纪 70 年代涨了价的石油，但它们依然无力偿付这些贷款债务。

1987 年 8 月，布什下决心要在里根卸任后竞选总统，这时距离 1988 年 8 月大选还有一年的时间。布什说服了里根，任命一位新的美联储主席，这个人必须更顺从、更听命于华尔街。布什不相信沃尔克有足够的党派忠诚，担心他会在不适当的时候压低经济增长，从而使布什在竞选中获胜的机会破灭。艾伦·格林斯潘这个人很少让他的华尔街金融托拉斯的老板失望，在接下来的将近十八年中，他用“铁腕”手段控制了美联储。格林斯潘主政美联储的十八年是金融管制取消、投机泡沫接连不断和不稳定的十八年。

格林斯潘亲自掌舵，把洛克菲勒的金融自由化议程的下一阶段所需要的舞台搭起来，这是在纽约大银行把美国国内一切有价值的储蓄银行都洗劫一空以后的事情。洛克菲勒的金融自由化将以革命的形式到来，这就是格林斯潘的“新金融”革命，但它真正的内涵其实还是“货币到底是什么”。

经过精心策划的媒体宣传，普通民众相信，艾伦·格林斯潘大致上

艾伦·格林斯潘为华尔街的金融托拉斯服务了十八年

还是很敬业的公务员。虽然他犯了错误，但是他在金融危机管理方面有特殊的技巧，最终还是挽回了局势，挽救了国家的经济和银行业。他因此赢得了“大师”的称号。[2]不过，这里面有那么一点名不副实的情况。

如同美联储的每一届主席一样，艾伦·格林斯潘也是美联储的主人们仔细挑选出来的忠实仆从。美联储是由私人银行、保险公司、投资银行系统在1913年所创立的，在当年12月23日圣诞节休会的前一天，到会人数极少的国会匆匆通过了关于美联储的法案。在“刘易斯诉美国”一案中，美国上诉法院第九巡回法庭的判决曾经确认过这一事实：“储备银行不是联邦的工具……它们是独立的、被私人拥有的、由各地自行管理的（金融）公司。”[3]

格林斯潘在担任美联储主席期间，全心全意地把美国对世界金融的统治向前推进，从而主导了世界金融这个国家的国内经济基础，1971年之后在很大程度上使之遭到了破坏。

格林斯潘很清楚是谁给他的面包上抹了黄油，所以他很忠实地为美国国会1913年所称的“金融托拉斯”效力——这是一个滥用公众信任、到处伸手攫取工业控制权的金融领袖的阴谋集团。

颇为有趣的一点是，1913年支持联邦储备委员会成立的那些金融机构，后来都是证券化革命的中流砥柱，其中就有花旗银行和J. P. 摩根银行。它们两家在最重要的纽约联邦储备银行都有股份，而纽约的联邦储备银行是美联储体系的核心。

纽约联邦储备银行另一个鲜为人知的股东是美国存管信托公司，这是世界上最大的中央证券存管银行，它的总部设在纽约，持有100多个国家发行的250多万种美国和外国的资产股票、公司和市政债券，价值超过36万亿美元。它及其附属公司每年过手的证券交易额是天文数字。这个业绩对于一家大多数人从没有听说过的公司来说相当可观。存管信托公司独家垄断了美国的此类业务。它把所有的竞争对手全都收购了。这家公司的存在可以部分地解释，在美国经济已经基本上成了掏空的“后工业”荒原的很长一段时间里，纽约为什么还能够主宰全球的金融市场。

格林斯潘已故的朋友艾恩·兰德，一个纯粹的自由市场教条的信仰者，曾经指责美联储主席亲手干预经济。可是他不知道，在格林斯潘主政美联储的十八年里，每一次大规模金融危机中都贯穿着一条共同的主线：格林斯潘利用他在世界上最强大的金融机构的首脑地位，用一次接一次的金融危机来推动和巩固以美国金融为中心的对全球经济的影响力，而且几乎每一次都严重损害了经济和人民的普遍福利。

无论是1987年10月的股市崩溃、1997年的亚洲金融危机、1998年的俄罗斯国债拖欠，还是后来的长期资本管理公司崩溃，在每一种情景下，格林斯潘都拒绝对美联储控制的股票保证金率*的规定作任何技术性修改，以便使网络股市泡沫降温；就在他知道利率已经见底时，他还在鼓励“可调利率抵押贷款”（ARM）；格林斯潘利用了大部分是由他写的热点评论和他的利率政策引发出来的接连不断的危机来推动金融风险的全球化和市场管制的自由化进程，让大型金融机构可以不受阻碍地自由运作。

危机越滚越大的游戏

风险全球化和市场管制自由化就是2007年夏天从美国开始的全球资本市场危机的实质。格林斯潘在任职的十八年里把金融市场推入一个

---

* 又称“押金”，指为限制投机，购买证券时必须缴纳一定百分比的保证金。——译者注

又一个规模越来越大的危机，他是在执行金融托拉斯的压倒一切的计划。到 2009 年年初时，我们可以对格林斯潘的证券革命下定论了：那是一座“遥远的桥”*，美元和美元金融体系走不动了——它永远不会走到那里，它对全球的统治快要终结了。

国会针对场外金融衍生品交易实施管制的每一项要求，都遭到格林斯潘的坚决反对。他还拒绝修改对贷款买股票的保证金规定；一再支持低质量、高风险的次级抵押贷款证券化；十多年来，他不顾一切地削弱对商业银行兼营投行和保险业务的限制，最终废除了《格拉斯－斯蒂格尔法》。此外，他支持小布什大幅度减税的政策，而减税在 2001 年以后引发联邦赤字；他支持把社会保障信托基金私有化，把数万亿美元的现金送到华尔街的金融盟友手中。所有这一切，都是精心设计的所谓证券化革命的具体表现。他们的目的是建立一个金融新世界，那里的风险已经从银行分离并远远地扩散到全球，没有任何人能把真正的风险辨认出来。

格林斯潘在担任美联储主席之前，是美国最强大的公司（如美孚石油公司、摩根担保信托投资公司和摩根公司）的董事。在担任华尔街顾问时，他的客户中有摩根银行。1987 年，他被华尔街和其他大银行挑选出来实施它们的“大战略”。对他的第一次考验，便是在 1987 年 10 月对股票市场进行操纵，他的工具是在当时还很新颖的金融衍生品。

格林斯潘在 1987 年 10 月 20 日股市崩盘后的救市方法，是通过对芝加哥股票指数衍生品的采购在幕后操纵股票市场，以输入巨量的流动性去支撑市场。他的采购以美联储在后面不动声色的流动性担保来支持。美联储当时曾经非常清晰地告诉市场上的大户，它们都“大而不倒”（即所谓的“TBTF”理论）——这是美联储的行话；如果一家银行能在百亿美元的规模上做泰铢投机生意或从事网络股票保证金投机，那么它就不

---

*《遥远的桥》是一部英美合拍的战争片，描述 1944 年发生在荷兰的大规模空降行动——“市场花园”，盟军遭遇德军的顽强抵抗，未能夺取莱茵河上的一座桥梁，以致行动遭到惨败。——译者注

用再担心风险，因为有格林斯潘兜底。在万不得已的时候，他一定会出来搭救银行界的老朋友。

1987 年 10 月，在股市崩盘引发道琼斯指数出现历史上最大单日跌幅 508 点的同时，新的电脑交易模型又来火上浇油。要知道电脑交易股票衍生品的理论基础是所谓的布莱克－斯科尔斯期权定价理论，本质上和传统的生猪期货是一回事。

1987 年的股市崩盘清楚地显示，当需要流动性时市场上不会有真正的流动性。所有的基金经理都会在同一时间做同样的事情：卖空和对冲股票指数期货的头寸，虽然都不过是徒劳的挣扎。

纽约的一位场上交易商斯蒂芬·扎伦加这样描述 1987 年股市危机的情景：

> 在期货市场上人们已经是大折扣出手了……交易员买下之后转身就卖出，都把现金交易市场往下推，让它跌得更快，市场最终一跌到底。
>
> 华尔街那些最大的公司发现，电脑按照预定程序自动交易金融衍生品的行动竟然无法停止。私下的说法是人们不得不拔掉电源，或者切断计算机的线路（传闻甚至用了走廊上的消防斧），如果不关闭电脑，交易指令就会不停地直接发到交易大厅去。
>
> 纽约证券交易所在周一或者周二曾经认真考虑过关闭市场，关几天或几周，并宣布这个决定……正是在这个时候……格林斯潘发表了匪夷所思的见解。他毫不含糊地说，美联储将向券商提供所需要的贷款。这就是市场的转折点，格林斯潘在 1987 年被任命为美联储主席这件事情，已经让市场开始抛售了。[4]

1987 年 10 月的那个“一日崩盘”事件，其重要意义并不在于股市下跌的规模，而是下面这个事实：美联储未经公示，就通过格林斯潘在纽约大银行（如摩根银行）等地的亲信，从 10 月 20 日起进行干预、操纵股市复苏，而且使用了被称为“衍生品”的新金融工具。

在一系列救市操作后，可以看得见的转变是，在 1987 年 10 月 21 日周三中午时分，芝加哥市场上纽约蓝筹股的大宗期货股指开始按溢价交易，市场要复苏了，而当时道琼斯股票还在一个接一个地跌停。

随后，股市崩盘被扭转了。套汇商重新开立账户建仓，芝加哥市场的大宗股指期货可以溢价出售了。人们后来发现，只需要在芝加哥大宗期货市场上购买大约 800 份股指期货合同就足够了。格林斯潘和他的纽约盟友把同一个衍生品交易模型反转过来运用，就这样策划操纵了股市恢复。金融衍生品时代的黎明正式到来。

在相当长的时间里，大多数人受人引导而相信，美联储是货币业务的审计员，也是那些最大的银行的独立监管人，它将确保银行系统的稳定并防止重现 20 世纪 30 年代那样的银行恐慌。总之，美联储最重大的职责是充当“最后的贷款人”。

在格林斯潘的统治下，1987 年 10 月以后的美联储日益演变成了“第一贷款人”。美联储扩大了救援对象的范围，从美联储原来的银行监管职权范围内的银行，扩大到对股市的操纵，再扩大到对冲基金（1998 年 9 月长期资本管理对冲基金的支付危机）。

格林斯潘的最后“礼物”是把美联储“最后贷款人”的职能加到美国的纳税人身上。请他们在“格林斯潘证券化”所催生的数十万亿美元的抵押证券泡沫破灭的时候，把金融托拉斯（大银行和大金融机构）从泥潭里拉上来。

1999 年，在废除《格拉斯－斯蒂格尔法》的时候，发生过一个具有重要历史意义的插曲：格林斯潘领导下的美联储决定，随时救助美国金融界风险最大的和最不确定的新企业，话说得非常清楚。到了这个时候，“格林斯潘证券化革命”的舞台已经搭好了。

这不是偶然也不是巧合。美联储对 1987 年后银行监管的自由放任政策，在格林斯潘 1987 年 10 月第一次国会听证的时候已经暗示过了。自由放任政策是格林斯潘后来解除管制和推行金融证券化的关键步骤。

1987 年 10 月股市崩盘 3 周后，11 月 18 日那一天，格林斯潘告诉美国众议院银行委员会："……废除《格拉斯－斯蒂格尔法》导致的可控的更大风险完全符合公众的利益。"[5]

格林斯潘反反复复地强调着相关理念，如同念咒语一般，直到十二年后的1999年才正式废除了《格拉斯－斯蒂格尔法》。

格林斯潘的美联储从1987年崩盘后，一直在支持不加监管的金融衍生品交易，这一行为促使它的全球名义交易量发生了真正爆炸式的增长。1987年以来，全球金融衍生品市场扩大了23倍以上，在2006年年底，其规模达到了370万亿美元，这是任何人也无法理解的交易规模。

废除《格拉斯－斯蒂格尔法》

格林斯潘担任美联储主席后的第一个行动就是呼吁废除《格拉斯－斯蒂格尔法》，他在摩根银行和花旗银行的老朋友们早就采取过行动了。[6]

《格拉斯－斯蒂格尔法》的正式名称是《1933年银行法》，它的内容是分离商业银行、华尔街投资银行和保险业；它的最初目的是解决导致1930年银行倒闭风潮的三个主要问题。

首先，如果银行将自己的资产投资于证券时，一旦发生股市崩溃就会危及商业和储蓄存款人。其次，不合理的贷款是由银行贷出去的，目的是人为地支撑某些公司的证券或头寸的价格，在这些公司中银行投入了自己的资产。最后，银行在证券的所有权、价格或分配方面的财务利益会不可避免地诱惑银行官员强行要求银行客户投资证券，而这些证券是银行本身受到压力所出售的。这是一个巨大的利益冲突，并诱发欺诈行为和滥用职权。

在这种金融环境下，提供投资银行服务和共同基金的银行，极易受到利益冲突和其他滥用职权行为的影响，从而损害它们的客户，包括借款人、存款户以及代理银行。同样，1999年废除《格拉斯－斯蒂格尔法》之后再也没有该法律的限制，因此银行可以提供证券化的抵押贷款债券及类似产品。这是通过它们独创的具有特殊目的的机构，“从银行账本”上消除风险。事实上，这些银行在其中属于共谋，而他们的所作所为最终成为历史上最大的金融诈骗，即次贷证券欺诈行为。

经济学家约翰·肯尼思·加尔布雷思在他的《1929年大崩盘》中指出：

> 美国国会关注的是商业银行，特别是联邦储备系统的银行，是它们加剧了股市的下跌，同时又受到股市的伤害，部分的原因是它们直接或间接地卷入了持有和交易投机性的证券。
>
> 《格拉斯－斯蒂格尔法》的立法史表明，美国国会看到了更加难以察觉的危害，并且反复提出这一点；如果一家商业银行超越代理人或管理者的业务范围，插足投行的业务，不论是直接插手还是通过建立子公司来持有或出售投资债券，就一定会产生危害……
>
> 1929年，高盛公司是一家投资公司，其向三家有关联的信托基金——高盛贸易公司、雪兰多公司和蓝岭公司——安排和销售了近10亿美元的证券，最后它们差不多都贬值到零。

卷土重来

纽约的大银行早就想废除1933年美国国会制定的限制措施了。美联储主席格林斯潘就是它们“登坛拜将”所请来的大将。以洛克菲勒的大通曼哈顿银行和桑福德·韦尔的花旗公司为首的美国顶级银行花费了1亿美元。它们积极游说有影响力的国会议员，向他们提供竞选捐款，目的就是解除大萧条时期规定的对银行和股票担保的限制。

这项法律一旦废除，2001年以后证券化革命的闸门就打开了。

在格林斯潘就职后两个月内、纽约证券交易市场大崩盘之前几天，即

1987 年 10 月 6 日，格林斯潘对国会发言称，由于落后于新技术而受到损害，又因受制于五十多年前制定的监管制度而被“冷冻”，美国银行正在失去竞争力，因此必须获得新的权力，重建与其他金融机构竞争的平衡：“银行提供的基本产品——信用评级和风险分散化——还不如十年前有竞争力。”

《纽约时报》当时就指出：“格林斯潘先生从来都比他的前任保罗·沃尔克更倾向于对银行系统去监管化。”[7]

那天，格林斯潘是以美联储主席的身份第一次向国会作证，他的证词对于理解他将要推行很长时间的政策的连续性非常重要，这就是一直持续到前不久的证券化革命和最新的“新金融证券化革命”。再次援引《纽约时报》的报道：

> 格林斯潘先生谴责银行丢掉了竞争的优势，指出“过于死板”的管制体系束缚了银行为消费者提供更优质的服务，阻碍了竞争。可是他马上又指出另一个“特别重要”的新发展，即数据处理和通信技术方式的进步，已经使其他机构篡夺了银行的金融中介的传统作用。换句话说，银行能够对经济作出贡献的主要机制——信贷——已经处于危急当中。银行是靠掌握借款人信用资质的最佳信息，拿自己的钱冒着风险去放贷的。

《泰晤士报》报道过格林斯潘对技术进步挑战银行的看法：

> “大批网上资料库、强大的计算能力和通信设施几乎能瞬时提供信贷和市场信息，允许贷款人对信用资质作出自己的分析，制定和执行复杂的交易策略以规避风险。”他强调指出，这一变化“对存款机构的竞争力造成了永久性的伤害，同时又加强了证券化资产市场的竞争优势”。这些资产指的是商业票据、按揭债务的债券，甚至包括汽车贷款。
>
> 他最后说道：“我们迄今为止的经验表明，把银行同银行以外

的金融或商业活动分隔开来的最有效办法是成立控股经纪公司。”[8]

但是，对于一家银行控股公司来说，联邦存款保险基金（即为每个账户担保最多10万美元的银行存款保险金）将只保护它的核心银行，而不保护千奇百怪的对冲基金或从事（资产负债表）账外活动的各种子公司。结果是，一旦发生像今天一样的证券市场崩盘，真正的最终贷款人——银行风险的担保人，就成了美国的纳税人了。

废除《格拉斯－斯蒂格尔法》可谓是一场在国会打的旷日持久的硬仗，一直持续到1999年，才最后彻底取消这一法案，没有保留任何条款。克林顿向花旗集团董事长桑福德·韦尔赠送过一支钢笔，他就是用这支笔签署了1999年11月的《格拉姆－利奇－比利雷法》*，废除原有的限制性法令的新法。民主党的总统作出这个姿态真是有点怪怪的。

推动国会废除《格拉斯－斯蒂格尔法》的决定性人物是格林斯潘。1999年2月11日在众议院银行和金融服务委员会作证时，格林斯潘宣布：

> ……我们多年来一直支持对《格拉斯－斯蒂格尔法》和《银行控股公司法》** 作重大修改（如在H.R.10号法案里的修改），以便消除整合银行、保险、证券业的法律障碍。各有关方面——私营和公共部门都包括在内——几乎一致认为这种障碍必须清除了。能够分解风险的新的金融产品在新技术的驱动下蓬勃发展，已经把

---

* 这就是1999年的《金融现代化法》。它是美国颁布的一项法律，用于控制金融机构处理个人信息的方式。该法包括三部分：财产保密条例、安全措施条例、托辞供应。财产保密条例用于管制对私人财产信息的搜集和泄露；安全措施条例用于保证财政机构必须实现对私人信息的安全保护；托辞供应用于禁止使用不正当的托辞访问私人信息。该法还要求金融机构给顾客一份书面的保密协议，以说明它们的信息共享机制。——译者注

** 国会1956年通过《1956年银行控股公司法》（Bank Holding Company Act of 1956）批准成立银行控股公司，但该法案有漏洞：未明确禁止银行控股公司从事非银行性的商业业务，未禁止控股公司使用非存款资金（如发行商业票据）资助其控制的银行。于是，一些银行成立了“单银行的控股公司”（one-bank holding companies），同时从事其他业务，突破了分业管理的限制。针对此情况，国会通过1970年《银行控股公司法》，美联储成为银行控股公司的主要监管者，禁止控股公司从事高风险业务。http：//iclass.shufe.edu.cn/teacherweb/users/lyd/money%20and%20banking/S&R.html。——译者注

银行、保险、证券业产品的独特之处结合起来，变成单一的金融工具了。[9]

格林斯潘在1999年的听证会上明确表示，撤销限制意味着对新近批准的金融大集团的更少而不是更多的监管，这一个行动就把眼前这个大崩溃的闸门打开了：

> 随着我们进入21世纪，19世纪银行审查观念靠边吧。当然，银行仍需要受到监督和监管，这在很大程度上是因为它们受到安全网的保护。然而，我的观点是，这种努力的性质和程度需要与市场现实更加一致。此外，银行的附属机构不需要——事实上，也不应该——进行类似银行的监管。[10]

20世纪30年代大萧条时期，银行控股公司因其内部利益冲突而失败、数以千万计的美国人失业、住房抵押品赎回权被取消*，这就是国会当年制定和通过《格拉斯－斯蒂格尔法》的首要原因。

“十年前难以想象的战略”

2007年6月，即次贷危机爆发前几周，《纽约时报》在报道高盛公司时，这样描写由于《格拉斯－斯蒂格尔法》的废除而创造出来的新金融世界：“华尔街在继续铸币、给公司并购出主意、帮它们上市的时候，真的货币——多得吓人的货币——在资本交易和投资中被创造出来，令人兴奋的产品和战略覆盖了全球，这些在十年前是根本无法想象的。”《纽约时报》说的是什么呢？正是证券化革命。

* 抵押人如不能如期偿债，其抵押品赎回权就此被取消，由债权人拍卖抵押品偿付债务。——译者注

《泰晤士报》援引了高盛公司主席劳埃德·布兰克法因对新的金融证券化、对冲基金和衍生工具的评论："我们已经兜了一圈又回到原地，罗斯柴尔德家族或摩根这些银行家在全盛时期都是这么干的。是《格拉斯－斯蒂格尔法》把事情弄得不对头了。"[11]

正像华尔街大多数银行家和金融业人士一样，布兰克法因罗斯福新政为偏离常规，公开要求回到20世纪20年代J.P.摩根和其他大亨滥用职权的那个表面风光的时代。布兰克法因的眼中钉《格拉斯－斯蒂格尔法》终于被克林顿取消了。要知道高盛公司是克林顿竞选时的主要资助人，这个公司在1995年甚至将自己的总裁罗伯特·鲁宾"派给"克林顿，先当"经济沙皇"，然后从1995年起担任财政部部长。后来，高盛的另一个前总裁亨利·保尔森担任布什的共和党政府财政部部长。货币权力不认党派。

罗伯特·库特纳是经济政策研究所的创始人之一。2007年10月，他在美国国会议员巴尼·弗兰克的银行业和金融业委员会面前作证，点出了大萧条的"阴魂"：

> 自从1999年废除《格拉斯－斯蒂格尔法》以来，经过十年多事实上的打拼，超级银行已经再次把20世纪20年代祸害过经济的"家伙"（即投机性贷款）又拿起来用了：那里面包含着深刻的结构性利益冲突；它们把这种贷款包装起来，再使它证券化，然后批发零售——全都抛售出去，在每一个步骤上都提取费用。另外，贷款包装的说明比20世纪20年代更不透明，连银行监管人员都看不懂，大部分内容根本就不是说明。全部过程都用计算机和自动执行的程序来保护。[12]

次贷危机发生的最初几周，道琼斯《市场观察》的评论员托马斯·科斯蒂根写过文章，评论《格拉斯－斯蒂格尔法》的作用。他认为，废除这项法令打开了证券界欺诈、操纵和过度信贷杠杆的闸门：

原来银行和券商还是相互独立的，禁止它们联手是为了防止利益勾结、金融崩溃、市场垄断等所有这些事情。

1999年，《格拉斯－斯蒂格尔法》被取消了，禁止券商和银行联姻的法律没有了，金融超市（如花旗集团、瑞银集团、德意志银行等）马上就成了我们日常生活的内容。现在，银行绊倒在自己的不良抵押贷款上，我们很想问一问：如果《格拉斯－斯蒂格尔法》还有效，次贷失败是否会对整个金融市场造成如此之大的破坏？

降低风险的常规途径从来都是保持（金融机构）的多样性。《格拉斯－斯蒂格尔法》当年坚持拆分银行和券商的金融权力，就是为了保证机构的多样性；国会当年制定《格拉斯－斯蒂格尔法》就是要禁止银行拥有无所不为的金融经纪公司，反之亦然：投资银行收购公司、收购市政证券这种事情是不允许发生的，银行的存款人和股市崩溃的风险也被隔离开，因为股市风险会触发大萧条。

但是，银行以高折扣的优惠交易和共同基金为工具步步推进蚕食证券业，让证券业大叫上当。所以，1999年发生的事情就非常能说明问题了，这些行为不受限制了，金融巨头就一头撞了进来。花旗集团一马当先，其他银行随后跟上。我们看到美邦公司、所罗门兄弟公司、普惠公司等券商都在这里面吃饕餮大餐。

经纪公司本来应该建造一道“中国万里长城”，把投资银行与证券交易和研究活动分隔开，目的是防止交易的操盘手迫使他们做研究－评级的同事向客户提供表面上更好看的结果，而这一切都是在同舟共济的幌子下干的。

我们已经看到了，这道“万里长城”在网络大泡沫的时候有什么用：它们把几个公司的评估抬上天，而它们刚好是由同一家公司担保的，这家担保公司还正在出售自己的证券。这道“万里长城”在新式银行的家园里一边修建一边开裂，大家都看得很清楚，但是没有人管。

……没有人认真地质疑过这个狂热的新时尚：银行的抵押贷款被再次当成抵押担保、变成各种不同模式的金融工具，然后同一个机构用另外一只手把它卖出去……

如果银行接受的是第三方证券分析师的认真审查，它们面临的问题一定比在同一个餐厅用餐的“审计师”提出的问题更多、更严肃。然后，还有收费、私下交易、推销技巧这种事情，也就是说人们会为了增加自己的利润去操纵价格、去动心思，不会去为了一个共同的利益而出力。

……《格拉斯－斯蒂格尔法》本来至少预示了名称中的第一点：透明度*。当外人向里面看时应该是最透明的。可是，当所有的人都从里面向外看时，他们看到的都是一样的东西。这不是好事——迫近的或者落下的东西都看不见，大家全都待在同一个垮下来的屋顶下面。

国会目前正在调查次级抵押贷款崩溃事件。立法者正在考虑收紧贷款规则，让次级债的二手买家为坏贷负责，还有一点救助部分房主的积极打算。**可是，这些都是“邦迪牌”创可贴式的权宜措施，修补不了这个破损的系统：这个卖家、推销员和评级人员都是同一帮人的系统内部，犹如一团乱麻。**[13]

要命的格林斯潘网络泡沫

克林顿签署的废除《格拉斯－斯蒂格尔法》的文件墨迹未干，格林斯潘的美联储就已经全面行动起来，为下一次危机呼风唤雨：它要吹起一个超过1929年的股市泡沫，那个泡沫也是由美联储蓄意制造出来的。

* 格拉斯的原文为Glass，意为玻璃。——译者注

1997年发生的亚洲金融危机，以及随后1998年8月俄罗斯的国债违约拖欠，在全球资本流动大格局中，推动了一次非常有利于美元的深刻变化。韩国、泰国、印度尼西亚和大多数新兴市场都遭到美国对冲基金发动的、协调一致的、有政治预谋的组合拳攻击，一时间金融市场硝烟弥漫。为首的是索罗斯的量子基金、朱利安·罗伯逊的美洲豹-老虎基金、摩尔资本管理公司，据报道还有约翰·梅里韦瑟的对冲基金——长期资本管理公司。

亚洲金融危机对美元的影响非常显著，极其有利于美元，非常令人怀疑。国际清算银行（世界顶级央行的组织，总部在巴塞尔）总经理安德鲁·克罗克特指出，1996年东亚国家有330亿美元的经常项目赤字，因“1998—1999年投机性游资流入”，经常项目转为顺差870亿美元；到2002年再扩大为2000亿美元，实在令人惊叹。然而，大部分盈余以亚洲央行购买美国国债的形式又回到了美国，实际上是为华盛顿融资，推动美国利率大幅下降，为正在出现的“新经济”（即纳斯达克网络信息技术）的繁荣火上浇油。[14]

在1997—1998年亚洲金融危机最危急的时刻，格林斯潘拒绝采取任何行动缓和金融压力，任由亚洲股市崩溃。1998年8月，俄罗斯的国债违约拖欠使通货紧缩蔓延开来，这时候格林斯潘和纽约联邦储备银行介入，去救助由于俄罗斯国债危机而濒于破产的对冲基金长期资本管理公司。与此同时，格林斯潘第一次降低联邦基金利率0.50%，几周后再次降低0.25%。这个不同寻常的大降息是给刚刚诞生的“新经济”，即纳斯达克信息技术繁荣，火上浇油。

1998年年底，由于美联储连续降低利率和大量增加流动性，以纳斯达克和纽约证券交易所为首的美国股市变得狂热起来。仅仅在1999年新经济泡沫最鼎盛时，美国家庭持有的产权股票新增价值就达到惊人的2.8万亿美元，占全年国内生产总值的25%以上，这些数字都仅是写在账面上的“价值”。

《格拉斯-斯蒂格尔法》以前对银行和投行的限制现在都没有了，

原来不允许投行推销自己投入市场的股票，现在却无人管束。华尔街的股票经纪人在欺诈性的互联网和世通、安然之类的公司股票交易中赚的酬金，都是以千万美元计数的。这仿佛是“沸腾的20年代”再现，这一次还带着用电子计算机控制的涡轮增压推进器，使得金融市场的疯狂程度更胜以往。

2000年3月，在网络股市狂热的顶点，格林斯潘在波士顿学院的一个大学研讨会上发表过一次讲话。他对新经济发表的夸夸其谈式的看法，只是重复他对信息技术革命、对技术化的金融市场的赞美。这一次他走得比较远，超越了他以往对信息技术股票泡沫的“财富效应”的歌颂。长期以来，他一直都在说是家庭开支在强劲地支撑美国经济的增长。格林斯潘说道：

> 几年以来越来越清楚的是，本次经济周期和第二次世界大战后构成美国特色的其他经济周期之间，有一个非常深刻的不同之处：它不仅创造了经济扩张持续时间最长的纪录，还使经济增长比预期更加强劲。

他下面的话越来越有诗意：

> 我今天讲的一切，都是关于这个伟大的业绩。毫无疑问，信息技术革命是它的源泉……当历史学家在10多年后回顾20世纪90年代后半期时，我猜想他们会下结论说，我们今天是在见证美国经济史上最关键的时期……这些创新体现为潮水般涌现的无数创业公司，它们以各种方式利用了互联网，其中许多将要为我国的生产和流通制度带来革命性改变，并且将要成为主导力量。资本市场的参与者，虽然面对经济结构的剧烈变化还不太适应，但他们正在尽力理解并对这些公司进行恰当的评价。这些创业公司的股票价格正在发生异常的波动，对这些股票的极高估价，却是在预示今后几十年难以预料的技术和商业模式。

然后，这位大师切入正题，即通过技术和互联网把风险扩散开的那种力量，这是他对初生的证券化现象的预言：

信息技术的影响在经济的金融部门已经被敏锐地感受到了。最重大的创新，也许就是开发出了重新分配风险的金融工具，让最有意愿并且最有能力的那些人去承担风险。在已经推出的多种金融新产品中，最值得注意的正是金融衍生品，它通过分拆和精准地转移风险为经济创造出价值。虽然这些工具不能降低实物资产中的固有风险，但是它们可以通过某种方式重新分配风险，诱使更多投资进入实物资产投资领域，这样就可以获得更高的生产率和更高的生活水平。信息技术已经在全球范围内使得创造、估价以及交换这些复杂的金融产品成为可能……

最值得注意的是，格林斯潘选择的歌颂信息技术股票狂潮的时机。他心里很清楚，1999 年年底他推动的 6 次加息所产生的影响，迟早要向借钱购买股票的人泼一瓢冷水。

格林斯潘演讲后不到一周，网络泡沫破灭。2000 年 3 月 10 日，纳斯达克综合指数还在 5048 点，比上一年高出一倍以上。三天后，也就是 3 月 13 日星期一，纳斯达克综合指数下降了 4%，跌幅令人震惊。

随后市场跌入谷底，失去了 50 万亿美元以上的账面财富。尽管格林斯潘的加息措施毫不留情地让泡沫破裂了，但他一再声称只有在事后才能确认泡沫的存在。以美元来计算，1929 年的股市崩溃在格林斯潘的网络股票崩溃面前，只不过是九牛一毛。格林斯潘在 3 月份的 6 次加息给网络公司的股票杠杆式投机泼了一盆冷水。

极限的边缘

培育网络股市“非理性繁荣”的每一步中，格林斯潘都亲身参与。

当股票价格飙升失控、银行和投资基金成百亿地借钱去买更多的“保证金”股票的时候，即便是国会最普通的议员都看得很清楚，美联储应该动用它的“购买保证金股票规定”的权力了。

截至2000年2月，保证金债务已达到2652亿美元，在4个月内就增加了45%。新增加的大部分债务是通过网上经纪人操作的借贷，主要用于买入纳斯达克的新经济股票。

根据《T规则》，美联储完全有权对用贷款购买股票的人设置初始保证金自有资金比例，从1974年以来，保证金要求的自有资金比例一直是50%。

当股市发生严重下跌时，提高保证金的要求将会加重股市下滑，甚至最后导致崩盘。国会认为，1929年发生的正是这样的事情；当时，“保证金债务”曾占到股市全部市值的30%。这就是国会在《1934年证券交易法》中授予美联储控制初始保证金权力的原因。

保证金要求曾经提高到100%，意味着“购买价”* 完全是自有资金，不能借款。从1974年以来，保证金率的规定一直是50%，也就是允许投资者从经纪人手里借的钱不能超过股票购买价格的一半。

2000年的保证金规定则“火上浇油”。

美国国会为此举行过听证会。当时世界上最大的债券基金——以太平洋投资管理公司的保罗·麦卡利为代表的投资经理曾经告诉国会：

> 美联储应该立刻提高最低准备金规定。格林斯潘先生当然要说“不”。这是因为，第一，他找不到保证金规定与股市变化之间有关系的证据；第二，提高保证金规定会歧视小投资者，他们唯一的证券市场“信用”就是保证金账户。[15]

面对1999—2000年明显的美国股市泡沫，格林斯潘不仅一再拒绝改变股票保证金规定，而且在20世纪90年代末开始用漂亮的词语论证

* 又称“实付价”或“卖价”。——译者注

“新经济”，并一再强调技术可以提高生产率。他是有意识地为市场“非理性繁荣”添砖加瓦。

从1996年6月到2000年6月之间，道琼斯工业平均指数上涨了93%，纳斯达克综合指数上涨了125%。股票价格对企业盈利率的平均比率达到了最高纪录，是1929年股市崩溃以来的最高水平。

然后，1999年，格林斯潘采取了一连串加息措施，而当时通货膨胀率甚至比1996年还要低，生产率的增长也更快。格林斯潘仍然拒绝在加息的同时调整（炒股的）保证金规定——那样做将是“美联储真正地要对股市投机泡沫降温”的明显暗示。他用提息的手段影响经济，显然是期望失业率上升，然后可以强行降低工资，进一步提高企业的利润，而不是去冷却新经济的股市狂热。因此，股市忽略了这一点。

知名人物包括金融家乔治·索罗斯和国际货币基金组织第一副总裁斯坦利·费希尔，都主张美联储提高保证金规定，让信贷繁荣喘一口气。

格林斯潘拒绝了这个更切合实际的策略。他在1996年美国参议院银行委员会的再调查听证会上也说，他声称不想歧视手头紧张而需要贷款炒股的人。* 其实他很清楚，用保证金炒股的主要不是穷人，而是业内的交易老手，这些人试图在市场中寻找“免费午餐”。有趣的是，格林斯潘用同样的说法为“次贷”找到根据，他大力支持向没有信用记录的穷人贷款，让他们加入被他的政策制造出来的2001年以后的房地产大牛市。[16]

股市从2000年上半年起开始暴跌，这不是因为劳动力成本上升，而是由于投资（机）者的盲目乐观和轻信走到了终点。财经媒体，包括《华尔街日报》（一年前曾宣布网络高管是新经济的先锋），现在却嘲笑公众，竟然会相信那些不可能赚钱的公司的股票会永远上涨。

《华尔街日报》的一个作者说，新经济现在“看起来像一个老式的信贷泡沫”。[17] 2000年下半年，美国的那些创下高额负债纪录的消费者

---

* 原文如此。——笔者注

开始捂紧了口袋。圣诞节销售惨淡。2001 年 1 月初，格林斯潘一改往日的作风，开始降低了利率。在连续 12 次降息之后，到 2003 年 6 月，格林斯潘的美联储把美国联邦基金利率（经济中短期利率和其他利率的决定因素）从 6% 降至 1%，达到第二次世界大战后的最低水平。

格林斯潘把美联储利率保持在大萧条后最低点，直到 2004 年 6 月 30 日开始第一次加息：到 2006 年他离任前，一共连续 14 次加息。他在 19 个月内把联邦基准利率从最低点的 1% 提升至 4.5%。就在这个过程中，他把催生了“房地产金蛋”的泡沫给挤碎了。

在一次又一次的演讲中，美联储主席格林斯潘明确表示，2001 年 1 月后超宽松的货币制度的中心点，就是鼓励投资住房抵押贷款的债务。次贷这种现象，是可以预见的，是格林斯潘的革命深思熟虑的结果，这毫无疑问；它只会发生在资产证券化和《格拉斯 – 斯蒂格尔法》不存在但是有场外金融衍生品交易的时代。只要仔细研究一下历史记录，所有这一切便昭然若揭。

终局：完全无管制的货币创造秘密

1999 年废除《格拉斯 – 斯蒂格尔法》之后，美国的信贷市场发生了可怕的变化：它在不久后将变成世界上最无法想象的、缺乏有效监管的私人货币创造机器。

新金融体系建立在由玩家组成的一个非正式的卡特尔之上，这是一个混乱而又相互勾结的体系，所有的成员都熟知行动方案，而这个方案的脚本是格林斯潘和他在摩根、花旗、高盛以及纽约其他顶级金融机构里的朋友们编撰的。证券化的目的就是要确保一个“新的”美国世纪，保证它继续掌握金融支配权，这是证券化的首创者在新千年前夕想得非常明白的事情。

除了格林斯潘的美联储以外，美国政府的行政、立法和司法部门，甚至最高法院，所有这些机构之间无耻的共谋，为金融革命提供了所需要的关键性支持。另外，为了把这场游戏玩得天衣无缝，还需要世界上的两个最大的信用评级机构积极参与。这两个机构是穆迪和标准普尔。

如果要取消经过百年之久的不懈努力才建立起来的各种监督、控制规则和透明度，容忍那种图谋一步一步得逞，还需要一个会反复拒绝规范场外金融衍生品交易这样的合理要求的国会和政府，需要一个对银行想拥有或向对冲基金提供资金的图谋麻木不仁的国会和政府。这种图谋还要求政府授权的大型评级机构把AAA级信用评级授予一小撮无人监管的保险公司，即所谓的单一险种保险公司，它们的总部都设在纽约。单一险种保险公司是新金融的另一个基本的组成部分。

在所有这些机构推动的证券化大膨胀的背后，其相互关联是如此紧密，其默契如此完美，以至于它们完全可以合并成一家“美利坚新金融公司”，股票可以到纳斯达克市场上市。

多年来，格林斯潘一直在设计和鼓动资产证券化。这个过程一直持续到21世纪，他才开始培育前所未见的房地产泡沫。格林斯潘在股市崩溃后曾经可怜巴巴地试图否认他所起的核心作用，他说问题不在于把按揭贷款贷给了次级房贷客户，而是在于次级贷款证券化。可是，他在2005年4月唱的却是完全是另一出戏。在美国联邦储备系统的第四次年度社区事务研讨会上的讲话中，美联储主席格林斯潘宣布：

> 创新带来了众多的新产品，如次级抵押贷款和对移民的小额信贷计划。这些发展代表了市场的反应，市场在历史上一直是我国金融服务行业的推动者。由于有这些技术进步，贷款人利用了信用评级模型等技术去有效地扩大信贷的消费者群体……以按揭为担保的证券创立了一个全国的甚至国际的按揭贷款市场，更加多样化的、用市场支持的住房按揭抵押贷款产品现已司空见惯。一大批贷款消费的产品（如汽车和信用卡贷款）也随之实现了证券化。[18]

格林斯潘在2005年发表那篇讲话的时间，差不多正是他后来声称突然意识到证券化正在失控的时候。2007 年 9 月，危机正日益加深。哥伦比亚广播公司的莱斯利·斯塔尔问他为什么不去制止“次级贷款里采用的不合法或很可疑的做法”时，格林斯潘回答说：“我直到很晚才知道这些做法有多么严重。到 2005 年年底或 2006 年，我才真正认识到这一点……”[19]

他没有说出来的话是，即使在 2005 年年底他真正地“认识到”了问题的严重性，也没有采取任何行动去制止失控的庞氏骗局泡沫，这种骗局正是依靠他的政策才形成的。

早在 1998 年 11 月，长期资本管理公司对冲基金的崩溃几乎触发全球金融体系的崩溃。事件发生后仅仅几周，格林斯潘就在美国证券行业协会年度会议上说道：

> 近年来，计算机和远程通信技术的重大进展，允许我们通过金融工程创新来大规模拆分风险。过去时代的金融工具是普通股和债券，它们被多种复杂的混合金融产品剥开了，这样一来风险就可以被剥离出去了；但在许多时候，这种（信贷扩张和风险剥离）好像挑战了人类的理解力。[20]

这个讲话是对华尔街发出的一个明确信号：可以大规模推进资产担保证券化了。可是，正如格林斯潘明确表示过的，在整个 1997—1998 年惨痛的亚洲金融危机和 1998 年 8 月俄罗斯国债违约拖欠引发系统性危机期间，会动用美联储的流动性水龙头，在灾难中去救助哪一家银行吗？那些不也是大银行，不也是“大而不倒”的企业吗？

美国联邦储备委员会是世界上最强大的中央银行，由世界上最相信自由市场的格林斯潘主持工作。美联储将支持大银行从事大胆的新证券化事业。当格林斯潘提到风险“好像是挑战了人类的理解力”时，他至少暗示了他隐约地看见这个全新的金融领域里充满了迷惑和混乱。而央行历来追求的是会员银行之间透明的关系，以及坚持系统而保守的贷款政策和风险管理措施。

这些也不能全部归罪于格林斯潘。

最重要的一点是，1998 年 11 月，格林斯潘向证券业协会中华尔街证券界的朋友们保证过，他将尽一切可能确保在新金融领域中，资产的证券化仍然让银行进行自我管制。

格林斯潘治下的美联储将监管权力委托给那些利益攸关的金融机构。对此，他声明：

> 必须承认，21 世纪的金融监管为了达到安全和稳固这个目标，正在越来越多地依赖于私营对手之间的互相监视。我们没有更好的办法去设想，除了对过程进行监管以外，大多数政府的金融监管还能干什么。由于全球范围的金融中介的复杂性仍在不断提高，传统的监管审查过程将愈发过时，至少对更加复杂的银行系统而言是如此。[21]

1999 年 10 月，格林斯潘一再顽固地坚持那个疯狂的网络信息技术股市泡沫的狂热无法证实的时候，他再一次高声赞扬金融衍生品以及“新的金融工具……重新分配风险的方式使人更容易接受”。保险业无疑是重新分配风险服务最纯粹的形式。近年来创造出来的所有金融新产品——以金融衍生品为前锋——把风险进行标准化的分拆并进行精准的重新分配，就这样为经济价值作出了贡献。当格林斯潘在 1999 年 10 月大谈证券化的时候，废除《格拉斯—斯蒂格尔法》已经是板上钉钉的事了。[22]

正是美联储的“私营对手之间的互相监视”模式，使整个国际银行同业交易系统在 2007 年 8 月戛然而止。由于商业票据的资产担保已经证券化了，而且大多数债券实际上也证券化了，因此对这价值数万亿美元的证券产生的恐慌迅速蔓延开来。银行和投资者在美国和国际金融体系中大幅度亏本的时候，危机才刚刚开始。

“大而不倒”

1980—1994 年，在美国联邦存款保险公司承保的银行中有 1600 多家关门或接受了财政援助。这个数字是 20 世纪 30 年代联邦存款保险项目建立以来的最大数字，比其他时期都要多得多。这正反映了银行业集中的过程，即集中到那些将要进入 21 世纪的大银行集团中去。

1984 年，美国第七大、世界上最大的银行之一的芝加哥大陆伊利诺伊国民银行到了破产的边缘，是美国历史上银行（体系）面临的最大威胁。政府进行了干涉，通过联邦存款保险公司进行 100% 的存款担保，出手拯救了这家银行。这一次超出了联邦存款保险公司规定的“有限担保”范围的救援行动，引出了后来逐渐被称为“大而不倒”的理论。也就是说，某些特大银行由于规模太大，特别是担忧经济上会发生的连锁反应，就不会让它破产。大银行很快就看出来这一点，它们通过并购变得越大，就越是“大而不倒”，这样做的好处太大了。所以，从此“道德风险”成为美国大银行的主要特征。[23]

在格林斯潘的美联储主席任期内，这个“大而不倒”理论延伸到特大型对冲基金（长期资本管理公司）、特大型股票市场（纽约证券交易所）和差不多所有的、对美国有战略意义的大型金融机构。这个理论具有扫荡一切的力量。在金融界的顶级精英圈外，没有几个人能领悟到这样一种理论的建构曾经发生过。

“大而不倒”理论一经成立，最大的那几家银行争先恐后地让自己变得更大。在传统上银行业务是被分割开的。例如，有地方性存贷抵押贷款银行和大型国际货币中心银行（如花旗银行、摩根银行和美国银行等）禁止在本州以外经营业务。这些规则被一一废除，银行业变成了“平坦的操场”，但只有当最大的银行铲平和吞掉小银行、创造规模空前的卡特尔时才是坦荡如砥的。

到 1996 年时，独立银行的数量自 20 世纪 70 年代末以来减少了 1/3 以上，从 12000 多家减少到不足 8000 家。资产超过 1000 亿美元的银行所控制的银行资产比例增加了一倍，达到美国各银行总资产的 1/5。此时，这一趋势才刚刚开始。这股银行合并浪潮是各州撤销银行限制法规的直接后果，银行建立分支机构和控股公司并购的地域限制没有了，并且在 1994 年《里格尔－尼尔银行跨州经营与设行效率法》* 中被合法化。"更有效的银行业"创造出"最大的才能生存"学说，修正了达尔文的"适者生存"理论。可是，它们绝不是"适者"。十年后，当证券化撑破了银行最疯狂的想象力空间而发生爆炸的时候，合并造成的严重后果才展现在我们面前。

摩根银行与大规模杀伤性金融武器

1995 年，早已步入克林顿－鲁宾时代，艾伦·格林斯潘从前供职的银行——摩根银行——推出的一种创新，将在未来十年内彻底改变银行业。布莱斯·马斯特斯，一个受雇于摩根银行的 34 岁的剑桥大学毕业生，开发出第一个"信用违约互换"（CDS），一种在表面上允许银行为贷款违约提供担保的金融衍生工具。他还开发了"债务抵押债券"（CDO），把混合起来的资产作为担保去发行债券，这是一种信贷衍生工具，仅这一个工具就足以把大量的公司暴露在足够重大的风险面前。

这些工具真正的吸引力在于，它们都在银行的（资产负债表）"账外"，所以远离了《巴塞尔协议》中 8% 的自有资本规定；它们的目标是既提高银行的回报又去掉风险。这似乎是一件鱼和熊掌可以兼得的大好事，但在现实世界中它只能把所有的事情都弄糟。

摩根银行铺平了美国各银行"改革"的道路——从传统的商业银行发放贷款改变成交易（买卖）"信贷"，而真正的改革就是把一切都证券化。它们的新思想是，为了把银行的风险从资产负债表上转移出去，得

* 该法案英文名为 Riegle–Neal Interstate Banking and Branching Efficiency Act（1994）。——译者注

先把自己的债务汇集起来当作证券“再次销售”掉，同时把客户的贷款“辛迪加化”，并买进信用违约互换。后来事态的发展令人目瞪口呆，银行的债务交易额很快就达到了数万亿美元的规模。

到2007年年底的时候，信用违约互换合同的价值估计已有45万亿美元，这给了债券持有人“债券安全”的错觉。但是，这个错觉的基础是一个没有公开的银行风险模型，相对于其他银行风险模型来看，在这里包含着对违约拖欠率最乐观的假设。而且这个幻想本身就足以诱使世界上的大银行像旅鼠一样前赴后继地来购买抵押贷款债券；这些债券是用按揭付款的收入现金流作担保的，可是支付按揭贷款的却是没有信用资质信息的一群人；他们还去接受由穆迪或标准普尔评级给出的AAA表面结果。保守派投资者沃伦·巴菲特称金融衍生品为“大规模杀伤性金融武器”。[24]这句话将被证明是正确的。

1987年，刚刚就任美联储主席的格林斯潘为了从严格的《格拉斯－斯蒂格尔法》中找到漏洞，曾求助于他在摩根银行的亲信；当他上任伊始操纵1987年10月股市崩盘后的复苏时，为了购买芝加哥主要市场的金融股指衍生品，也是同摩根银行秘密合作。现在，格林斯潘的美联储与摩根和华尔街盟友再次联手，共同发起和推进20世纪90年代的证券化。因为他们看清楚了，这里面有着无限的潜力，但是这些银行必须抢到第一把交椅并且亲自制定新游戏的规则。这个新游戏就是“新金融”。

“股神”巴菲特一直对金融衍生品嗤之以鼻

在1995年的银行“改革”进军中，摩根银行是领军企业。这场进军的目的是摆脱传统的银行－客户贷款模式，向纯粹的信贷交易和风险交易转变。它们想在银行的资产负债表上聚集更大的财富，却不用再冒银行核算的风险。这是对贪婪和欺诈的公开号召。此令一出，世界上几乎所有的大银行，如德意志银行、瑞士银行、巴克莱银行、皇家苏格兰银行以及法国兴业银行，其后是摩根大通和花旗，像旅鼠一样排着队紧随其后向着新金融业“进军”。然而，最终到来的却是金融灾难。

然而，除了几家美国顶级银行以外，无人能跟上进军的“领队”。1995 年后，只有那几家顶级银行能够创造证券化的新世界、主导金融衍生品的发行。纽约的大银行率先将信用风险从银行的资产负债表上转移出去，办法是汇集债务、重组投资组合并再次售出，把客户持有的债务组合起来再去购买违约保护。新金融时代开始了，就像金融业的每一个重大创新那样，这个新金融时代也是慢慢地拉开序幕的。

很快证券化的新银行（如摩根银行）开始创造债务证券投资组合，然后打包，再一块一块地出售“违约拖欠的可能性”。“切片切块”就是这场新游戏的名称，目的是让发行和认购的银行迅速创收，也给投资者“按户定制的风险”带来收益。不久后，资产担保证券、债务抵押债券，甚至新兴市场债券，都被打了包切块出售。

1999 年 11 月 2 日，克林顿签署法令废除了《格拉斯－斯蒂格尔法》。从此，顶级银行收购证券经纪公司、投资银行、保险公司和其他各种金融机构不再受到任何限制。在此之前仅 10 天，格林斯潘才把注意力转向鼓吹住房按揭的银行证券化。

美联储主席格林斯潘在“美国社区银行家”（一个区域银行组织）的一次关于按揭市场的会议上说道：

> 今年第三季度的住房自住自有率提高到 67%，部分应归功于健康的经济扩张和强劲的就业增长。另外也是因为贷款的创新，正像你们一样，范围更广的按揭产品被创造出来了，因此有效地扩大了贷款来源，提高了认购的效率，创造出了更多的价值。我们需要简化贷款申请和发放过程，为个人购房者量身定制抵押贷款计划，在

这方面取得了很大进展，这是保持和提高住房购买率所必需的……社区银行集中体现了适应人口变化和技术突破所需要的灵活性和应变能力，开发其中包含的机会，并创造出可以提高自有住房率的抵押贷款的新形式。至于美联储，我们正在努力为你们提供帮助，为企业、住房和抵押贷款活动提供一个稳定的平台。[25]

1999 年 3 月 8 日，格林斯潘在抵押贷款银行家协会上说，他强烈支持推进房地产抵押贷款担保的证券化。他认为，这是未来的潮流。他对那些银行家说道：

住房抵押信贷的供给中的稳定性更高了，而且一直与拆分按揭贷款过程的各个环节相伴随。我们有一些机构是住房抵押贷款银行，它们筛选申请人并发放贷款。另外一些机构提供债务服务，它们提高效率的方式是大规模运营。还有一些机构（其中大部分的资金基础是稳定的）为抵押贷款提供永久的融资，参加按揭债务汇集-组合的就是它们。除去这一切之外，另外还有一些人把抵押资金组合的现金流分切，组合成更能吸引各种不同投资者的“切块”。经过这个过程后，住房抵押贷款担保证券的待偿债务总量增加到 2.4 万亿美元……自动认购软件正在越来越多地得到运用，因为需要处理的抵押贷款申请的数量上升很快。

这项技术不仅缩短了批准抵押贷款申请所花费的时间，而且还提供了一种首尾一致的评估方法，还可确保对首付和收入的规定、对应付利息的规定等能更准确地反映信贷风险。这些进展使得去年大大增加的抵押贷款申请能够顺利处理，相对于往年在再融资多发的形势下，信贷部门的高度紧张和沉重负担，新技术的优越性更加突出。越来越有能力管理风险是新技术最大的好处。* 展望未来，更多地使用自动认购和信用评分，我们有望创造出低成本、个性化的

---

* 原文如此。——笔者注

住房抵押贷款，同时还可根据风险调整定价。通过制定适合个人借款者需要的抵押贷款，明天的抵押贷款银行业将会为市场的每一个角落都提供更好的服务。[26]

不过，我们还要等到2000年美联储捅破网络股市泡沫之后，以及格林斯潘在2004年把美联储的联邦基金利率降到1930年大萧条以后的最低点1%之后，资产证券化才会爆发，变成一个市值数万亿美元的行业。

证券化：虚构出来的交易

因为证券化这个题目过于复杂，以至于所有的人，甚至它的创造者也没有完全理解风险的传播是如何进行的，更不用说去理解同时集中的系统性风险。

证券化是一个过程，在其中有一些资产被某个实体收购，这些实体有时被称为"特殊目的机构"（SPV）或"特殊投资机构"（SIV）*。

在特殊投资机构的情形中，有不同的住房抵押贷款，它们会被组合成所谓的资金组合或捆绑。一个特定的组合，比如说，房屋抵押贷款应收款，现在被赋予了新的生命——债券（资产担保债券），在这里就是抵押贷款担保证券。这个证券化了的债券是由现金流量或标的资产**的价值所担保的。

这一个小小的步骤中包含了难以把握的概念转换。这是一种用虚幻的抵押物来支持的债券，不清楚其真正的价值，也不可能弄清楚，不过现在世界上的银行大概都已经完全搞清楚了。***到了这个阶段，在资金组合里任何一笔具体的住房抵押贷款的法定权力都已经合法地模糊化了，

* SIV是structured investment vehicles（结构性投资工具）的简称。——译者注
** 又称为"基础资产""相关资产""指定资产"。——译者注
*** 意指价值为零。——译者注

这正是笔者在第一部分所指出的。那么，在这个链条中，还有谁能在这成百上千笔抵押债务中实际持有亲笔签名的抵押契约？现在是律师大显身手的好时机，清理华尔街的不透明性能用去他们好几年的时间。

证券化通常适用于非流动性的资产，就是那些不容易售出的资产，所以在房地产里称为“常规”。美国的房地产是世界上最不具有流动性的市场。每个人都希望离场，没人希望进场，至少不是在现在的价位上。

证券化适用于租赁财产的资金组合，适用于住房按揭贷款、住房净值贷款、学生贷款、信用卡或其他债务。从理论上讲，只要有稳定的、可预期的现金流，任何资产都可以证券化。在实践中，它却让美国的银行找到了规避更严格的、新的《巴塞尔新资本协议》（即“巴塞尔Ⅱ”）的途径。“巴塞尔Ⅱ”的目的就是尽可能地堵住“巴塞尔Ⅰ”中的漏洞——美国和其他银行钻了那些漏洞的空子，把贷款用批发方式甩给特殊的“账外”机构，也就是那些“特殊投资机构”。

因此，非流动的资产经过证券化被转换成流动性资产。在理论上，这样做的方式是汇集、认购和出售实有的财产所有权，即资产担保证券。住房抵押贷款担保证券是资产担保证券的一种形式，是2001年以来规模最大的资产担保证券。

美国各地房地产市场早在2006年就开始急剧下跌，“可调整利率”抵押的利率随之急剧上升，成千上万的家庭被迫“一走了之”，放弃无力支付的按揭房，或者被很复杂的证券化链条上的某一方剥夺“抵押品赎回权”，而这种剥夺常常是非法的，美国俄亥俄州的一位法官曾作出这样的裁决。2007年发生的这场房地产灾难的规模可以与大萧条比肩，甚至可能更大，事情才刚刚开始。这一年发生的“取消抵押品赎回权”事件比2006年多75%，在加州的“取消”事件比前一年增加了可怕的421%。

这个抵押贷款违约安排在实行的过程中把自己弄得千疮百孔，债务偿付的现金流出现了巨大的漏洞。因为整个系统是完全不透明的，没有人知道真正的情况，持有这些证券的银行搞不清楚哪些资产担保的证券是好的，哪些是不好的。就像大自然厌恶真空一样，银行家和投资者，特别是全球投资者，憎恨他们所持有的金融资产中包含的不确定性。现在，他们像对待有毒废料一样对待它。

新金融的大厦以住房抵押贷款的证券化为基础。可是，新金融的设计师们发现，把来自美国各地数百个信用资质完全不同的抵押贷款捆绑成一个大的抵押贷款担保债券还是不够。华尔街想把这东西出售给世界上的养老基金，还得再添加一点佐料。大多数养老基金只限于购买被评为 AAA 级的债券，那可是信用最高的债券。

一个信用评级机构，应该怎样评估一个假想的、由多个抵押偿付现金流组合成的债券？这个偿付现金流来自美国各地 1000 个不同的住房抵押贷款项目。但是，评级机构不可能派检查员到每一个城市去检验住房、与业主交谈。是谁在担保这种债券呢？不是发行抵押债券的银行，因为它们打折后立即售出了抵押贷款，以便将它从账本中销去；也不是“特殊目的机构”，因为它们仅仅使交易从抵押贷款认购银行中分离出去。什么也不需要了。信用评级三巨头（实际上是两巨头）登场了。

“抢座位”游戏

J.P. 摩根、摩根士丹利、高盛、花旗、美林证券、贝尔斯登和那些 2002 年之后参与了住房抵押贷款证券化游戏的人都很精明，从来不会一看到新障碍就乱了方寸。在住房抵押贷款爆炸性的增长中，他们为了得到最高的 AAA 评级，求助于三大评级机构。这样做很有必要，因为传统的企业债券，如通用电气或福特的债券背后是一个已知的、看得见的、由砖头和水泥建造的、具有长期信贷历史的蓝筹公司，由这个公司担保债券。但是“资产担保证券”却没有“有形”公司的支持，有的只是来自美国各地的按揭抵押合同。

“资产担保证券”（或债券）是一个“卓越”的人工创造物。它的合法性已经受到美国法律的质疑。合法性的缺失暗示着需要一家信用评级机构进行评级，这对这类债券获得可信性而言必不可少，或至少通过评级可以给它一个“可信的外表”。从目前证券化的崩溃中，我们很快就能知道评级是怎么回事。

新金融大厦得到了格林斯潘的美联储和二十多年来历届美国政府的支持。它的核心处有三家无人管制的私营公司，处于事实上的半垄断地位。这三家公司的业务是为所有的证券化的资产提供信用评级，当然是要收费的。

这三家信用评级超级大腕主宰了全球信用评级业务，其中穆迪投资服务公司是全世界最大的信用评级机构。在证券化高潮的那几年，穆迪的定期报告显示其评级总收入的利润率超过 50%。全球评级卡特尔中的其他两个评级机构是标准普尔和惠誉。这三家都是美国公司，与华尔街和美国金融界血脉相连。美国垄断全世界的信贷评级业务不是一个偶然事件——这个框架就是这样设计的，这是纽约实施金融统治的一个重要支柱。控制信用评级领域正是为了美国全球力量的投射，与美国主导核武器一样都是权力因素。

美国劳工部前部长、经济学家罗伯特·赖克识别出评级中的一个核心问题，即它内在的利益冲突。他指出：

> 向信用评级机构付款的正是打包出售被评定债券的同一家机构，如果一家投资银行不喜欢评定的级别，它可以不付钱。就算它喜欢，付钱也要等到证券出售之后。懂了吗？这就像电影制片厂聘请影评人来评论电影，除非他们的评语很好而且使得很多人来看电影，才会付钱给影评人。
>
> 股市崩溃以前，信用评级机构红火得很。从 2002 年到 2006 年，穆迪的利润增加了 1 倍以上。抵押担保债券发行者的运气好得无法想象。需求大涨，因为高评级扩大了市场。交易商除了评级什么都不看……一个几十亿美元的音乐伴奏抢座位游戏。可是，音乐声一下子

就停了。[27]

全球三大评级机构——穆迪、标准普尔和惠誉被直接置于调查的聚光灯下。它们事实上是仅有的对华尔街和其他银行抵押证券进行评级的机构。被评级的有房产抵押贷款债券、债务抵押债券、学生贷款担保证券、彩票中奖担保证券和无数其他证券。

据行业出版物《抵押金融内情》的信息，2005年后的两年内发行的9000亿美元次级抵押贷款中，大约25%被评级机构评为最高的AAA级。也就是说，有超过2200亿美元的次级抵押贷款证券被穆迪、惠誉和标准普尔评为最高的AAA级。到了2007年夏季，当全国住房抵押贷款的违约率像滚雪球那样越滚越大的时候，这些评级机构垮台了。

上了战场，评级机构一败涂地。它们给予AAA评级所使用的模型假设是一个商业秘密——“请相信我们吧……”

笔者访问过的一位经济学家曾经在美国评级业内工作，能够获得穆迪、标准普尔和惠誉实际上使用的模型假设；其实，它们的评级方法都是事先确定的，而且事先就决定要给无法确定的新证券最高的评级。评级人员拿大萧条之后利率最低的一个时期的违约比率（低于通常时期）做标准，用外推法来估计当下的情形，所以次级债券不论是即期还是远期都是AAA级信用。他们还用历史数据证明，经济衰退很少在全美国50个州一起发生，而总是局限在一个或少数几个州内。因此，如果把来自许多不同地理区域的抵押贷款打包成一个证券，违约拖欠的风险就是微不足道的。

按照这个思路，甚至可以说风险更大的次级抵押贷款的违约风险“在历史上几乎都是微不足道的”。穆迪的AAA级评级使华尔街投资公司得以向养老基金或任何人出售房产抵押贷款债券，从这里可以“增加收益”而又没有任何风险。这就是所谓的理论。

正如奥立弗·冯·施魏尼茨的著作《信用评级机构：它们的业务、监管和责任》里所指出的，不评级的证券化是不可想象的。由于资产担保的抵押贷款证券化的特殊性质，这些资产担保证券“虽然被标准化了，但只是一次性事件，而其他种类的证券（如公司债券、政府债券）一般是多次和重复地作用于参与者的。重复的事件比一次性事件具有更少的欺诈动机”。[28]

换句话说就是，资产担保证券比传统债券包含的欺诈动机要明显得多。

穆迪和标准普尔的特殊地位

根据美国现有法律，三大顶级信用评级机构享受的是独一无二的地位。它们被政府的证券交易委员会认可，是全国通用的统计评级机构。美国国内一共只有四家信用评级机构，第四家要小得多，是加拿大的企业。前三家评级机构对全世界的信用评级业务拥有事实上的垄断。

美国有关评级机构的唯一法律《2006 年信贷机构改革法》，这是一只“没有牙”的老虎，是在安然公司破产之后通过的；安然公司宣布破产前四天还得到过一个“投资级”的评级，震惊的公众要求对评级机构进行详细审查；可是《2006 年信贷机构改革法》对标准普尔、穆迪和惠誉事实上的垄断地位毫无威胁。

欧洲联盟对安然公司和意大利帕玛拉特公司的欺诈事件也作出过反应，要求调查给帕玛拉特评级的美国评级机构是否有利益勾结、评级方法的透明程度（其实完全不透明）以及是否有竞争性。

经过几年的“研究”，加上参与证券化游戏的欧盟大银行很可能的幕后活动，欧盟委员会于 2006 年宣布，它要做的事情只是“继续审查”* 这些信用评级机构。没有竞争对手的穆迪、标准普尔和惠誉在欧洲评级行业说话也是算数的。

---

* 原文如此。——笔者注

根据美国的法律，评级机构不用承担“错评”的赔偿责任，尽管全世界的投资者在验证信用资质的时候，尤其验证对证券化资产的信用资质时，往往只依赖穆迪和标准普尔的评级。《2006年信贷机构改革法》完全不涉及评级机构的赔偿责任。因此，这部有关评级机构的唯一法律是毫无价值的一纸空文。

正如冯·施魏尼茨所说：“《1934年证券交易法》第10B-5条款可能是起诉资本市场欺诈行为最重要的依据。”这条法规的内容是“任何人……对具体事实做不真实的陈述是非法的”。这话听起来有点具体了，但是最高法院不这样看——在2005年杜拉制药厂诉布鲁多案件的裁决中，最高法院确认“评级”不是“对具体事实的陈述”，不属于第10B-5条款所规定的范围。穆迪、标准普尔或惠誉的评级“只是一个看法”，它们受《美国宪法》第一修正案“言论自由”的保护。

穆迪和标准普尔可以把安然、帕玛拉特或次级证券说得天花乱坠，想怎么说都是它们的自由。这不是一个自由的国家吗？每个人不是都有权发表自己的看法吗？

美国的法院一次又一次地裁决金融市场“有效”，说市场能发现公司或证券的不端行为，并且最终给它们打分——“定价”；不要去为评级机构焦虑……[29]

这显然就是格林斯潘在不断反对针对新兴的资产证券化革命实施任何管制措施的时候，满脑子里想象的那种“自律”行为。

证券化革命得到了美国政府“非礼勿视”般的政策“背书”——对金融托拉斯有利就是对国家有利。通用汽车公司总裁查尔斯·威尔逊在20世纪50年代是这样说的：“对通用汽车有利就是对美国有利。”荒谬变成了荒唐。

单一险种保险

那些没有得到AAA评级的房地产抵押贷款债券（即次级债券）还需要一个解决方案。精明的华尔街人想出了很巧妙的办法。

他们发明了“单一险种保险”，就是让抵押贷款担保证券的发行机构对“资产担保证券的违约拖欠”提供担保——格林斯潘证券化革命的又一个新花样。

单一险种保险在20世纪70年代初仅用于对市政债券的担保。只是格林斯潘的证券化革命才使它异军突起。

该行业的行业协会认为：“单一险种的安排使我们做到了把全部注意力都集中到增加资本市场客户的价值这一点上来。”它们的确增加了市场的价值。据2007年12月的可靠估计，11家单一险种保险公司提供了保险担保，以便价值超过2.4万亿美元的资产担保证券得以证券化，其支付能力评级能达到AAA级，可是这11家公司都资本匮乏、监管松散，它们的总部都设在纽约，接受纽约州的监管。

单一险种保险是以欺诈行事的华尔街游戏中的一个基础性要素，这个游戏的名字就叫“证券化”。只要支付一定的费用，就会有一个专业的保险公司（“单一险种”这个名称就是这样来的）来承保，担保的前提是“经济不下滑、不衰退，次级抵押贷款房主不会拿不出每个月都要交的按揭款”。

单一险种保险行业协会的官方网站是这样说的：“金融担保协会是市政债券和资产担保证券的保险公司和再保险公司的同业公会。金融担保协会会员承诺履行以下不可撤销的义务。由它承保的债券或其他证券发生违约拖欠时，利息和本金的及时全额支付将得到无条件的保证。”现在它们会后悔曾经这样承诺过，因为次债的重组、愈演愈烈的经济衰退和高发的抵押贷款违约率带来的赔偿要求对这些小规模的、缺少资本的单一险种保险（公司）而言，实在是太夸张了。

那几家主要的单一险种保险公司大多鲜为人知，包括ACA金融担保公司、美国城市债券保险公司、保证担保公司、蓝点再保险公司、CIFG、金融担保公司、金融证券保险公司、MBIA 保险、PMI 担保公司、雷迪安资产保证公司、RAM 再保险公司和 XL 资本保险公司。

慎重的读者可能会问："谁来承保这十一家单一险种保险公司呢？它们在资产担保证券（ABS）金融革命五年多的时间里担保的偿付规模可是达到了几万亿美元的规模啊！"

三言两语说不清这个问题。它们说过："金融担保协会的八家公司获得了 AAA 支付能力评级，两家公司获得 AA 支付能力评级。"正是穆迪、标准普尔和惠誉把 AAA 或 AA 评级送给了这些公司。

有了 AAA 信用评级的债券保险机构的担保，借款成本就会小一点，就会有更多的投资者想购买这些债券。

当 2003—2006 年期间，平均拖欠的比率远远低于 1% 的时候，单一险种保险公司承保这类债券似乎毫无风险。于是，这类公司用杠杆把自己的资产支撑起来，建立新的会计账本，以 100 倍甚至 150 倍的（承保额 / 资产）比例承保风险，在这类公司里已经司空见惯。例如，只有 57 亿美元资本的"美国城市债券保险公司"的承保金额竟然达到 5500 亿美元。

纽约州的保险监督局（作为单一险种保险公司的唯一监管机构）在 1998 年允许单一险种保险公司出售"资产担保证券"的"信用违约互换"，如住房抵押贷款证券的信用违约互换。要设立其他的空壳公司 *，它们会拿信用违约互换去向银行换取"用住房抵押贷款担保的证券"。

单一险种保险公司进军证券化债券领域，是大为有利可图的投机行为。保险金融控股公司的保费收入在 1998 年时为 2.35 亿美元，2007 年已达到 9.98 亿美元；2008 年比 2007 年又增加了 140%。然后，就发生了美国的次贷危机。单一险种保险公司的传花游戏刚刚玩到兴头上，鼓声就突然停了。整个局面陷入了死一样的寂静之中。

---

* 由另外一家公司接管以便用其名称获取优势的公司。——译者注

银行持有的债券中，其按揭部分发生了违约拖欠的情况——2006 年承购的次级抵押贷款在 2008 年 1 月的违约拖欠率达到了 20%——单一险种保险公司必须出手了。该是掏钱履行保险责任的时候了。

2008 年 2 月 3 日，据美国保险金融控股公司披露，仅仅 3 个月内就发生了 35 亿美元的诉讼费及其他费用，一个季度的亏损就是 23 亿美元。这只是冰山一角。保险分析师唐纳德·莱特在被问及“潜在的下跌损失有多大”时，他表示：“没有人知道。也许到 2008 年第三季度或第四季度还是没有人知道。”我们在那个时候看到这些公司所遭受的损失极为惨重。

信用评级机构开始降低单一险种保险的信用评级了，把人人珍视的 AAA 级评级拿走了。这意味着单一险种保险公司将不会再有新业务，它所担保的债券也不再拥有 AAA 评级。

迄今为止，被惠誉和标准普尔下调评级的唯一一家单一险种保险公司是财政担保保险公司（FGIC）。降级是对这种公司的撒手锏。“美国城市债券保险公司”是第二大单一险种保险公司，已被惠誉降到 AA 评级；其他同类公司其实也都面临各种不同的警告。

评级机构采用过一种“计算机模拟压力测试”的方法，试图测定单一险种保险公司能否“在违约拖欠水平与大萧条相等时实施理赔”。那么，在真正的危机中，单一险种保险公司能够拿出多少资金理赔呢？它们声称：“我们对成员担保的理赔资金……总额可达 340 亿美元以上。”[30]

这 340 亿美元放在 2008 年危机的“无底洞”里，只不过是杯水车薪。据估计，在资产证券化市场上，全部交易量的 1/3 是 AAA 级的单一险种保险公司承保或“兜底”的。投资者对变动不居的担保（物）或者历史很短的承保人所要求的，只是一件“保证没事”的“长袍”。[31]

据证券业和金融市场协会所说，2006 年年底，美国共有大约 3.6 万亿美元的资产担保证券，包括优质和次级住房抵押贷款、房屋净值贷款、信用卡、学生贷款、汽车贷款和设备租赁等证券。幸好这 3.6 万亿美元证券不会都拖欠，也不会一起违约。但是金融担保协会的单一险种保险公司几年来承保的资产担保证券高达2.4万亿美元，就像扛着一座山。私人分析师的估计是，2008年2月初保险公司最乐观的支付需求也会超过2000亿美元。纳税人在选举年要进行如此规模的救助，这真是一个拉选票的好理由。

整个证券化革命就是允许银行把资产从账本上转移到不受管制的不透明通道里去。它们把按揭贷款打折出售给美林、贝尔斯登、花旗集团等类似的金融证券机构。然后，这些公司又把担保债券出售给它们自己的那些名义上独立的所谓"特殊投资机构"，这种投资机构的最吸引人之处在于，它们自己可能发生的损失和承保银行是分开的，至少在理论上是这样。一旦特殊投资机构持有的各种资产担保证券失去控制，受损失的只有特殊投资机构自己，花旗集团或美林公司都没事。

来自次级抵押贷款等低质贷款的没有保证的收入流只要能被捆绑成新的房产抵押贷款债券一类的证券，就可能得到"单一险种保险公司"的保险——我们把它叫作"金融伟哥"，这是给垃圾贷款如"无收入、无资产抵押贷款"（NINA）、"说谎贷款"（liars' loans）和所谓的"有收入声明的贷款"壮阳用的。在一直持续到2007年7月的格林斯潘"房地产经济"期间，这就是人们每天都在干的活。

据一个消费者保护团体"抵押贷款经纪人负责任贷款协会"称，2006年之前，"说谎贷款"在美国抵押贷款中的比率是62%——令人瞠目结舌。2006年，弗吉尼亚州对"有收入声明的按揭贷款"进行过一次独立抽样审计。审计人员发现，如果用美国国税局（IRS）的记录对照，几乎60%的此类贷款*被夸大了一半以上。谎报收入的人现在遭了报应——像落汤鸡一样逃走了，而房地产违约拖欠危机已经把整个美国房地产市场横扫了一遍。这样看起来，泰森食品公司养鸡场的鸡粪堆简直就是童话里的仙境一般。[32]

* 指申请贷款时申报的收入。——译者注

如果没有证券化、格林斯潘领导下的美联储全力支持《格拉斯－斯蒂格尔法》废除、单一险种保险的存在、顶级评级机构的内部勾结，以及抵押贷款发放银行把风险出售给承保公司、承保公司得到 AAA 评级并进行捆绑销售，这一切本来是不会发生的。[33]

格林斯潘的新金融革命事实上就是向每一个层次的欺诈行为放开了闸门，从住房抵押贷款经纪人、贷款机构到华尔街和伦敦的证券化银行，再到信用评级机构。把价值千万亿美元的新证券化资产的监督权放到贝尔斯登、美林和花旗集团和它们的评级机构手里，由着它们去搞秘密的“自律”，实在是让它们自取灭亡。[34]人们不用等待很久了，2007 年金融世界发生了真正的“海啸”，全世界应该都把这场大戏看明白了。

第十章

信用破产：

金融海啸与美元体系的终结

The End of the Dollar System

看那，必有七个大丰年遍布埃及，随后就发生七个荒年，丰裕被埃及大地遗忘，饥馑必将销蚀这片土地。

——《圣经旧约·创世记》

危机从德国工业信贷银行爆发

以美国为中心的证券化大厦的裂痕始见于2007年6月，涉及的财产价值高达数万亿美元。最初只是设在纽约的世界上最成功的投资银行之一贝尔斯登旗下的两家对冲基金发生了流动性危机。据报道，布什家族巨额财富的一部分就是由这家银行打理的。

这两个对冲基金向次级抵押贷款证券投入了很多的资本。危机带来的破坏很快蔓延到大西洋彼岸，击中了德国的一家小小的国有银行——德国工业信贷银行。2007年7月，这家德国工业信贷银行的独资资金渠道——莱茵兰基金，拥有大约200亿欧元“资产支持商业票据”。7月中旬，投资者不同意莱茵兰基金的部分“资产支持商业票据”转期（用新债券换购旧债券），这迫使欧洲中央银行将创纪录的大量流动资金注入市场，以便使银行体系保持流动性。

莱茵兰基金请求德国工业信贷银行提供信用额度，德国工业信贷银行声明它没有足够的现金或流动资产可用，必须在获得80亿欧元紧急信用贷款之后才有办法。这笔钱由它的大股东——德国复兴信贷银行提供。国有的德国复兴信贷银行是20世纪40年代第二次世界大战结束后执行“马歇尔计划”、帮助德国重建的那家银行，这实在是一个讽刺。世人不久就会明白，全世界正急需一个新的“马歇尔计划”或类似的金融方案。然而，这一次的目的是为了拯救美国经济，没有人愿意出钱了。

德国复兴信贷银行的干预不仅没有缓解市场的恐慌情绪，反而引起了囤积储备和挤兑——要求兑现外国银行的“结构性投资工具”发行的所有“账外”商业票据证券。

“资产支持商业票据”证券是证券化革命的一大成果，也是格林斯潘和美国顶级金融集团的大作，它可以转移银行资产负债表上的风险，同时又让银行从结构性投资工具中获取巨额利润。

发行以商业票据为基础的证券是结构性投资工具的普通业务。这种证券是用发行商的基本资产组合的投资收益现金流来支付的。“资产支持商业票据”证券属于短期证券，一般不超过270天。最重要的是，它不受《1933年美国证券法》的监管，不用登记注册。它是没有登记的证券，这是一个巨大的漏洞。“资产支持商业票据”证券的抵押物，通常是商业应收款、信用卡应收款、汽车和设备贷款和租赁以及债务抵押债券的组合投资资金。

在德国工业信贷银行这个案例中，现金流本应来自美国的用“债务抵押债券”（CDO）作为抵押的次贷投资组合。现在的问题是，“有资产支持的商业票据”投资人面前的资产质量恶化——构成证券抵押基础的一部分个人贷款发生了违约拖欠。这正是2007年夏天从美国抵押信贷市场上开始倒下的一张多米诺骨牌。

债务抵押债券的问题是发行之后很少进行交易。它们的价值不是由市场决定的，而是用复杂的理论模型算出来的。

2008年夏天，当世界各地的债务抵押债券持有人突然急需流动资金去对付市场抛售的时候，他们看到的是债务抵押债券的市场价值远低于账面价值。所以，他们没有卖出债务抵押债券，出售的是高品质的可以变现的蓝筹股、政府债券、贵金属等，以筹集现金弥补损失。

明明是债务抵押债券的危机，结果导致债务抵押债券和股票价值两边都受了损失。资产价格的下跌再进一步传染到对冲基金。这个戏剧性的价格崩溃是对冲基金使用的所有定量理论模型都无法预测的，受到打击的正是贝尔斯登的两个内部对冲基金呼风唤雨的那个市场。大型对冲基金的重大损失进一步提高了不确定性，放大了危机。

这只是危机的开端，还将发生很大的间接损失。所有的模型都失灵了。

2007年年中，不可避免的危机终于爆发。不透明是危机真正的根源。透明度消失，是因为市场上的玩家在分散风险的时候，不用透明的方式、不用大家可以接受的风险预期经济学理论来处理风险，反而去“证券化”风险，在推销高回报、高风险的证券化产品的时候，他们有意隐瞒了由此带来的风险。还有，信用评级机构对新金融产品的内在风险视而不见，睁一只眼闭一只眼。它们在给证券评级的时候所用的模型，正是金融公司也在用的那个有缺陷的风险模型。债券其实很少被交易，所以根本不清楚这些被制造出来的金融产品的价值。[1]

忽视长期资本管理公司的经验教训

自2007年8月以来的信心崩溃中，银行系统和一场系统性的危机“面面相觑”：银行间的资金拆借市场是全球银行体系的心脏，而这个市场是以“资产支持商业票据”为基础的。现在这场危机仍然有多米诺骨牌式崩溃的危险，就像1931年欧洲的局势，当法国银行出于政治原因推倒了奥地利银行业的信贷业务后出现的崩溃局面。格林斯潘的新金融正是不稳定性的中心：新金融是他的“动荡的年代”[2]——别人为他写的传记就用这几个字当了书名。

世界金融体系以前曾经遇到过系统性危机的威胁，在1998年9月，康涅狄格州格林威治的长期资本管理公司对冲基金倒闭。正是由于格林斯潘领导的美联储配合央行进行了非同寻常的干预，才防止了一场可能的全球性危机的发生。

长期资本管理公司危机具有能占卜的种子，从里面可以看到10年后数万亿美元的资产证券化市场发生的所有问题的缘由。奇怪的是，格林斯潘和其他身居高位的人一贯拒绝吸取这里面的严肃教训。

触发此次危机的表面原因，是对冲基金风险模型没有预见到的事件。他们的投资战略的基础，是他们认为可以预见的外币 / 外债券的温和变动范围；历史的交易实绩被当作经验数据依据。可是，当俄罗斯宣布卢布贬值、国债违约的时候，长期资本管理公司的风险模型的参数马上“触礁”，模型也立即“搁浅”。主权债务违约拖欠不是“常态”事件。

现实世界不同于华尔街任何一种风险模型的假设，它不是常态的，非常难以预测。

为了弥补损失，长期资本管理公司及其债权银行开始在恐慌中抛售一切它们能够变现清偿的资产，引发了其他对冲基金和银行的恐慌性抛售，大家都努力试图轧平头寸。受此影响，美国股市应声下跌 20%，欧洲股市下跌 35%。投资者购买安全的美国国债以躲避损失，把利率拉低了整整一个百分点。随后，长期资本管理公司高度杠杆化的投资模式开始动摇。截至 1998 年 8 月底，该公司已损失了 50% 的资本。

1997 年夏天，对冲基金是进攻经济高速增长的“亚洲四小虎”弱势货币的急先锋。当马来西亚总理马哈蒂尔公开呼吁国际社会控制对冲基金阴险的投机活动时，他犯了金融市场上的忌讳，点出了攻击亚洲金融最大的对冲基金——索罗斯的量子基金。在美国财政部部长鲁宾（原高盛公司负责人）和格林斯潘的美联储的庇护下，不透明的海外对冲基金从来没有受到过有效监督。相反，它们在亚洲和全球犹如进入了无人之境，到 2007 年时已成长为拥有 1.4 万亿美元资产的巨型基金。

“荣膺”诺贝尔奖的经济学家们

长期资本管理公司危机的要害，也就是它触动全球金融体系基础的地方：谁卷入了危机和提出了什么样的经济假设，这是一个最基本的问题，而那个引发崩溃的资产证券化风险模型所依据的假设就是错的。

1998年年初，长期资本管理公司持有48亿美元的资本、2000亿美元的组合投资，其信用额度来自美国和欧洲的大银行；出借贷款的银行最希望的当然是基金成功、赚钱无数。这家长期资本管理公司手中持有的金融衍生品名义价值达到了1.25万亿美元——不受任何管制的海外对冲基金竟然持有如此巨额的期权投资组合（包括金融衍生品），这是闻所未闻的天方夜谭。美梦很快变成了噩梦。

按照华尔街的行话来说，长期资本管理公司是一个“人缘”非常好的公司，好得令人难以置信：它的投资者之一是意大利的中央银行，可见这个基金的“人缘”有多么好。

全球许多顶级银行都怀着热切的期望来投资长期资本管理公司，其中有信孚银行、巴克莱银行、大通银行、德意志银行、瑞士联合银行、所罗门美邦、摩根大通、高盛、美林、瑞信、第一波士顿、摩根士丹利添惠、法国兴业银行、农业信贷银行、法国巴黎银行和雷曼兄弟等。也正是这些银行，时隔不到十年，纷纷陷入2007年证券化危机的旋涡中心。

当时，美国财政部部长鲁宾曾对新闻界发表讲话，试图把这场证明了整个风险模型根本性缺陷的危机说成个案。他声称：“长期资本管理公司是一个孤立的个案。纽约联邦储备银行的判断是，这个失败可能有一些系统性的含义。它召集了一些私营的同行机构，让这些机构自己判断它们的经济利益何在。”

长期资本管理公司令人仰视的原因之一，是管理它的那支“梦之队”。它的首席执行官和创始人约翰·梅里韦瑟是华尔街传奇的人物，在发生了购买美国国债的丑闻后，他就离开了所罗门兄弟公司。但是，这并不会打击他的信心。当被问及他是否相信市场的高效率时，他很谦虚地回答说：“是我让它们变得更有效率。”

该基金会的主要股东包括两个风险“科学”的显赫人物：迈伦·斯科尔斯和罗伯特·默顿，两人因金融衍生品的研究工作而于1997年被瑞典科学院授予诺贝尔经济学奖。长期资本管理公司还聘用了令人眼花缭乱的金融教授、数学和物理学博士和聪明的“火箭科学家”式的股市分析高手。他们能把复杂到极点的最大胆和最有利可图的金融计划发明出来。

布莱克－斯科尔斯模型：风险模型的致命缺陷

斯科尔斯和默顿只搞错了一样东西：他们的风险原理错了。在错误假设的基础上，他们建立的模型也全都是错误的——模型建立在沙滩上了，一错到底。

期权定价的数学模型假设了一个完美的市场：因市场深不可测，所以交易者的行为不会影响价格。他们还假设市场本身和参与者都是理性的。现实却恰恰相反，从长远来看，市场基本上是不理性的。可是，在过去的二十年甚至三十年里，布莱克、斯科尔斯等人的风险定价模型让银行和金融机构都深信不疑：传统的贷款方式显得过于谨小慎微，同时也太过时了。有了恰当的期权保险，风险的事就不用再操心了，尽情享受由此带来的利益……

布莱克－斯科尔斯模型被引进芝加哥期货交易所后，每一次发生大规模市场恐慌时的实际市场条件都被忽略了。1987 年股市崩盘和救助时的期权和“组合保险”表现出来的根本性作用也被忽略了。这个模型还忽略了 1998 年击垮了长期资本管理公司的那次危机的原因，而斯科尔斯和默顿两人都是这家公司的合伙人。华尔街和格林斯潘的美联储经济学家和管理者一起，轻松愉快地把显而易见的问题放了过去。

金融市场并非平滑有序的，没有表现良好的模式，这与几十年来在每一所商学院所讲授的宗教教义*完全相反。在这些理论中，正态分布所

---

* 即经济学。——译者注

遵循的高斯钟形曲线被当成了宇宙的法则。现代金融工程理论被冠以很严肃的名称——“金融经济学”，设计它的主要人物都获得了诺贝尔奖。这些事件把耀眼的光环套在这个有根本缺陷的模型上，赋予它像教皇那样永远不会犯错误的神圣地位。

1987 年的股市崩盘仅过去三年，瑞典诺贝尔委员会便将奖项授予了哈里·马科维茨和默顿·米勒。在 1997 年亚洲金融危机后，同一个委员会又为罗伯特·默顿和迈伦·斯科尔斯颁了奖。[3]

自从金融衍生品在 20 世纪 80 年代诞生后，在 21 世纪前后，它随着资产证券化而火爆起来的十年中，这个有严重缺陷的风险模型被广泛使用却几乎没有被质疑过，倒是个非常值得注意的现象。

长期资本管理公司拥有华尔街的王牌投资银行家和两个获诺贝尔奖的经济学家——正是他们发明了适用于从股票到货币的一切项目的定价衍生机制理论。在这个明星阵容的最前排是戴维·马林斯，格林斯潘时代美联储的前副主席：他辞去了在美联储的职务，来做长期资本管理公司的合伙人。

尽管拥有如此显赫的团队，长期资本管理公司的交易员和那些跟着他们一起走到 1998 年 8 月金融深渊边缘的人，却拿不出一个对冲工具，让他们用来防范系统性的风险——他们现在必须对抗的那个风险。只要有一件“不可能的事”（如俄罗斯国债违约拖欠）被证明是有可能发生的，系统性风险马上就会成为他们的拦路虎。

尽管长期资本管理公司的倒闭给了人们明确的教训——过去和现在都没有任何可以防范系统性风险的金融衍生品，格林斯潘、鲁宾和纽约的银行还是继续构建他们自己的风险模型，似乎什么都没有发生过。俄罗斯国债违约拖欠被当作“百年一遇的事件”而不予考虑。华尔街银行家们继续吹涨信息技术泡沫，结果吹出了人类历史上最大的金融泡沫——2002—2007 年间的资产证券化泡沫。

生活绝不会按钟形曲线分布

风险和风险定价事件绝对不会遵守钟形曲线分布，石油开采和金融市场也是如此。1900 年，一个不为人知的法国数学家和金融投机家路易·巴歇利埃提出，债券或股票的价格变动会遵循钟形曲线——德国数学家卡尔·弗雷德里克·高斯设想的一条曲线，那是绘制各种事件的统计概率图形的一个研究模型。价格的钟形曲线假定价格的随机性波动具有一种比较温和的形式*，就像设计智商测试的标准那样，把 100 定义为“平均值”，然后就用它当“钟形”的中心点。这只是一种有点用处的“炼金术”，仅此而已。

把金融价格的表现假设成钟形分布曲线，这给了华尔街“火箭科学家”一个机会，他们可以永无休止地推出金融新产品流，每一个产品都比上一个更加神秘、更加复杂。“大数法则”也被加进来了——只要一种事件发生的频率足够高（如抛硬币或掷骰子的次数），在长期中变量的观测值就会向一个稳定的点收敛。大数法则在现实中根本不是科学的定律，但它却允许花旗集团、大通银行之类的银行发行数以亿计的万事达信用卡，而又不去检查信用状况，于是从数据上看，在“正常”的时期，信用卡偿付违约是如此罕见，以至于根本不必去考虑它。[4]

以钟形分布曲线或者大数法则为基础的模型在不正常的时期就会出大问题，就像美国经济今天正在开始进入的时期——和 1931—1939 年也许不相上下的急剧的经济衰退时期。

最明显的是，美国的理论经济学家和华尔街投资银行家、美联储系统的银行行长、财政部部长、瑞典的诺贝尔经济学奖评委、英国的财政大臣、高街**银行家、英格兰银行董事会等，全都当了把头埋进沙子里逃避现实的鸵鸟。经济理论、市场行为理论、衍生品风险定价理论，所有这一切不仅无法预测非线性的意外，更不能预防这种意外。[5]

---

* 即连续性、渐进性、平滑性。——译者注

** 英国俗语，一般代指城市的主要商业区。——译者注

数万亿美元的全球信贷义务或契约就是以上述理论为依据创造出来的。这个理论没有预测投机泡沫破灭的能力，不论是在1987年10月、1994年2月还是在2002年3月，尤其不能预测2007年6月以后的形势。它之所以不能预测，是因为导致毁灭性泡沫的条件正是这个理论模型自己创造出来的，正是这个理论使泡沫越吹越大并且越来越具有破坏性。金融经济学只不过是无缰野马式的投机性泛滥的别名。这个投机性过程导致了17世纪荷兰郁金香投机狂热以来最大的泡沫和随后的破灭，这是完全无法避免的。

一个理论如果不能解释如此重大的问题——非线性的意外事件——是没有意义的，就是把诺贝尔奖发给它也没有用，根本不值得浪费笔墨。可是，美联储的首脑们，首先是艾伦·格林斯潘，然后是美国的历任财政部部长——罗伯特·鲁宾、劳伦斯·萨默斯和亨利·保尔森，都成功地引导了国会不去进行任何立法、不实施监督，任由那些怪诞的金融工具被一个一个制造出来，而这些金融工具所依据的理论和现实世界其实毫无关系。

1998年9月29日，路透社报道：

> 甚至在长期资本管理公司崩溃和对它进行救援后，任何规范和管理金融衍生品的努力都没有取得成功。星期一晚些时候，美国参众两院的谈判者达成的一致意见是，禁止商品期货交易委员会*扩大对衍生工具的监管。本月早些时候，参众两院农业委员会的共和党主席提出要求，制定限制商品期货交易委员会权力的条款，减少它对场外金融衍生品交易的监督权，这表达了产业界的关注。

产业界当然是指大银行。路透社还报道：

> 监管的话题刚刚被商品期货交易委员会提出，美联储主席格林斯潘和财政部部长鲁宾就跳出来为产业界辩护，说产业界不需要管

* 名义上监督衍生品交易的政府机构。——译者注

制，如果要实行管制就会把业务推到海外去。

毫不留情地拒绝对新金融工具（如信用违约互换和按揭贷款证券等）实施任何监管，使“传播风险”的奇异的金融创新多到不可计数，加上 1999 年终于废除了《格拉斯－斯蒂格尔法》（该法严格分离证券交易银行和商业贷款银行），所有这一切，在 2007 年 6 月打通了走向百年之内的第二次大萧条的道路。未来的历史学家一定会把它看作一个起点，美国作为全球金融的主宰，已经从这里开始走向最终的灭亡。

诈骗成了新时尚

1998 年，俄罗斯国债违约拖欠和长期资本管理公司系统性危机的教训，几周以后就被纽约金融集团的高层们遗忘了。美国银行界的金融巨头利用 MBA 神童“火箭科学家”的分析报告、钟形曲线和带有致命缺陷的风险模型，掀起了一股新浪潮——大并购。与此同时，利用非常巧妙的方式把贷款的风险从银行账本上转移出去。他们就这样开创了世界历史上公司和金融诈骗最盛行的时代，同时也为资产证券化的财运打开了大门。

《格拉斯－斯蒂格尔法》于 1999 年年底被废除后，美国的银行业发生了全局性的急剧变化：大银行抢劫（收购）竞争对手（如保险公司、消费信贷或融资机构），现在没人监管了。资产证券化革命准备就绪。

自《格拉斯－斯蒂格尔法》废除以后，还受监管的只有银行控股公司和下属的只经营银行贷款业务的机构，它们由美联储直接监管。不过现在花旗集团可以关闭它在次级贷款社区里由政府监管的分行，然后就地成立一个新的不受监管的全资子公司——花旗金融服务公司，专营次级贷款在本区域的业务，花旗金融服务公司的操作环境马上就完全不同了。

花旗金融服务公司还发行了和花旗银行无关的住房抵押贷款。有消费者团体指控它追逐贷款对象，专门经营“掠夺性贷款”。它使得那些无良的抵押贷款经纪人或销售人员“捕猎”既没有钱也没有处理风险能力的家庭，向它们发放次级住房抵押贷款，可是它们根本没有还款能力。而在美国的大银行和抵押贷款机构中，花旗只不过是代表之一。

花旗集团在2008年1月8日还大张旗鼓地出版了《美国住宅抵押贷款业务》手册，内容包罗万象，有按揭申请和启动方法、服务细则和证券化步骤，就是没有写上花旗金融服务公司，这很奇怪，因为它恰恰是账本上风险最多的风险公司。[6]

“说谎贷款”、“无收入、无资产抵押贷款”和银行诈骗狂欢

美国的贷款银行很快就发现，它们坐在比加利福尼亚金矿还要大的聚宝盆上。这些银行不再担心房屋抵押贷款人是否有能力在未来数十年中还清贷款。它们看到，当下最新的赚钱之道就是扩大贷款总额以及向证券化机构转售债务。

银行开始把按揭贷款业务外包给自由职业经纪人，这个做法很快流行起来。经纪人不去亲自审查贷款人的信用资质，往往是完全依赖网上的信用调查问卷，流程与万事达信用卡的申请差不多，而且不会开展后续调查程序。抵押贷款的发行银行给外包经纪人提供奖金，这种做法也流行起来，这可以激励他们去完成更多的“签字生效”的抵押贷款合同，因此大规模欺诈在这里又得到了一个机会。贷款总额越大，银行从中获得的利润就越多，债务反正可以马上出售给华尔街的证券化机构。如此一来，传统的银行贷款业务就本末倒置了。

银行不再有动力去调查贷款户的最低首付能力和详尽的信用背景，许多美国银行只是在凑贷款数量，为了增加收益而签订自己戏称为“说谎贷款”的合同。经纪人心里很清楚那些借款人在撒谎，为了得到梦想

的住房而隐瞒了信用记录和收入信息，但银行完全不在乎。合同上签名的墨迹一干，风险马上就可以销售出去。

2002 年之后，“说谎贷款”换了一个新名字：NINA，即“无收入、无资产”的抵押贷款。银行方面甚至会说：“没问题，先生。这是您买房的 40 万美元贷款。好好享受！”

没有了《格拉斯－斯蒂格尔法》，没有了行动管制的障碍，银行可以建立很多独立的独资机构，去处理红红火火的住房抵押贷款业务。在这个大潮中的巨人是资产超过 2.4 万亿美元的美国最大的银行——花旗集团。

花旗集团的下属企业中，有旅行保险公司，它是受国家管制的保险公司；有原来的花旗银行——大型零售贷款银行；有投资银行——所罗门美邦；战斗力很强的次贷银行——花旗金融服务公司，有很多消费者的报告都指出，这是一家极有捕杀能力的贷款机构[7]，专门向无知的或不具备条件的穷人推销次级按揭贷款，干起活来最卖力，去的地方常常是贫穷的黑人社区或拉美裔居民社区。花旗集团的下属企业中还包括环美财务公司——全美最大的信用卡发行机构之一，它运用所谓的“大数法则”，在越来越动荡的信贷风险中，竭力扩大自己的客户群。

花旗集团还拥有墨西哥第二大银行——墨西哥国家银行和萨尔瓦多最大的银行——库斯卡特兰银行。墨西哥国家银行曾被指控洗钱，这是花旗集团经常干的活。1999 年，美国国会和审计总署调查过花旗集团的劳尔·萨利纳斯 1 亿美元毒资洗钱案（劳尔是当时墨西哥总统的弟弟）。调查中还发现巴基斯坦、加蓬、尼日利亚的腐败官员在这家银行洗钱。

美国银行业自 1999 年以后发生的变化，金融巨头花旗集团只是一个典型。这个世界已经完全变了，唯一可比的好像只有“沸腾的 20 年代”。随着资产证券化的新时代而发生的无法无天的信贷欺诈，是任何人的想象力都难以企及的。

捕猎手的狂欢节

在房地产的繁荣时代，捕猎手发放按揭贷款最常见的做法，可以从美国的一个消费者组织的报告中看到：

在美国21世纪的第一个十年里，在任何一条大街上都有许多沿街铺面可以办这种贷款。有一些店面是老的，像家庭理财公司和它的姊妹店益利公司，还有一些是比较新的，像花旗金融服务公司。它们提供的贷款利率都超过了30%。生意兴隆得很，华尔街都说，业务开展得太好了，现在想不做都不行。在花旗银行存款的利率还不到5%。可是和它联营的贷款利息却是其4倍，就是拿借款人自己的住房作担保办的贷款也是这么高的利息。这样做买卖真是不会错的。要是经济不好的话，它们还可以没收抵押品转卖。

它们的生意是全球性的：汇丰银行要把这种业务出口到八十多个国家去，它在那些国家已经有零售业务了。机构投资者很喜欢这个模式，投资银行把贷款证券化了……可是，整个金字塔下面的基础，除了它们说的在那个销售点上的单个客户，就没有别的了……评分计点折款和它们要收的费用都算到贷款里。然后，花旗金融服务公司和家庭理财公司都提醒客户还要投保。它们自己就可以提供很多可供选择的保险服务，如人寿、残疾、失业和财产保险。但是，差不多每一次都把所有的保险加到贷款中，还要收利息。

在办理贷款的过程中，还会有人过来提供一个听起来不错的优惠：如果你把你的住房拿出来抵押，你的利率可以降低，贷款期限也可以延长。比如二十年期的抵押贷款，利率可以固定也可以调整。实际利率很高，可是规定的细则不给你看。如果你还贷的速度太快，你还得加付“提前预付罚金”。要是你想慢点还贷也行，但是得付更多的钱。如果你还不了贷款也没关系：它们知道你没钱，本来就是想利用你的贷款去再融资，向你收取更多的费用。

在过去几百年里这叫债奴。现在卖身为奴就是借次债的命。整整 20% 的美国家庭成了次债奴。但是，房利美和环城公路公司的经理说，买次级贷款的人有一半还是可以正常付利息的。大门外面是丛林法则。我们自己只好“掏钱的时候要当心”。[8]

20 世纪 80 年代，笔者采访过一位不愿意透露姓名的华尔街资深银行家，在哥伦比亚的毒品卡特尔处于全盛时，他就在哥伦比亚。那天，他刚刚从过劳状态中摆脱出来。关于他的银行在哥伦比亚卡利的业务，他是这样说的：“我去卡利的时候是好几年以前的事。你看着戴太阳镜的男人拎着手提箱径直走进银行，里面装得满满的，都是面值 100 美元的钞票。银行都是不要命地往那里面挤，都想拿到这种业务，因为利润实在太大了。”就是同一帮银行，怀着同样的目标，一转身就卖起次级贷款来了，而且卖次贷赚的利润和洗钱一样多。

这一次，还是艾伦・格林斯潘力主向最穷的贫民窟居民扩大贷款范围。美联储的一位主管爱德华・格拉姆利克（2007 年 9 月去世）在多年前就警告过，许多根本无力还款的人借了高风险的房贷，有一帮新潮放贷人员在引诱他们，而且这样的人越来越多。当格拉姆利克私下极力主张美联储的检查官员去调查一下国民银行的抵押贷款发放者的时候，艾伦・格林斯潘坚决拒绝了他的要求。美联储业内人士认为，格林斯潘统治美联储的风格很像专权的君主。[9]

美国联邦调查局宣布，将调查 14 家公司可能存在的会计欺诈、内部人交易和其他违法事项，这些公司都牵涉到把住房贷款发放给高风险借款人的问题。美国联邦调查局还宣布，被调查的机构是金融服务行业的抵押贷款机构和投资银行等，它们捆绑住房贷款，证券化后出售给投资者。被披露的最多只是欺诈行为的冰山一角。

与此同时，纽约州和康涅狄格州当局也在调查华尔街银行是否刻意隐瞒了捆绑债务证券中的关键性风险信息。康涅狄格州司法局局长理查德・布卢门塔尔说，他和纽约州司法局局长安德鲁・科莫正在调查银行是否披露“特种”贷款项目的高风险，这个“特种贷款”甚至比次贷的风险还要大，也打在“包”里卖给证券投资者了。2007 年 11 月，科莫曾向房利美和房地美（半政府性质的房地产抵押贷款公司）发出传票，他要亲自调查这两家公司是如何做评估的；它们购买的住房贷款有数十亿美元，销售这些住房贷款的有美国最大的储蓄和贷款银行，还有华盛顿互助银行。

美国联邦调查局称正在调查次贷的操作方法和金融公司可能存在的会计欺诈行为。摩根士丹利、高盛和贝尔斯登都在管理档案中记载着，它们一直都遵守了各种特定的和未指明的监管机构和政府机构的规定，提供了必要的信息。[10]

有一位西北太平洋公司的前房地产经纪人，因为非常厌恶推销贷款的做法，早已洗手不干了。他给笔者写了一份备忘录，其中对贷款经纪人的典型掠夺手法是这样描述的：

> 次贷失败已经是一场大噩梦了，但是“可调利率抵押贷款”还有更大的潜力，可以制造压倒一切的更大灾难。2007 年 7—8 月就打了第一个“嗝”——这还只是“次贷失败”。到 2007 年 11 月时打嗝越来越频繁；正是从这个月开始，“可调利率抵押贷款”调高了利息。
>
> 这就是说，从“贷款周年纪念日”起，“可调利率抵押贷款”将调高（按月还款的）支付水平。被 1%—5% 的“引诱利率”吸引而购买了“可调利率抵押贷款”的人，即使按照常规付了利息，本金却是不会减少的。在整个第一年期间，虽然“引诱利率”只对第一个月有效，借款人还是被允许按这个低利率付款，然后未付清的利息就被加到本金里去了。
>
> “负摊提”——欠债总额竟然会超过房子的市场价值，而且还会超得越来越多，这种担忧被房产价值泡沫论蒙过去了，据说被银行制造出来的泡沫是正常的，会把房产价格拉上去，而且是一定会持续下去的。发放和推销这些贷款的机构派出高层账户管理员（即推

销员）去培训抵押贷款经纪人，告诉他们放贷的事如何操作。

“可调整利率”是银行利润的总和，在一定程度上是银行借贷资金的客观成本，叫作指数。指数是用各种经济活动计算出来的，例如全国各地的银行对90天定期存单支付的利率，伦敦同业拆借利率*下的美元利率，等等。把这些利率合成指数，就能得到真正的贷款利率，就是三十年之后清偿的实际利率。这就是所谓的“完全指数化利率”。

我任意取一个数字，比如6%，作为“真正的”或通货膨胀调整后的利率（3%利息＋3%通货膨胀指数）。如果借25万美元，按1%的利息，就是每月还804.1美元**；这还是按“引诱利率”计算的，没有包括税收和保险。这个数字会随指数的调整而发生变化，但是，在整个贷款周期中，这个基本部分是不变的。

“利息调整”的结构可以这样安排：每年只上调一次，最高限是前一年偿付金额的7.5%。就这样像走楼梯一样走上去，以五年为期（如果只有一个贷款人则为十年），不考虑现实世界中发生的事情。到第五年年底，脱下“利息调整”的帽子，按“完全指数化利率”的利息水平还贷。

如果借款人始终只付了最低限度的偿付额***，就会连累成千人的偿付计划。如果住房的价值下降25%，就是信用最好的借款人也没有办法，只能把房子还给银行，然后房子价值至少再降低25%，然后，麻烦就四处蔓延。[11]

据芝加哥银行业的业内人士透露，2008年2月的第一周，美国银行家已经了解到以下情况：

大通曼哈顿银行已向它的客户发出无数“信贷额度”通告。曾经很流行的信贷额度现在已被操纵，信贷额度所依据的房产价值被

* 即London Interbank Offer Rate.——译者注

** 就是每月还804.1美元，这是以三十年为期、利息率1%、首付10%计算的，每月应摊还的本金按算术平均数应为625美元，利息187.5美元，合计802.5美元，略有出入。——译者注

*** 即在可选择的幅度内选择最低，没有按期足额偿付。——译者注

单方面调低，最高达 50%。许多按揭房主将为半价房产偿付全额贷款的本金及利息。在多数情况下唯一明智的决定是放弃——现已导致资产净值重大损失，并降低了周边所有房地产的价值，为正在发生的“取消抵押品赎回权”雪崩添加助力。

在推行“创造性融资”信用额度的地方这种情形特别严重，在泡沫破裂前，那里房地产价值的 99% 甚至 100% 都用“创造性融资”的信用额度支撑着……

大通曼哈顿银行已经自动关闭了“开放式”（无担保的）贷款的信用额度，这意味着给借款人在信用额度上留下了将来用的钱，以后要按房产价值的 80% 计算贷款；这是一次与“业主”无关的整体性调整。

贷款房价比的限制，说明贷款人贷出的金额不能超过房产价值的某一个百分比。通常是要先请一个鉴定人来评估房产的价值；评估的根据，是已经售出的类似房产的可比价值，且同类参照房源的地理范围通常限定在邻近区域内。通常只限于附近的类似房产。上面是我们可以看得见的抵押贷款欺诈“聚宝盆”的小小一角。

金融海啸刚刚开始

华尔街、穆迪、单一险种保险公司以及美国政府和美联储的经济学家，全都在使用所谓的风险模型，而这个风险模型致命的缺陷，其实质就是这样一个假设：“经济衰退不可能发生”。因此，他们现在可以把风险无限地扩散到全球去了。

证券化的资产价值就是依据这种假设定价的。数十万亿美元的信用违约互换合同，也是以这样的幻想为基础来签订的——金融衍生品可以担保贷款违约拖欠，而且很便宜。所有这一切，注定了多米诺骨牌式的崩溃迟早会爆发，就像美国住房市场上目前发生的危机一样。

房价跌得越厉害，抵押贷款升息的压力就越大，失业就会蔓延得越远，从俄亥俄、密歇根、加利福尼亚、科罗拉多、宾夕法尼亚，一直到亚利桑那。更多的工人将失去工作，然后下一步就是汽车贷款和信用卡的违约拖欠率上升。这是一个恶性的自我循环过程，在 2008 年最初的几个星期里，我们就看到美国各地和世界许多地方发生资产价格通缩，这个进程才刚刚开始，谁也不知道最后的结果会有多么糟糕。

在即将拉开帷幕的下一个进程中，次贷只不过是第一个上台来演示的角色。次贷本身的问题需要好几年的时间才能逐渐平息，然而被“有资产支持的证券”伤害了的产品又被拿出来当作抵押品，再次为下一笔银行贷款提供担保，或被私人证券投资公司、企业甚至市政府用来进行杠杆收购。以资产证券化为基础的债务金字塔，进入了一种逆杠杆状态——因为事实上没有人知道，他们手里拿的证券究竟有多大的价值。逆杠杆化已经在全球市场上初露端倪。

标准普尔这个世界第二大信用评级机构非常可笑地认为，它们闯的祸其实没有什么了不起，数以百万计的美国人和世界各地的人们遭受的损失，也算不上什么悲剧。2007 年 10 月，它们说自己只是“低估了美国抵押贷款业欺诈的程度”。格林斯潘可怜巴巴地试图推卸自己的责任——他声称向次贷借款人发放贷款并没有什么错，只是后来的贷款证券化存在问题。他们梦寐以求干了几十年、一步一步建立的这个体系，处处是以欺诈和不透明为前提的。人们应该这样假设，在这个问题上他们不是天真无辜的。

信用违约互换* 危机

本书行文至此，美国金融海啸中的下一个可防倒转的棘轮是单一险种

---

* 又称“信用违约掉期”。——译者注

保险公司。在那里，没有美国政府的国有化，没有什么可行的解决办法，因为未知的风险实在是太大、太惊人了。这个问题已经在前面讨论过了。

下一个岌岌可危的是场外交易的信用违约互换市场。这个市场里，存在着价值45万亿美元的信用违约互换合同。信用违约互换市场是J.P.摩根的“杰作”。

格林斯潘知道，信用违约互换市场从来就不受管制而且不透明。所以，没有人知道在下滑的经济中这里的风险规模究竟有多大。因为没有管制，所以情况往往是这样的：市场一方的当事人向另一家金融机构转售了合同，但是不用通知原始方。这就是说，如果有一个投资者想兑现他的信用违约互换，他可能无法在一个很长的链条上找到应该为这个合同付款的人。信用违约互换市场大多数集中在纽约的银行里，这些银行在2007年年底持有名义价值为14万亿美元的互换合同。最多的是摩根银行——7.8万亿美元；花旗集团和美国银行各持3万亿美元。

这个严峻问题的核心是45万亿美元的信用违约互换，其中占16%的部分是担保抵押债务债券，规模有7.2万亿美元之巨。债务抵押债券的持有人也需要风险保障。这里正是抵押信贷麻烦的集中之处。信用违约互换市场很像是一个定时的原子弹，我们听得见定时器在“滴答”作响。信贷危机将会在未来的几个月进一步蔓延，很多公司将被迫违约，拖欠它们的债务，在信用违约互换的承保人面前，索赔案将爆炸性增加，可是它们能使用的只有非透明的规则。截至2008年2月，在这个名义价值45万亿美元的市场上还不存在理赔程序。

在今后几个月里，数十万美国人的按揭还款金额将要上调，“可调利率抵押贷款”的条款早就这样规定了，这可能使又一笔6900亿美元的住房抵押贷款债务发生相当严重的违约拖欠。反过来，这又会再次迫使就业下降，使信用卡违约拖欠增加，在已经证券化了的信用卡债务市场上发生雪球效应，推高证券危机的另一个浪潮。整个美国金融体系都和信用捆绑在一起是这场危机最明显的特点。在美国的历史上，这样大规模的全面危机还的确从未发生过。

2008年2月底，英国《金融时报》透露，美国的银行从美联储的一个特殊的新信用机构“悄悄”借来500亿美元资金，用来缓解现金支付危机。从花旗集团、摩根大通公司到美国其他最大的银行集团，所有大银行还在发生更大的亏损，因为美国经济正在更深地陷入衰退，在未来几个月里将发生真正的萧条。在有关美国历史上最大的金融危机和最大的经济崩溃的这个问题上，没有一个总统候选人敢讲一句严肃认真的话。

2008年年初，我们看得越来越清楚，金融资产证券化将是美国作为全球金融超级大国的最后一场盛大演出，帷幕快要降下了。

2008年9月15日，在越来越严重的恐慌中，在布什政府以及“华尔街的财政部部长”保尔森的办公室里，美国政府将要作出决定，哪些金融机构会得到救助，哪些则要走向破产。美国国际集团（AIG）的汉克·格林伯格得到了数百亿美元的政府救助资金，虽然他在几年前因涉嫌篡改公司财务账本而被指控舞弊。与此同时，美国政府在事实上国有化了房利美和房地美公司，这是两家私营的国家抵押贷款承销公司。在美联储主席本·伯南克和纽约联邦储备银行行长蒂莫西·盖特纳（后为奥巴马政府的财政部部长）的默许下，美国政府决定对世界第四大投资银行、具有153年历史的雷曼兄弟公司袖手旁观。

美国政府对雷曼兄弟公司的决定由新闻界披露后，短短几个小时之内，世界各地股市纷纷下跌。美国的次贷证券化市场不是一个很大的市场，其所涉及的价值也许仅有8000亿美元，在这个市场上发生的一场实质性危机，突然变成了一个全球的系统性危机。在这场危机里，银行对任何一笔来自其他银行的资产都会表示怀疑：这是一场全球性的信任危机，原因很简单，在重大危机发生后，应当负责任的当局和权威机构没有能力下决心把问题讲清楚，到底哪些银行是他们要拯救的。这种模棱两可的行为，打破了全球的银行家和银行之间的信任。这是布雷顿森林美元体系在事实上的终结。

现在的问题是，谁能够取代纽约成为另一个新的金融权力中心或者多个新的金融中心？

第十一章

垂死挣扎：

华尔街拿税收堵美元大漏洞

The Theft of a Nation

富豪统治一个共和国是最令人憎恶的：它比君主制更专横，比贵族制更无情，比官僚制更自私；它在和平时期掠夺国家，在灾难时刻谋反国家……现在，改变这一巨大谬误的时刻已经来临。

——威廉·詹宁斯·布赖恩，美国前国务卿，1906 年[1]

“变革”总统

奥巴马在总统竞选期间打出了“变革”的竞选口号。可是，就在他走马上任后不久，人们就彻底明白了当初他所说的“变革”究竟是何意。变革，不仅没有为美国经济或财政政策指出新的方向，也没有为美国军事政策或整体外交政策注入新的活力。

我们只需要看看奥巴马挑选的内阁成员和顾问，就能够清楚地发现，这种被他时常挂在嘴边的“变革”并非像他多数天真的支持者所期待的那样，是一种质的飞跃，而只是一种量的增加而已，没有任何新意。如果说有什么不同的话，那就是奥巴马对其前任乔治·W. 布什的政策进行了提速，从一马赫变成了二马赫，创造了具有小布什特色的“第二马赫速度”。

作为总统的奥巴马，在选择自己内阁的时候，就明确了这一意图。他的国家安全团队就是执行这一意图的先头部队。罗伯特·盖茨自 1966 年加入美国中央情报局以来就一直是布什家族的亲密盟友，而这一次仍被总统当选人奥巴马留任，继续担任国防部部长。据一些业内人士透露，当年美国总统乔治·H. W. 布什曾于 1991 年任命盖茨为中情局负责人，以帮助掩盖布什参与非法“伊朗门”武器和毒品交易的丑闻。2006 年，拉姆斯菲尔德在一片争议声中卸任。随后，盖茨成为乔治·W. 布什的国防部部长。显然，奥巴马总统并不打算改变其前任布什的政策，而是要沿着五角大楼既定的方针坚定不移地走下去。

另外，奥巴马总统的国家安全顾问詹姆斯·琼斯，曾在北约东扩期间担任小布什的北约总司令。奥巴马的国家情报局局长丹尼斯海军上将是一名职业海军军官，在小布什执政期间曾任美军太平洋地区指挥官。虽然美国是世界上唯一的超级大国，但这样的国家安全团队显然不可能改变美国的既定方向。换句话说，由于其把关注重点放在军事上，虽然没有任何明显的敌对势力威胁到美国的国家安全，倒有可能把美国引向军事化的方向。奥巴马上任不到一年，便在接受诺贝尔和平奖的同时，下令在阿富汗增兵3万人。

华尔街史上最大的银行抢劫案

奥巴马在确定其经济及金融团队的领导人选时，更是明显缺乏真正的变革精神。他所任命的财经班子成员都是些十多年前就钻进华尔街银行领域的“老狐狸”。而如今，他却让他们看守自己的“鸡舍”。

奥巴马在总统竞选中大打经济牌，承诺要进行经济改革并因此赢得了竞选，可在他宣誓就任几分钟后就忘记了自己的承诺，来了个180度的大转弯，继续把金融、经济的每一个关键职位交给花旗集团副董事长罗伯特·鲁宾或来自高盛集团的个人亲信，让这些人推行自己的经济政策。奥巴马当初承诺的是全面改革面临破产的金融大厦，但他实际推行的却是美国历史上最令人震惊的华尔街救市计划。

奥巴马当选总统后，于2008年11月5日任命他在哈佛大学法学院的亲密朋友、时任花旗集团高级主管的迈克尔·弗罗曼领导自己的经济过渡小组，以选出所有涉及经济与金融的关键内阁职位。在奥巴马竞选期间，弗罗曼把花旗集团副董事长、前克林顿政府财政部部长和高盛集团主席鲁宾引荐给了他。鲁宾在弗罗曼帮助奥巴马组阁的过程中，对每一个关键人物的筛选进行了指导。[2]

对财政部部长蒂莫西·盖特纳和对白宫国家经济委员会主任劳伦斯·萨默斯的任命，充分说明了奥巴马上台后究竟会唱什么戏，而搭台的人又是谁。在美国政坛上，华尔街始终起到举足轻重的作用，这种状况已经持续了一个多世纪。

1999—2000年，萨默斯和盖特纳分别担任克林顿总统的财政部部长和助理国务卿。在此期间，两人起草并促使国会废除了1933年的《格拉斯－斯蒂格尔法》和2000年的《商品期货现代化法》。这两个法案的废除使得金融衍生品（如信用违约掉期）可以完全不受政府监管，进行私下交易，从而引发了华尔街金融巨头的投机狂潮。

盖特纳到华盛顿就任前为纽约联邦储备银行行长，他曾与伯南克和财政部部长保尔森联手救援美国国际集团，却对雷曼兄弟的倒闭听之任之。在这一过程中他起到了关键的作用。盖特纳是个从头到脚都散发着铜臭味的华尔街商人。

那场发源于美国、起始于2007年夏天的金融灾难，有着盘根错节的复杂原因。本书会对这些内在原因一一进行剖析。当然，最直接的原因在于对金融机构放松管制、主要信用评级机构的风险模型存在缺陷并相互串通、放松对银行发放抵押贷款的监督等。

美国的连续四任总统对这些政策负有监管责任，他们是罗纳德·里根、乔治·H.W.布什、克林顿和乔治·W.布什。他们作出的所有决定都在鼓励放松金融管制，任由投机性债务疯狂破坏美国经济。其结果是使财富和权力在美国人口中出现戏剧性的再分配，这种情况因为最富有人群选择性的减税和过度负债的美国消费者税收普遍上涨而不断加剧，这实际上加重了美国民众的负担，使他们本来就很拮据的日子更加艰难。

华尔街投资银行（摩根士丹利、高盛、美林和雷曼兄弟）推出资产证券化，得到了主管当局美联储的支持，但实质上这是错误的。资产证券化导致了新的欺诈和欺骗手段，即资产担保证券的诞生。银行向民众发行了"说谎贷款"以及其他宽松信贷，把他们带上了充满风险的不归路。银行的行为给人一种假象，好像确实存在一个新系统，能够保证金融安全，而保守的风险控制已成为多余。

1997—1998 年亚洲金融危机，或多或少都是由华尔街银行引起的，其手段或公开，或隐蔽，目的都是为了吸引亚洲资本进入美国。亚洲尤其是中国的资金洪水般涌入美国半公有的地产巨头房利美和房地美，从而对证券化起到了推波助澜的作用。普通甚至是高风险的美国住房抵押贷款的证券化，即抵押贷款证券，在主要评级机构的推动下，获得了 AAA 最高质量等级，诱惑了来自欧洲和亚洲的投资者纷纷购入。这种新兴证券虽然获得了 AAA 信用评级，但根本没有经过审查。

证券化机构的建立和设计，不管有没有亚洲流动资产的加入，都是为了圈钱。它的目的就是通过欺骗的手段，用别人的钱来填满美国金融巨鳄华尔街和它那些亲密盟友的口袋。

自从艾伦·格林斯潘于 1987 年 10 月第一次对金融市场采取救援行动以来，市场上的大玩家都深信不疑，如果有一天他们从事的风险贷款之类的金融交易引爆危机，政府一定会进来收拾残局。那些银行就是被称为“大而不倒”的银行。

积重难返

少数大型银行的规模是如此之大，以致到了不能破产的地步，这主要应归功于有意识地解除金融管制的政府，尤其是 1999 年废除了《格拉斯－斯蒂格尔法》这一举措。前面的章节已经讨论过，这部 1933 年的法律限制了华尔街的投资公司、商业银行（如花旗银行和美国银行）和保险公司之间的合并。事实是，到 2008 年 12 月，美国四大银行尽管在金融危机中发生了亏损，它们的资产仍然超过世界上多数国家的国内生产总值。

最大的美国银行拥有 2.5 万亿美元的惊人资产。紧随其后的是摩根大通银行 2.2 万亿美元、花旗集团 1.9 万亿美元和富国银行 1.3 万亿美元。[3] 美国四大银行全部资产的名义价值将近 8 万亿美元。这四家银行，再加上其他三四家华尔街的大投资银行以及一家从保险公司变身而来的赌博公司——美国国际集团，都处于从 2007 年夏季开始的全球金融海啸的“风暴眼”中。

金钱的力量已经集中到极少数人手中，而这些人正是次贷危机和其他抵押贷款欺诈与庞氏欺诈骗局的核心人物，是 2009 年世界上最大的经济危机的直接推手。

此次金融海啸的发生，关键在于高风险都高度集中到了美国各银行极少数人的手中。截至 2008 年 6 月，四家美国银行持有复杂金融衍生品的绝大多数合同，其中增长最快的衍生品合约为信用违约互换。一位银行家在描述该产品的时候说道：“有人去买火灾保险，结果发现这份保险买在了邻居身上而不是自己的头上。”[4] 在利益的诱惑下，一切都乱了套，情况非常糟糕。

到目前为止，美国最大的衍生品银行是摩根大通，其概念或名义衍生品敞口达到 91 万亿美元；美国银行其次，达到 40 万亿美元；花旗银行紧随其后，达到 37 万亿美元；2008 年 10 月后合并的富国银行达到 5.5 万亿美元。除了这四家最大的银行，美国其他银行持有衍生工具的量大大减少。衍生工具的风险显然是超级玩家的游戏，已经集中到了少于 6 家的机构中。[5] 它们任何一家破产都会以前所未有的规模导致全球系统性危机。

风险最大的衍生品板块——信用违约互换的市场缺乏有效监管，正如我们所指出的，由摩根大通发明。在这个市场上，美国四大银行外加美国汇丰银行（英国最大银行的子公司），其复杂的信用违约互换衍生品居然占到了美国各银行交易额的 95%。这五大银行后来拒绝透露，美国国际集团的救助款有多少流向了自己的银行，以兑现这些合同。美国国际集团伦敦办事处所起的作用，实际上就是一个不受监管的保险工具，它让大型银行可以任意豪赌。2007 年 8 月后，当整个大厦摇摇欲坠之时，美国国际集团的欺诈做法也陷入了万劫不复的深渊。[6]

更令人震惊的是，这五大银行的风险被有机地结合在了一起，以致随着美国和世界经济陷入更深的衰退，或者说像美国那样陷入萧条之中，未来银行的衍生品损失将会成倍扩大并广泛蔓延。截至2009年1月1日，这五家银行报告了由于衍生品可能造成的损失金额为5870亿美元。由于美国政府决定任由雷曼兄弟倒闭，该损失额一度再增49%，数量之大令人震惊。[7]

一位资深银行风险分析师称当时的情况为“滴答作响的定时炸弹”，随着美国经济危机进一步恶化，这颗炸弹的危险性进一步加剧。[8]

那是一件不为人知的丑事，没人想把它公之于众。华尔街的银行巨头（即建立在外来新衍生工具之上的21世纪新型货币信托机构）费尽心机地隐藏造成金融体系亏损的真正原因（即银行家们亲自炮制的欺诈计划），并且恐吓美国纳税人，让其为银行的亏损埋单。然而，银行巨头们实施其计划的每一个步骤，都离不开其在美联储、美国财政部和白宫内部友人的支持和怂恿。

这些损失过去是完全可以预测的，这都是银行所有者们步步为营、精心筹划的结果。他们解除了对整个银行和金融体系的管制，最后必然带来这种结果。这是一种自由主义的金融体系，通过金融托拉斯银行多年密集游说而创建起来。从1998年起至2008年，华尔街的银行及其与美国金融业相关的卫星机构，通过竞选捐款和“游说”，至少已经花费了50亿美元来买通美国国会的选票。

20世纪80年代的储蓄和贷款危机期间，曾经在美国银行监管机构任职的威廉·布莱克，对美国十年来的转变进行了描述。他指出，美国实际上已进入金融寡头时期，这是一个个人权利越来越依赖于财富的时期：

四十年前，金融业的利润占比为2%，仅为其现在利润占比40%的二十分之一，但四十年前的实体经济增长情况却好于现在。这个臃肿且补偿严重过度的金融业对实体经济造成了损害，其损害程度的最小量度为：因金融业的寄生性而浪费的资金，在国民总收入中所占比例的大量增加。

金融业的情况比寄生还要糟糕……金融业的功能相当于锋利的牙齿，肉食国家用其来撕裂国家。金融业不仅吸走资金用以满足自身利益，而且还利用有损实体经济的方式来对剩余资金进行不当配置，以奖励那些损害国家利益且已经非常富有的金融精英们……公司股票回购和给予高级职员的股票已经超过了美国资本市场在最近十年里所募集的新资本额。这就意味着，资本市场从实体经济中抽走了资本。在绝大多数情况下，它们这样做是为了用做假账或追溯股票期权的方式让企业内部的腐败分子得到更多经济利益。具有良好的数学、工程和科学背景的雇员在美国实体经济中严重匮乏。上述专业的毕业生往往会投身于金融业，而不是实体经济领域，因为金融业能带来更丰厚的高管薪酬……金融业对会计收益的固定不变迫使美国制造业和服务业的企业将就业岗位向海外转移；同时，金融业亦拒绝向加入了工会的企业提供资金并鼓励企业利用海外避税地来躲避美国赋税。

布莱克对权力集中到金融业手中有何影响进行了研究。他最后指出，就其性质而言，这种机制必然产生越来越多的金融泡沫，而泡沫终有破灭的一天。

资金的流向不是被引导到了对实体经济最有用的地方，而是导向了投资，投资就会造成更大的会计欺诈收益。金融行业特别容易向所谓的“控制欺诈”提供异常资金。控制欺诈行为貌似合法，但实际上是有人控制它并利用它作为欺诈的工具。会计控制欺诈对贷款者和投资者具有非常大的吸引力，因为该行为产生了会计记录，保证了短期会计利润。这种行为像其他庞氏骗局一样快速增长，从事会计控制欺诈的机构贷款给（一旦泡沫破裂）无力还款的人，并发挥极端的杠杆作用。除非具备有效的监管和监督，否则配置不当会造成会计控制欺诈过度膨胀，从而导致金融泡沫的泛滥。[9]

权力在金融业和华尔街的集中就像肿瘤一样不断地自我增生和膨胀，其破坏力显而易见。对此，布莱克进行了深入剖析。他说道："这是自从 1971 年 8 月美元放弃金本位制以来最臭名昭著的事件。"他的剖析入木三分，令人痛心。

银行家吃肉，大众喝汤

华尔街的银行机构，从高盛集团到花旗银行，由于得到政府的资助，经营状况极为良好，还能给自己的员工发放数目不菲的奖金。然而，全国其他人群，即 20 世纪 30 年代以后出生的人群，大部分为中间阶层，却面临着经济大萧条的严峻现实，这是一种"不该再次发生"的事情，然而却实实在在地发生了。

随之而来的美国经济衰退就不难理解了。美国家庭深受银行家的诱惑，导致自身背负了长达十多年的债务，其状况在世界上史无前例。

对于很多人来说，银行很有钱，它们实际上在向大家发钱。2002 年之后，经济泡沫开始膨胀，数千万美国人受到诱骗，购买了一套甚至几套房子，他们完全相信房价会永远上涨。毕竟，美联储曾鼓励过他们，美国国会也通过了一个又一个法案，以刺激这种投机行为。

然而，伴随着 2007 年 8 月爆发的德国工业信贷银行危机，整个投机与债务链出现多米诺骨牌式的连锁反应。房屋价格一反常态，不是一路上升，而是于 2007 年年底突然开始下滑。对于风险最大的抵押贷款，即所谓的次级抵押贷款而言，几年前曾经诱惑过购房者的初始低利率，即所谓的"引诱利率"，于 2007 年年底开始按合同重新调整为市场利率。

随着房价下跌，借款人一旦有浮动利率抵押贷款，就不能通过再融资来避免利率上升带来的支付风险。于是，这一批人就开始拖欠还款。2007 年，近 130 万贷款人开始进入丧失抵押品赎回权的程序，比 2006 年增长 79%。这一数字于 2008 年增长到 230 万人，比 2007 年同比增长 81%。到 2008 年 8 月，美国 9.2% 的抵押未偿还贷款要么被拖欠，要么丧失了抵押品赎回权（止赎）。截至 2009 年 9 月，住房抵押贷款无论是进入止赎程序的还是一次性支付的，数字上升到 14.4%。这一数字创造了自 1972 年开始有记录数据以来最高的历史纪录。[10]

房屋所有人每月按揭还款都面临着利率上升的巨大压力，于是开始拖欠或延期支付。由于布什政府只顾银行利益，而不顾房屋所有人的权益，银行在收回房屋的时候手续非常简单。

埃利奥特·斯皮策时任纽约州州长，是一位民选官员，也是一位雄心勃勃的政治家。他的政治生涯始于民主党，是华尔街的死对头，对格林伯格的美国国际集团一直耿耿于怀。正是他给大家敲响了警钟。他警告大家，布什的白宫政府采用狡猾的手段养肥了抵押贷款的欺诈者，剥夺了房屋所有者的权益，使其在萧条时期孤立无援，任由银行抢占房屋。为此，斯皮策被联邦调查局陷害，被迫辞去了职务。

斯皮策曾在美国众议院金融服务小组委员会上，就纽约的专业保险公司，即“单一险种”保险公司等问题进行作证。在他对国会的声明中，他把金融危机的责任直接归咎于布什政府的行动。几天后，据说在司法部的授意下，《纽约时报》发布了州长斯皮策与华盛顿酒店高级妓女幽会的消息。

在同一天接受美国一家国家电视台采访时，斯皮策曾指出，几年前美国货币监理署（OCC）通过向法院起诉等方式，阻止纽约州调查全国性银行的抵押贷款活动。斯皮策认为，美国货币监理署并没有制止可疑贷款的营销手法或维持较高的承销标准。他认为：“如果美国货币监理署认真履行了自己的职责，这本来是可以避免的。”斯皮策进一步表示：“美国货币监理署什么事情都没做，正是布什政府让房地产泡沫不断地膨胀，引发了今天的通货紧缩，其后果却要我们来承担。”[11]

美国实体经济紧缩

像历史上所有的投机泡沫或庞氏骗局一样，一旦投机过程中信心崩溃，泡沫破灭就会影响到各个方面。当大量美国人开始失去新家时，房屋建筑业的发展也陷于停顿。在21世纪最初十年的信息技术泡沫破灭后，房地产曾经是就业的最后一根稻草，创造了数以百万计的高薪建筑和白领岗位，而现在与房地产相关的这些岗位一夜之间消失殆尽。据可靠的私人和非官方估算，这导致了小企业破产的第二次浪潮，直接推高了失业率，达到了可用劳动力的22%以上，不禁让人联想起了20世纪30年代的经济大萧条。[12]

据官方统计，通过对统计数据和数字进行大肆篡改，奥巴马的白宫试图淡化现实，声称2009年10月失业率为10%，更令人担忧的是，现实情况更糟，公布的数据连实际失业人数的一半都不到。小时工的工薪阶层庆幸保住了自己的工作，却发现工作时间被大幅度削减，每周平均小时数下降到了33个小时，这是自1964年政府开始收集数据以来的最低水平，而且每小时的工资也惨遭下降。[13]许多受薪雇员发现同事被解雇后，他们的工作量增加了一倍。

由于美国人的消费是建立在高额债务之上的，一旦这一债台高筑的金字塔倒塌，债务人失去偿付能力，整个信用体系便开始崩溃。由于失去信心，银行不肯放贷给个人，甚至也不肯放贷给其他健全的银行机构。美国经济已陷入美国版的第三世界债务陷阱。

每一个补救措施，无论是使用纳税人的钱施救华尔街大银行，还是投入数十亿纳税人的钱试图挽救底特律汽车业，都使问题更趋糟糕。随着私人消费者大幅减少贷款消费，即购房、购车和使用信用卡，美国政府引爆了公共债务危机。

2009年6月，布鲁金斯学会报告指出，2000—2007年美国消费已经惊人地倒退到仅占全球消费增长的1/3，美国的消费一直都是靠债务支持，这种趋势越来越明显。报告还指出："美国经济多年来都是靠大量花钱和借钱来支撑，已经走得太远，世界其他地区都依赖美国消费者来拉动全球需求。”2008 年年底，随着美国经济进入自由落体状态，世界其他地区也感受到了强烈的冲击。墨西哥、德国、拉脱维亚、英国、日本和其他国家的国内生产总值，每年都以两位数下降。[14]

到 2009 年 3 月，由于金融危机和经济萎缩的加剧，油价以创纪录的速度暴跌。据估计，阿拉伯世界已经损失了 3 万亿美元，失业率成为“定时炸弹”。俄罗斯、乌克兰、中国等国家的经济，在 2008 年 9 月雷曼兄弟倒闭危机之后急剧下滑。[15]

然而，尽管采取了所有的措施，金融风暴的发源地仍然位于美国经济和银行体系内。美国是世界上唯一的超级大国，这艘大船因债务和违约、官方及私人腐败、失业和经济衰退正在沉没，其程度前所未有。2009 年 11 月，白宫预算办公室主任彼得·奥尔扎格宣布了较为严峻的数字。由于美国政府完成了财政年度，产生了 1.4 万亿美元的惊人赤字，奥尔扎格预测在接下来的十年，美国政府财政赤字可能会在 12 万亿美元国债的基础上增加另外 9 万亿美元。他认为前景“严重恶化、最终不可持续”。[16]奥尔扎格在报告中大大低估了美化后的数字，现实情况正在急剧恶化。

官方政府的经济数据评论家、“影子政府统计”负责人约翰·威廉斯于 2009 年 1 月指出，要有人为社会保障和医疗保险负责，为净现值的年度变化负责，如同公司要为退休人员的养老金、医疗债务负责一样。他指出：“2008 年度赤字为 5.1 万亿美元，2007 年为 1.2 万亿美元。”

按照这个标准来看，威廉斯继续说道：“整个美国政府的债务，即联邦未偿债务总额加上短期债务的净现值，约为 66 万亿美元，大致相当于美国国内生产总值 4.6 倍的水平，超过全球国内生产总值预估总值。这些数字是不可持续的……而且在 2009 财政年度就已经严重恶化。”[17]

反过来，这一引爆的公共债务负担开始威胁国际上对美国的美元和整个美元体系的信心，这一体系是在 1944 年布雷顿森林会议后苦心经营起来的。而现在，中国、中东产油国、部分拉美国家及俄罗斯已经开始着手寻找美元的替代品。

美国的罗马帝国

大约16个世纪以前，罗马帝国灭亡，简略地看看其经济上的原因，是有教益的。罗马帝国，当时也是世界上唯一的超级大国，其衰落和最终崩溃的根源在于执政贵族群体，更准确地说是财富寡头。他们作出的政治决策是通过征服战争、掠夺国外土地来扩展帝国的边界，充实自己的私人财富和个人权利，其目的跟国家利益无关。罗马帝国的经济模式是基于征服领土的掠夺。随着帝国的扩张，它只能靠远程驻军来维持控制，且越来越依赖外国雇佣兵提供驻军兵力。

在军事扩张的过程中，帝国心脏的农民变得贫困。他们被迫离开自己的农场，往往持续多年，对外进行征服战争。结果，意大利南部满目疮痍。那些有钱人把买地作为唯一稳定的投资，逐渐成为大庄园主或者地主。[18]

这就导致了土地集中在少数人手里，之后土地由征服战争中被俘的奴隶经营。小农民破产，被迫逃亡到罗马，成为无产者或者雇佣劳动者。他们没有投票权或其他公民的权利。在富人的眼里，他们只是乌合之众，可以任意购买、操纵和指挥他们去攻击对手；他们被称为“民众”、群众和公众。罗马的“民主”就是操纵权力，以便为帝国和罗马寡头服务。

罗马帝国的政府没有一个适当的预算制度，被浪费的资源需要维持帝国的支出，产生不大的价值。当从被征服地区的战利品已不再足以弥补支出，它转向更高的税收，把巨大军事结构的负担转嫁给公民。较高的税收迫使更多的小农户放任自己的土地贫瘠荒芜。为了把公民注意力从日益恶化的条件下分散出来，罗马执政的寡头政治家们免费给穷人发放小麦，并请他们参加马戏团、战车比赛、把基督徒投掷给狮子和其他娱乐，采用臭名昭著的“面包与马戏”* 政策保持稳定。

政府机构把越来越多的职位出售给有钱人。群众转而将自己的选票

---

*《面包与马戏》是一部挪威恐怖喜剧电影，片中主要描述了爆头、虐待等赤裸裸的暴力场景。——译者注

卖给各种政客以求获利，民主完全成为一种伪装。

另一个重伤罗马帝国的根本改变，就是随着战争之地越来越远、战争数量越来越多，罗马帝国不征集农民士兵，而是雇佣职业士兵。这就像越南战争多年后美国发生的事情：尼克松总统废止士兵招募，而改用“全志愿”军队。

随着罗马士兵远程征战的状况变得更加繁重，需要更多的激励来充实罗马军团。公民兵役限制被废止，如果以服军役为交换，可以换取罗马公民的身份。现在，美国允许移民中的青少年去阿富汗、伊拉克或其他地方参战，用自己的生命换取美国公民的身份，这与当时罗马的做法简直如出一辙。在某一点上，罗马士兵被迫宣誓服从他们的指挥官，而不是他们的国家。

小农场逐渐被大地产所取代，这些小农场被买来作为战利品，大大加剧了罗马贫富之间的差距。在公元 2 世纪的时候，格拉古两兄弟试图进行农业改革，限制富人的权力，以缓解富人与其他阶层的人之间越来越大的差距，结果他俩遭到了有钱人的暗杀。

罗马寡头变得越来越堕落。罗马皇帝统治行将结束的时候，暴饮暴食在有钱人中变得非常普遍，甚至连出入通道的修建都是为了便于在吃喝过度后，还可以继续外出吃更多、喝更多。

皇帝尼禄曾经宣称：“让我们收税、再收税吧。让我们看到没有人拥有任何东西！”大量采购来自东方的异国香料、丝绸和其他奢侈品，耗尽了罗马的黄金，一去就不再返回的黄金。不久，罗马就再也没有充足的黄金来生产硬币。因此，硬币中的黄金含量逐渐变少，直到一点黄金都不掺。皇帝图密善，为了降低生产和提高酒的价格，下令破坏了罗马行省一半的葡萄园。

随着时间的推移，维护这个庞大的全球军事结构的成本变得十分庞大。到了 3 世纪，人们通过各种手段避免因供养军队而强加在他们身上的沉重税赋。从奥古斯都到戴克里先，军队本身的规模就增加了一倍，还陷入了螺旋式上升的通货膨胀，这种通货膨胀来自罗马货币黄金和白银含量的降低及其导致的慢性通货膨胀。此外，国家行政成本已大大增加。在戴克里先时期，罗马并非只有一位皇帝，而是有四位，这意味着有四个王室、四组禁卫军、四座宫殿、四批侍从人员。治理罗马国家的成本变得越来越庞大。[19]

最终，由于其领土扩张停滞并开始收缩，战利品变得越来越少，根本支撑不了帝国的全球野心及其国内经济运转。罗马在军事方面实行外包政策，最终滋生懈怠、自满和颓废之风。

罗马帝国逐渐失去权力。北方蛮族频繁袭击，不断瓦解帝国。由于罗马皇帝拼命购买军队的忠诚度，罗马帝国深深地陷入债务之中，臣民的思想道德状况持续滑坡，基督徒被迫害。大量嗜血的人群看到舞台上各种人暴力死亡而当场欢呼，“面包与马戏”模式成为广为采取的安民手段。

罗马对其边界的控制节节失利，道路和桥梁都不能得以维持，导致贸易和通信受阻。骚乱和暴动在罗马成了家常便饭。由于政府跌入更深的债务旋涡，它又提高了税收，隶属不同将军的士兵随意从当地人民手中掠夺所需物品。粮食成为珍贵的商品，几个世纪以来，首次有大量人口忍饥挨饿，食不果腹。

进一步的征战使帝国陷入内部混乱。罗马战争扩展到亚洲和非洲，统治阶层的腐败日益加剧，金钱就是国王。罗马已经成为一个富豪统治和寡头政治国家。在这个国家中，权力就是财富。

共和国的终结？

到2009年，经由美国国会授权，美国政府至今已为远离美国海岸的两场战争花费超过1万亿美元，大部分国民无法理解这两场战争有什么必要性。伊拉克和阿富汗的乱局暴露了美国在全球霸权中心有余而力不足的现实。尽管拥有最先进的军事技术，包括无人驾驶远程轰炸机，可在远离阿富汗的拉斯维加斯特别控制中心对目标进行精确制导并实施打击，但是美国的战争机器并没有赢得战争，反而输得很惨。美国已经像罗马帝国一样沦为一个事实上的军事化国家。截至2009年，美国政府每年正式支出的军费总额就达到了1万亿美元以上，超过了45个国家的总和。[20]

从不可逆转的衰退有日期标注之日算起，罗马帝国的崩溃持续了近两个世纪。到了21世纪第一个十年结束后的首月，美帝国自封的“美国世纪”，仿佛花费了六十多年完成了自内而起的摧毁。在寡头政治和富豪统治之下，腐败是崩溃的核心所在。

2008年3月，美国审计长和政府问责办公室的负责人戴维·沃克，在其十五年任期到期前的第五年选择辞职。他在全国演讲中公开表示，辞职理由是：作为审计长，他能做的事情特别有限，美国面临倒塌的危险正如当初的罗马帝国。沃克引用罗马帝国结束之日的例子并警告说，美国的现状和当时促使罗马帝国倒塌的因素具有“惊人的相似之处”。[21]

1941年，亨利·卢斯等人以及其他机构的富人圈子宣称的“美国世纪”，就是建立在罗马式的抢劫、掠夺外国土地的系统上的。随着时间的推移，这种掠夺采取了不同的形式：通过国际货币基金组织对阿根廷、巴西以及资源丰富的非洲国家的财富进行巧取豪夺。1973年以后，美元成为世界储备货币，于是便利用了这一独特的金融优势；同时，未受挑战的军事超级大国的地位，将其权力和影响力扩大到远远超出了其内部的经济可能支撑的程度。由于罗马皇帝稀释了境内硬币中黄金和白银的含量，使该系统不可持续，华尔街的金钱诸神利用了自由浮动的美元和虚拟货币，以金融衍生品的形式来维持大厦的偿债能力。该大厦于2007年8月与德国工业信贷银行一起陷入崩溃的境地。

世界上其他地方甚至美国未来几代人是否会吸取罗马的教训，这是一个悬而未决的问题，更何况在美国主导的时代。威廉·詹宁斯·布赖恩曾警告不要让国家绞死在“黄金十字架”上。他在一个多世纪前就注意到了这一问题：

富豪统治一个共和国是最令人憎恶的：它比君主制更专横，比贵族制更无情，比官僚制更自私；它在和平时期掠夺国家，在灾难时刻谋反国家……现在，改变这一巨大谬误的时刻已经来临。[22]

第十二章

掌握主动：

中国打造世界货币

China's New World Monetary Plan

只要能控制一个国家的货币发行，我不在乎谁制定法律。

——迈耶·阿姆谢尔·罗斯柴尔德（1744—1812年），罗斯柴尔德家族创始人

主权货币和中国的国家安全

控制一个国家的货币，也就是掌控货币发行和供应的权力，是国家主权的核心要素之一。忘记这一点，难免大祸临头。美国和欧洲货币联盟的成员国（即欧元区国家）便是如此，它们正经历最严峻的金融和经济危机，远甚于1929—1933年的大萧条和股市暴跌。这一当代最严重的金融危机发生八年后，美元和欧元的货币体系摇摇欲坠，徘徊在崩溃的边缘。

危机始自2007年，当时美国的国债已达9万亿美元，到2015年8月，更是升至惊人的18万亿美元，超过其国内生产总值的104%，八年间债务翻了一番。[1]欧元区的情况同样糟糕，比利时面积不大，国债却是国内生产总值的106%，噩运缠身的希腊则高达177%。总体而言，欧元区国家的平均债务超过其国内生产总值总和的92%，远远超出《马斯特里赫特条约》在创建欧元区之初所规定的比例。[2]

就在三十多年前，美欧还是全球发展的火车头，现在它们的债务危机和经济萧条的趋势却难以扭转。看到这些，中国审时度势，开始谨慎地采取动作，以摆脱美元系统性危机带来的风险。2012年，奥巴马政府高调公布“重返亚太”战略，把军事重心从中东转向亚太，在中国周边海域加强兵力部署；同时，美国还宣布启动《跨太平洋伙伴关系协定》（TPP）谈判，但这一大型贸易协定却故意排斥中国。看到美国根本不愿以平等关系真心相处，中国摆脱美元另起炉灶的愿望更加迫切。

作为世界霸权，美国发出的信号十分清晰，那就是不会容忍中国在国际上另辟天地。为此，华盛顿不但秘密支持在苏丹、利比亚等与中国利益相关的国家发动政变，更是在亚太地区兴风作浪，支持站在极端民族主义立场上的日本首相安倍晋三。在中国钓鱼岛问题上，安倍一直奉行挑衅中国的政策，声称对钓鱼岛拥有主权，并和越南、菲律宾等国一道开展针对中国的海上联合演习。[3]

此外，在国际货币基金组织的份额改革问题上，美国政府断然拒绝，因为这会影响华盛顿独一无二的否决权，而且国际货币基金组织的总裁永远是经美国许可的欧洲人，国际货币基金组织董事会的投票份额早已不能反映成员国在全球经济中的相对权重。这些现实让中国日益清醒，美元体系江河日下，以和平的方式建立新的货币体系迫在眉睫。新兴国家别无选择，只有创建自己独立的金融体系，履行国际货币基金组织和世界银行原本应有的职能。[4]中国的战略决心就此确定。

亚投行——新世界喷薄而出

2014 年 10 月，中国宣布创建亚洲基础设施投资银行（AIIB），出资 500 亿美元作为启动资金，为亚洲地区重大基建项目提供资金支持。这一举措，既能为新丝路欧亚高铁以及海上丝绸之路项目提供资金，也是对美国拒绝国际货币基金组织改革、不让中国等新兴国家获得更大话语权的反击。起初，华盛顿和不少国家对中国的决定不以为然，奥巴马政府甚至无中生有，批评亚投行缺乏透明度及风险评估。美国作出这种脱离现实的愚蠢举动，究其实质，是因为亚投行可能对美元的全球霸权构成战略威胁。[5]

奥巴马政府坚决抵制亚投行，但其核心盟友英国、澳大利亚等国却表现出积极加入的意愿。这种分歧表明，西方已不再是铁板一块。截至2015年3月31日，四十多个国家申请以创始成员国身份加入亚投行。[6] 亚投行有潜力超过国际货币基金组织、世界银行和亚洲开发银行，为欧亚大陆乃至更大区域内的基础设施建设提供长期投资。国际货币基金组织、世界银行和亚洲开发银行这“三驾马车”，是美国1944年主导的《布雷顿森林协定》的产物，完全服务于美国的利益和美元霸权，处于华盛顿的牢牢掌控之中。

美国对国际货币基金组织改革百般阻挠

中国创建亚投行，并不是在华盛顿背后搞小动作。2010年，中国、巴西等新兴国家赢得了推动国际货币基金组织改革的一项方案，内容主要是将国际货币基金组织的总份额扩大一倍，同时增加中国、俄罗斯、印度、巴西等国的份额比重。这一方案得到了占国际货币基金组织份额77%的多数成员国的支持。

方案规定，中国将成为国际货币基金组织第三大份额国。按照改革后的最新份额比重，该组织十大成员国中将有四个新兴国家——中国、俄罗斯、印度和巴西。改革之前，华盛顿拥有16.75%的投票份额，且拥有否决权，其盟国日本占6.23%，英国、法国均占4.29%，德国占5.81%，这实际上就决定了无论国际货币基金组织制定什么政策，一定要符合美国的国家利益。

在国际货币基金组织董事会的投票权中，法国的份额大于中国，但法国2014年的国内生产总值不到3万亿美元，中国却高达10万亿美元。比利时的份额是1.86%，国内生产总值只有5000亿美元；而国内生产总值为2.2万亿美元的巴西份额仅为1.72%。根据国际货币基金组织的规定，147个成员的投票份额应大致与各自的国内生产总值成比例，中国、俄罗斯、印度、巴西等新兴国家为此据理力争。

1944年在成立国际货币基金组织时，规则由美国主导制定，完全是为了其一己私利，国际货币基金组织的任何重大决定如得不到份额85%的支持，就不能通过，这意味着华盛顿始终独享一票否决权。

为确保这一锤定音的权力，华盛顿固执地如同一只比特犬，国会拒绝通过国际货币基金组织的改革方案。这种偏执迫使中国等金砖国家不得不把目光放到国际货币基金组织和世界银行之外，考虑另起炉灶。果然，2015年亚投行的成立浓墨重彩，成为孕育之中的世界新金融架构的中心。

华盛顿一反常态，并未采取先加入亚投行再施加影响的做法，反而采取了让自己蒙羞的措施，导致重大政治失败，美国企业今后甚至可能无法从参与发展中国家的基础建设中获益。问题的根源就在于，奥巴马的外交政策与乔治·布什别无二致，均由新保守主义者操盘。对那些人而言，中国无论做什么，都会被贴上“坏家伙”的标签，美国必须竭力反对。

对他们而言，中国的崛起是对美国军事霸权的全面挑战。因此，他们和军工企业的游说势力一拍即合，联手给奥巴马施加压力，迫使他采取包围并激怒中国的“重返亚太”战略。[7]他们的理论是，中国的经济和金融影响力威胁到了美元体系，必须加以限制；金砖国家想要摆脱华盛顿一手制定的规矩，必须给它们“一个教训”。[8]

谁能想到，不但金砖国家都成为亚投行的创始国，就连奥巴马“重返亚太”战略要依靠和拉拢的国家也纷纷倒戈，澳大利亚、新西兰、印度尼西亚、巴基斯坦、菲律宾、越南，无一例外。

不仅如此，七国集团中的意大利、法国、德国、英国也纷纷加入了亚投行，这让华盛顿颜面扫地，甚至影响到美国未来对国际货币基金组织和世界银行的掌控。最终，共有五十多个国家申请成为亚投行的创始成员国。

对亚投行置若罔闻的，似乎只有美国、日本、加拿大。

这么多国家加入亚投行，甚至包括欧盟最重要的国家，是因为它们都认识到，决定未来世界经济的无疑是欧亚大陆。美国、欧盟部分国家及加拿大的经济发展举步维艰，债务问题层出不穷，基础设施因缺乏资金等原因而无力维护，像美国底特律和匹兹堡这样铁锈地带的“鬼城”数量不断增多。美国的经济魔力不断消退，各国不再蜂拥而至。美国快要破产了，其霸权已是日落西山，政府公布的经济数据充斥着谎言。根据约翰·威廉斯的“影子政府统计”网站统计，2015 年 8 月，美国的实际失业率高达 23.2%，与著名的大萧条时期不相上下。[9]

创立新的银行，为大型跨国基础设施投资，中国扮演着关键角色。在欧亚基础设施建设项目上，相关国家的需求越来越大，新丝路欧亚高铁就是其中之一，并得到了俄罗斯的积极响应。相关规划中甚至还勾勒了韩国经朝鲜与中国连接的基础设施蓝图。

欧亚大陆在基础设施方面的需求巨大，足以带动全球经济增长几十年。亚洲开发银行预测，未来十年亚洲在能源、交通、电信、水资源领域约需 8 万亿美元。2014 年，基础设施领域的私人投资仅仅 130 亿美元，且多数投入低风险项目，当年的官方发展援助也不过 110 亿美元。这意味着每年的资金缺口超过 7000 亿美元。[10]

亚投行的资金可以扩大地区经贸往来、促进金融市场发展、增加宏观经济的稳定性、改善民众的健康和生活条件。华盛顿不加入亚投行，反而试图阻挠，这实际上是在破坏亚洲地区的发展。美国所能提供的仅仅是《跨太平洋伙伴关系协定》，且完全是为了自己的利益，目的是让孟山都等美国企业摆脱亚洲国家的法律约束，以便肆无忌惮地追求利益。

中国在创建亚投行时振臂一呼，世界范围应者云集，这本身就证明了美国主导的布雷顿森林体系的式微。作为这一体系的三大支柱，世界银行、国际货币基金组织、亚洲开发银行集体熄火。

金砖国家新开发银行

2014年，在巴西福塔莱萨召开的金砖国家领导人峰会上，五国领导人宣布："我们对2010年国际货币基金组织改革方案无法落实表示失望和严重关切，这对国际货币基金组织的合法性、可信度和有效性带来负面影响。"金砖五国占世界人口的40%，国内生产总值总和高达16万亿美元，不容小觑，但华盛顿的一些政客对此视而不见，依然把这些国家当作类似"香蕉共和国"的乌合之众。[11]

金砖国家新开发银行，总部设在上海，那里是正在崛起的世界金融中心。与美国控制的国际货币基金组织不同，金砖国家新开发银行五个创始成员的出资份额相同，投票权力也相同，没有任何一国有否决权。

2015年7月，金砖国家新开发银行正式开业，储备基金的规模达1000亿美元，用以应对金融突发事件。1997年，华盛顿联手华尔街在亚洲发动了金融海啸，韩国、马来西亚、印度尼西亚等新兴经济体遭受重创，许多国家至今记忆犹新。

金砖国家新开发银行初始认缴资本为500亿美元，由五个创始成员国平等出资。各国同意将资本增至1000亿美元，以更好地支持金砖国家基础设施建设。

金砖国家新开发银行章程规定，联合国成员均可申请加入，但五个创始成员国的资金份额始终不能低于55%，每一个非创始成员国的资金份额不能高于7%。简言之，金砖国家新开发银行的舵手永远是在对华盛顿控制的布雷顿森林体系不满的国家手中。

1944年以来，美元体系一直控制着世界金融市场，且肆意妄为。亚投行和金砖国家新开发银行的创建，对美元体系构成了极大的威胁，昭示着美元作为世界储备货币的霸权地位岌岌可危。

中国着手“去美元化”

2015 年 6 月，中俄在摆脱美元体系方面采取了重要措施。为应对华盛顿的金融战，俄罗斯财政部表示正计划以人民币的形式发行国债。[12] 这能让莫斯科在很大程度上摆脱美国的金融恐怖主义，同时加强中俄两国的紧密联系——这恰恰是华盛顿地缘战略的噩梦。

俄罗斯副财长谢尔盖·斯托尔恰克宣布，俄方正认真研究如何以人民币的形式发行国债。[13] 这是中俄长期战略的一部分，剑锋直指美国霸权的核心——美元作为全球储备货币的主导地位。

2015 年，全球央行约 60% 的外汇储备都是美元，比十年前的 70% 有所降低，但份额仍旧很高。排名第二的是欧元。

作为世界最大贸易国，中国希望把人民币打造成为世界主要储备货币，并审慎推进。此举具有深远的地缘政治含义。只要美元仍是头号储备货币，各国事实上只能购买美国债券来保值外汇储备。1971 年，美元与黄金脱钩后，中国等贸易顺差国不得不把盈余的美元购买美国国债，这一招让华盛顿可以潇洒地举债度日。事实上，正是由于中、日、俄、德这些贸易顺差国不断购买美国国债，华盛顿才能有钱在全世界不断发动战争。这一现实令人匪夷所思，不过，至少中俄两国已经决心要尽快终结这种怪现象。

2014 年，中俄两国签署了为期三十年的能源大单，俄油气将源源不断地输送到中国，双方使用本币结算。相比 2013 年，中俄两国在 2014 年使用本币的贸易结算增加了 9 倍。2014 年 11 月，中国商务部欧洲司副司长宣布：“约 100 家俄罗斯商业银行开设了人民币结算业务，普通民众有资格申请人民币账户的银行数量也在稳步上升。”作为俄最大的国有银行，俄罗斯联邦储蓄银行成为俄罗斯境内首家出具以人民币计价的信用证的银行。[14]

这一切均表明，中俄正在认真筹划一项长期战略，目的是摆脱对美元的依赖。因为美国一旦发动货币战，将给中俄带来巨大的破坏，美国

2014 年对俄制裁就是活生生的例子。

2015 年 9 月，七国集团财长会议“原则”上接受把人民币纳入国际货币基金组织特别提款权的“货币篮子”，此前具备资格的只有美元、欧元、日元，这表明人民币在国际化的道路上迈出了一大步。同时，也意味着美元作为国际储备货币的份额会相应减少，美国当然不会袖手旁观。

中国的外汇储备主要用于购买美国国债，中国当然清楚这是自己战略上的软肋：一旦发生战争，这些债券就会被冻结。伊朗对美国这种金融战的手法有着深刻的切肤之痛，深知其中的利害关系。

显然，中国在与俄罗斯、伊朗、韩国等国的贸易中去美元化十分必要。中国进一步认识到，要让各国央行认可人民币成为国际储备货币，必须增加中国人民银行的黄金储备，以此确保人民币的信誉。

要使人民币成为广为接受的结算货币，尤其是在“一带一路”合作伙伴中，至关重要的一步就是必须让人民币与黄金挂钩。黄金是贵金属，在历史长河中一直是信誉的代名词。

“丝绸之路”与黄金

据称，美联储的黄金储备为 8000 吨。近年来，中国大幅增加了黄金储备，目前尚不知道是否超过了美国的储量。在 2016 年，为了推动人民币加入国际货币基金组织特别提款权“货币篮子”，中国公布了黄金储备数额。

2014 年，中国黄金协会会长表示：“我们需要尽快建立自己的黄金交易机构……这能让我们在黄金市场上拥有更大的话语权和控制权。”[15]

中国是世界上最大的黄金生产国，地位举足轻重。俄罗斯作为中国“一带一路”倡议的合作伙伴，2014 年的黄金产量居世界第二。[16] 丝路经济带的 65 个国家中，很多都是黄金重要的生产国和消费国。2015 年 5 月，中国人民银行下属的上海黄金交易所在西安成立了“丝绸之路黄金基金”，业务主要针对“一带一路”共建国家。据新华社报道，有60个国家在中国的黄金基金中投资，此举有利于这些国家的央行增加黄金持有量。[17]

西方的金银市场一直受伦敦和纽约几个大家族的控制。1815年，拿破仑战争结束后，西方的黄金市场就由罗斯柴尔德家族一统天下。

无论是纽约商业交易所，伦敦、苏黎世的交易市场，还是芝加哥商业交易所，黄金期货的价格并不固定，但整体走势根本不能反映金价应有的上涨趋势。

2011年8月，黄金期货价格约为61美元每克；到2015年9月，降至约35美元每克，五年来价格持续走低。

问题的根源在于，黄金的市场定价始终由少数美欧大银行把持。纽交所黄金期货市场携手伦敦金银市场协会的场外交易共同定价，世界黄金价格也随之起伏。中国对此一清二楚。

这两大市场同样由少数玩家把持，即伦敦金银市场协会6家参与黄金定价的银行，其中有贪婪成性的J.P.摩根大通、丑闻不断的苏黎世瑞银、加拿大丰业银行（曾为英国东印度公司服务，是世界最早的黄金交易银行），以及伦敦巴克莱银行、香港汇丰银行、法国兴业银行，这些银行名声大都欠佳。[18]

一旦金价有失控的风险，危及美元作为世界头号储备货币的地位，美联储和英格兰银行就会与这6家银行联手，人为打压黄金价格，2011年8月开始的金价持续下跌就是典型例子。黄金反垄断协会等代表黄金投资者的机构，多年来详细记录了金价被操纵的幕后细节。

简言之，控制伦敦和纽约黄金买卖的绝非善者。

甚至还有传言称，不少黄金交易的大牌机构用镀金钨条冒充金条。[19]要进行核实自然极为困难，但至少各位在购买金条时应当慎重考虑。

此外，西方银行还发明了交易所交易基金（ETF），这是黄金交易的衍生品，以黄金为支持但不以黄金结算。纸黄金交易曾一度和真正的黄金买卖维持过些许联系，但 2015 年就脱钩了，完全变成了期货和其他形式的投机。

在黄金交易市场上，操控金价的主要是西方的大银行，它们肆意妄为，这种情形和世界原油市场的定价如出一辙。

建立新的黄金市场

黄金价格偏离价值，中、俄等黄金大国显然不悦。但是，它们并未纠缠于纽交所、芝商所及其幕后黑手的欺诈行为，而是选择创建全新的黄金市场。新市场不受摩根大通、汇丰等银行的控制，专为中、俄等志同道合的国家服务，与金砖国家新开发银行和亚投行遥相呼应。

2015 年 5 月，中国宣布建立国有黄金投资基金，最初规模达 160 亿美元，用以支持“一带一路”合作伙伴在黄金开采方面的需求，最终目的是要建成世界最大的实体黄金基金。这表明，不少有远见卓识的政府正在打造有稳定黄金支持的货币，以推动贸易秩序正常化，远离美国的货币战。

金砖国家和“一带一路”合作伙伴人口众多，资源丰富，完全可以自给自足，不必受制于西方。

2015 年 5 月底，上海黄金交易所正式成立了“丝绸之路黄金基金”，目前其两大投资者是中国两家最大的黄金公司：山东黄金集团（占股份的 35%）和陕西黄金集团（占股份的 25%）。创建基金旨在支持“一带一路”共建国家的金矿开采项目，其中就包括俄罗斯。

美、欧对俄实施制裁，迫使俄实施明确的战略转向，从梅德韦杰夫政府时想成为西方平等的全面伙伴，转为与中国、上合组织成员国、金砖国家进行全面战略合作。

2015 年 5 月 11 日，在成立丝路黄金基金的前夕，中国黄金集团与俄罗斯极地黄金公司签署协议，双方将联手开采俄目前最大的金矿，该矿位于马加丹州科雷马地区东端的纳塔尔卡。极地黄金公司是俄最大的黄金开采集团，位居世界前十。

据官方统计，截至 2015 年 6 月，俄政府黄金储备为 1250.9 吨，且正在大幅增加。在 2015 年前 5 个月，俄国内黄金产量就增加了 6 倍多。

普京总统和俄罗斯领导层对黄金产生了极大兴趣，不少人认为打造一个黄金支持的卢布指日可待。同样，中国要把人民币打造为全球可靠的储备货币，替代摇摇欲坠的美元和欧元，也必须用海量的黄金作后盾。

众所周知，俄罗斯西伯利亚地区拥有大量未开发的金矿。2014 年，俄罗斯是世界第二大黄金生产国，年产量为 272 吨。中国年产量为 450 吨，居世界首位。金砖国家中的南非在 2006 年前一直是世界最大的黄金生产国，2014 年的产量为 150 吨，居世界第七。上合组织的乌兹别克斯坦是世界第八大黄金生产国，2014 年的产量为 102 吨。[20]

2015 年 5 月初，中国驻乌兹别克斯坦大使在乌媒体上发表署名文章，强调中乌共建“一带一路”正在进行时。

不难看出，打造用黄金支持的新的全球储备货币，以此替代通胀的美元和疲软的欧元，这种努力到 2015 年下半年已十分明显。

丝绸之路经济带将通过高铁与俄罗斯的欧亚经济联盟接轨，同时一直延伸到伊朗和沙特等盛产石油的中东国家。丝路高铁绝不仅仅是一条普通的铁路，这一规划日益成为区域经济的中枢神经，若以现在的速度发展，三到五年内这一经济带将成为全球经济增长的火车头。

丝绸之路高铁基础设施建设，再加上中国创建的丝路黄金基金，中、俄带领的欧亚大陆国家将改变美、英对黄金的长期掌控。这种操控几十年来使黄金真正的市场价值一直偏低，阻碍了黄金在世界经济中的正常流通。

鸦片战争期间，伦敦金融城开创了资本主义的金融模式，1945 年以后华尔街又将其升级为金融资本主义。华盛顿和华尔街一度痴心妄想，要把中国拉入这一破坏性的金融体系，以便让美、英投机者控制中国金融市场，最终实现控制中国的目的。但到了 2015 年，这种模式已接近历史性的崩盘。

2015 年 6 月，上海和深圳证券市场出现暴跌。华盛顿竭力推动的“自由市场”改革模式是否合适，中国有必要慎重考虑。然而，扩大人民币的国际使用范围，并以黄金作为支持，同时借助“一带一路”倡议直接与邻国开展本币贸易，这提供了一个除华尔街模式外更为健康的选择。华尔街的模式是破产帝国的模式，最终只会走向末路。

注 释

总序

[1] 美国国防部（US Department of Defense）. 2022年国防战略简报（Fact Sheet: 2022 National Defense Strategy）. 2022-03-28, https://media.defense.gov/2022/Mar/28/2002964702/-1/-1/1/NDS-FACT-SHEET.PDF。

[2] 哈尔福德·麦金德爵士（Sir Halford J. Mackinder）. 民主的理想与现实（Democratic Ideals and Reality）. New York: Henry Holt & Co., 1919.150。

[3] 哈尔福德·麦金德爵士（Sir Halford J. Mackinder）. 圆形世界与赢得和平（The Round World and the Winning of the Peace）. Foreign Affairs, Vol. 21, No. 4, 1943. 601。

[4] 维多利亚·纽兰（Victoria Nuland）. 美国-乌克兰基金会（US-Ukraine Foundation）. 2013-12-13, https://www.youtube.com/watch?v=rPVs5VuI8XI。

[5] 兹比格涅夫·布热津斯基（Zbigniew Brzezinski）. 大棋局：美国至高及其地缘战略要务（The Grand Chessboard: American Primacy and Its Geostrategic Imperatives）. New York: Basic Books, 1997。

[6] 西摩·赫什（Seymour Hersh）. 美国如何摧毁北溪管道（How America Took Out The Nord Stream Pipeline）. 2023-02-08, https://seymourhersh.substack.com/p/how-america-took-out-the-nord-stream.《纽约时报》称其为“谜团”，美国实施的秘密海上行动一直掩人耳目，现在终于真相大白了。

[7] 同注[5]。

[8] 克劳斯·施瓦布（Klaus Schwab）（世界经济论坛创始人兼执行主席）. 可持续发展：现

在是实施“大重置”的最佳时机（Sustainable Development: Now Is the Time for a “Great Reset”）. 2020-06-03, https://www.weforum.org/agenda/2020/06/now-is-the-time-for-a-great-reset/。

第一章 鹊巢鸠占：新生美联储攫取了货币控制权

[1] 西奥多·罗斯福（Theodore Roosevelt）的演讲稿 . 532。

[2] 纽约时报（The New York Times），1966-10-31。

[3] 凯文·卡希尔（Kevin J. Cahill）.1907 年美国银行大恐慌与 1908-1909 年墨西哥大萧条（The U.S. Bank Panic of 1907 and the Mexican Depression of 1908-1909）. The Historian，1998，Vol. 60。

[4] 费迪南德·伦德伯格（Ferdinand Lundberg）. 美国的 60 个家族（America’s 60 Families）. New York: The Vanguard Press, 1937. 57-66。

[5] 美国参议院特权和选举委员会（United States Senate Committee on Privileges and Elections）. 第 62 届国会第 3 次会议竞选捐赠小组委员会听证会（Hearings of the Sub-committee on Campaign Contributions, 62nd Congress, 3rd Session）.1913: 453：453 ff. 罗斯福与斯蒂尔曼和摩根之间联系的背景材料，见：亨利·普林格尔（Henry Pringle）. 罗斯福传（Theodore Roosevelt））. New York: Harcourt, Brace & Co., 1931. 350。

[6] 波士顿联邦储备银行（The Federal Reserve Bank of Boston）. 1907 年大恐慌（The Panic of 1907）. 8。

[7] 美国财政部（US Department of the Treasury）. 年度财务报告（Annual Report on the Finances）. Washington, D.C., 1906. 49。正如米尔顿·弗里德曼所指出的，美国财政部的债务管理权力“堪比联邦储备系统开展公开市场运营的能力”。见：米尔顿·弗里德曼、安娜·施瓦茨（Milton Friedman, Anna J. Schwartz）. 美国货币史（1867-1960）(A Monetary History of the United States, 1867-1960）.Princeton: Princeton University Press, 1963. 150, footnote 24。

[8] 古斯塔夫斯·迈尔斯（Gustavus Myers）. 美国巨额财富史（History of the Great American Fortunes）.New York: The Modern Library, 1936.586-572。

[9] 费迪南德·伦德伯格（Ferdinand Lundberg）. 前揭书 .92。

[10] 1907 年银行大恐慌的实际运营详情已被后来对亲摩根的叙述掩盖了。除了前文引用的古斯塔夫斯·迈尔斯的著作之外，还有：詹姆斯·格兰特（James Grant）. 生财有道：从内战到迈克尔·米尔肯的美国借贷史（Money of the Mind: Borrowing and Lending in Ameri-

ca from the Civil War to Michael Milken)(New York: Farrar Straus Giroux, 1992) 以及米尔顿·弗里德曼、安娜·施瓦茨的前揭书，有助于还原 1913 年联邦储备系统作为“美国世纪”支柱出现这一决定性事件中的实际活动。

[11] 美国众议院银行和货币委员会（The House Banking and Currency's Committee）. 众议院银行与货币委员会调查货币和信贷集中控制的报告（Report of the House Banking and Currency's Committee to Investigate Concentration of Control of Money and Credit ）. Washington D.C., 1913.56-91，引自：古斯塔夫斯·迈尔斯（Gustavus Myers）. 前揭书 . 634。该委员会即所谓的皮若委员会，由路易斯安那州的民主党人阿尔塞纳·皮若（Arsene Pujo）领导。皮若的首席顾问塞缪尔·昂特迈耶（Samuel Untermyer）于 1911 年首创“金融托拉斯”这一术语，用于描述摩根和洛克菲勒周围团体的权势。

[12] 亨利·普林格尔（Henry Pringle）. 前揭书 .244。

[13] 沃尔特·达文波特（Walter Davenport）. 权势与荣耀（Power & Glory）. Colliers' magazine, 1931-02-07。

[14] 卡尔·埃利希·博尔恩（Karl Erich Born）.19 世纪与 20 世纪的货币和银行（Geld und Banken im 19. and 20. Jahrhundert）.Stuttgart: Alfred Kroener Verlag, 1977. 173-175。

[15] 同上 .172-173。

[16] 尤斯塔斯·马林斯（Eustace Mullins）. 美联储的秘密（The Secrets of the Federal Reserve）. Bankers Research Institute, Staunton, Virginia, 1983.1。

[17] 罗恩·切尔诺夫（Ron Chernow）. 巨人：老约翰·洛克菲勒传（Titan：The Life of John D. Rockefeller, Sr.）. London: Warner Books, 1998. 373，377。

[18] 美国众议院银行和货币委员会（The House Banking and Currency's Committee）. 前揭报告。

[19] 伯蒂·查尔斯·福布斯（Bertie Charles Forbes）. 流行观点（Current Opinion）. 1916-12: 382，引自：尤斯塔斯·马林斯（Eustace Mullins）. 前揭书 .2。

[20] 罗恩·切尔诺夫（Ron Chernow）. 沃伯格家族（The Warburgs）. New York: Random House, 1993. 155-156。

[21] 尤斯塔斯·马林斯（Eustace Mullins）. 前揭书 .14。

[22] 同上 .12。

[23] 美国百科全书（Encyclopedia Americana）. 英格兰银行（The Bank of England）.Vol.13, 1943 edition, 引自：E. C. 克努特（E. C. Knuth）. “金融城”帝国（The Empire of “The City”）. Milwaukee: The Noontide Press, 1946. 27, footnote 27。

[24] E. C. 克努特（E. C. Knuth）. 前揭书。

[25] 尤斯塔斯·马林斯（Eustace Mullins）. 前揭书 .14-15。

[26] 费迪南德·伦德伯格（Ferdinand Lundberg）. 前揭书 .122。

[27] 尤斯塔斯·马林斯（Eustace Mullins）. 前揭书 .15。

[28] 第三方“雄鹿党”的创立是为了不让共和党人霍华德·塔夫脱当选总统，以便让更听话的伍德罗·威尔逊当选，其详情见费迪南德·伦德伯格（Ferdinand Lundberg）前揭书中的“强化政治：1912-1920 年”（第 106-120 页）。在银行家挑选出来的伍德罗·威尔逊赢得 1912 年的总统大选后，纯粹是拼凑起来的进步党解散了，西奥多·罗斯福悄悄地重新加入共和党。

[29] 费迪南德·伦德伯格（Ferdinand Lundberg）. 前揭书 .109-121。

[30] 同上 .109。

[31] 韦恩·克劳特克雷默（Wayne N. Krautkramer）. 美联储的起源、历史和当前战略（The Federal Reserve - Its Origins, History & Current Strategy）.2004-09-15, http://news.gold-seek. com/GoldSeek/1095269452.php。

第二章　幕后操纵：摩根和美联储出钱让欧洲打仗

[1] 卡罗尔·奎格利（Carroll Quigley）. 英美权势集团：从罗得斯到克莱夫登（The Anglo-American Establishment: From Rhodes to Cliveden）. New York: Books in Focus, 1981. 38-39。

[2] 同上 .33-34。

[3] 菲尔·康斯坦丁（Phil Konstantin）. 南非布尔战争：1899-1902 年（The Boer War South Africa, 1899-1902）. San Diego: The History Ring, 2008-07-25, http://www. geocities.com/Athens/Acropo/8141/boerwar.html。

[4] 有关争夺全球主导的这种竞争，有一个有趣的、地缘政治的视角，见：彼得·泰勒（Peter J. Taylor）. 英国和冷战：1945 年作为地缘政治的过渡（Britain and the Cold War：1945 as Geopolitical Transition）. London: Pinter Publishers, 1990.17。其引文为：“作为事后认识，我们可以认为两次世界大战是美国和德国争夺英国的继承权。这场角逐直到第二次世界大战结束、德国无条件投降才尘埃落定。”

[5] 布鲁克斯·亚当斯（Brooks Adams）. 新帝国（The New Empire）. New York: Macmillan Co., 1902. xi-xxxiii。

[6] 同上 .33。

[7] 弗雷德里克·杰克逊·特纳（Frederick Jackson Turner）. 美国历史上边疆的重要性（The Significance of the Frontier in American History）.New York: Henry Holt and Co., 1995. 1, 33, 59。

[8] 布鲁克斯·亚当斯（Brooks Adams）. 前揭书。

[9] 威廉·恩道尔（F. William Engdahl）. 石油战争：石油政治决定世界新秩序（A Century of War: Anglo-American Oil Politics and the New World Order）. London: Pluto Press, 2004. Chap. 4, notably 35-36。

[10] 威廉·恩道尔（F. William Engdahl）. 石油和大战的起源（Oil and the Origins of the Great War）. History Compass, 2000-05/06, Oxford: Blackwell Publishing Ltd., 2041-2060, available in draft in http://www. engdahl. oilgeopolitics. Net。

[11] 费迪南德·伦德伯格（Ferdinand Lundberg）. 前揭书 .130。

[12] 同上 .130-133。

[13] 威廉·恩道尔（F. William Engdahl）. 石油战争：石油政治决定世界新秩序（A Century of War: Anglo-American Oil Politics and the New World Order）. London: Pluto Press, 2004. 36-37。

[14] 奈委员会（The Nye Commission）. 军需工业调查特别委员会报告（奈报告）(Report of the Special Committee on Investigation of the Munitions Industry, The Nye Report）. U.S. Congress, Senate, 74th Congress, 2nd Session, 1936-02-24。

[15] 塞西尔·斯普林·赖斯（英国驻美国大使、爵士）(Cecil Spring Rice, British Ambassador to Washington, Sir）. 塞西尔·斯普林·赖斯致外交大臣爱德华·格雷爵士）(Cecil Spring Rice to Secretary of State for Foreign Affairs Sir Edward Grey）. 1915-01-20. f. 60, FO 800/85, 见：凯思林·伯克（Kathleen Burk）. 英国、美国和军费：1914-1918 年）(Britain, America and the Sinews of War: 1914-1918）. London: George, Allen & Unwin, 1985. 21。斯普林·赖斯曾在小 J.P. 摩根的婚礼上担任男傧相，他也是华尔街和伦敦精英组成的“朝圣山学社”的会员。

[16] 奈委员会（The Nye Commission）. 前揭报告。

[17] 托马斯·拉蒙特（Thomas W. Lamont）. 战争对美国财务状况的影响（The Effect of the War on America’s Financial Position）. Annals of the American Academy of Political and Social Science. 1915, No. 60: 106-112。

[18] 奈委员会（The Nye Commission）. 前揭报告 :3-13。

[19] 威廉·恩道尔（F. William Engdahl）. 石油战争：石油政治决定世界新秩序（A Century of War: Anglo-American Oil Politics and the New World Order）. London: Pluto Press, 2004. 40-41。

[20] 沃尔特·海因斯·佩奇（Walter Hines Page）. 沃尔特·海因斯·佩奇致伍德罗·威尔逊总统（Walter Hines Page to President Woodrow Wilson）. 1917-04-05, 引自：费迪南德·伦德伯格（Ferdinand Lundberg）. 前揭书 .141。

[21] 伍德罗·威尔逊（Woodrow Wilson）. 国会上的演讲（Speech to Congress）.1917-04-02,

见：查尔斯·霍恩编（Charles F. Horne, ed）1923年大战资料（Source Records of the Great War 1923）. Vol. V, National Alumni, 1923, http：// www.firstworldwar.com/source/usawardeclaration.html, accessed on 2008-08-04。

［22］同［20］。

［23］卡罗尔·奎格利（Carroll Quigley）. 悲剧与希望：世界当代史（Tragedy and Hope，A History of the World in Our Time）.New York: Macmillan Co., 1966. 539。

［24］艾伦·德尔维什（Aaron Delwiche）. 宣传：第一次世界大战战时宣传（Propaganda: Wartime Propaganda, World War I）. The Committee on Public Information, http://www.propagandacritic.com/articles/ww1.cpi.html。

［25］哈罗德·拉斯韦尔（Harold D. Lasswell）. 世界大战中的宣传技巧（Propaganda Technique in the World War）. New York, 1927; reprinted The MIT Press, 1971, 引自：亚伦·德尔维什（Aaron Delwiche）. 前揭文。

［26］艾伦·德尔维什（Aaron Delwiche）. 欺骗加武力：第一次世界大战期间美国国内宣传（Of Fraud and Force Fast Woven - Domestic Propaganda During the First World War）. 2001-08-11, http: //www. firstworldwar. com, accessed on 2008-08-05。

［27］爱德华·伯奈斯（Edward J. Bernays）. 宣传（Propaganda）. Brooklyn, NY: IG Publishers, 1928. 54-55。

［28］爱德华·伯奈斯（Edward J. Bernays）. 游说工程学（The Engineering of Consent）. Norman, OK.: University of Oklahoma Press, 1955. 3-4; 伯奈斯在本书中将他的观点作了如下定义：“公共关系是试图通过信息、说服和修正，从而使公众支持某项活动、事业、运动或机构。”

［29］赖瑞·泰伊（Larry Tye）. 公关之父：爱德华·伯奈斯与公共关系的诞生（The Father of Spin: Edward L.Bernays and the Birth of Public Relations）. New York: Henry Holt & Co., 1998. 27-31。

［30］理查德·比米什、弗朗西斯·马奇（Richard J. Beamish, Francis A. March）. 美国在世界大战中的作用：我国的丰功伟绩史（America’s Part in the World War: A History of the Full Greatness of Our Country’s Achievements）. Philadelphia: The John C. Winston Co., 1919。

［31］同上。

［32］哈维·菲斯克（Harvey E. Fisk）. 1688年革命后的英国财政（English Public Finance From the Revolution of 1688）. New York: Bankers Trust Company, 1920.1-5；值得注意的是，摩根的一家银行——信孚银行在第一次世界大战战后初期就对英国的财政作了广泛的研究。

［33］佚名（Anon.）. 银行统计家称，当前世界债务为2650亿美元：世界战争导致债务增

长约 2210 亿美元（World Debts Now $265,000,000,000: World War Caused Increase of $221,000,000,000 Says Bank Statistician）. The New York Times,1920-06-27。

[34] 尤斯塔斯・马林斯（Eustace Mullins）. 美联储的秘密（The Secrets of the Federal Reserve）. Bankers Research Institute, Staunton, Virginia, 1983.124。

第三章　异军突起：洛克菲勒家族占领制高点

[1] 保罗・斯图坚斯基、H. E. 克鲁斯（Paul Studenski, H. E. Krooss）. 美国金融史（Financial History of the United States）.New York: McGraw-Hill Book Co.,1963.353。

[2] 莫里斯・汉森（Morris H. Hansen）. 美国统计摘要（Statistical Abstract of the United States）. Washington, D.C., US Department of Commerce, US Government Printing Office, 1946.355。

[3] 凯思琳・伯克（Kathleen Burk）. 金融、对外政策及英美银行：摩根家族（1900-1931 年）（Finance, Foreign Policy and the Anglo-American Bank: The House of Morgan, 1900-31）. Historical Research,Vol. LXI, No.145, 1988-06: 208-210。

[4] 同上 :209-210。

[5] 彼得・科利尔、戴维・霍罗威茨（Peter Collier, David Horowitz）. 洛克菲勒家族：一个美国王朝（The Rockefellers: An American Dynasty）. New York: Holt, Rinehart & Winston, 1976.160-161。

[6] 同上 .161-162。

[7] 凯思琳・伯克（Kathleen Burk）. 前揭书 . 210。

[8] 詹姆斯・格兰特（James Grant）. 生财有道：从内战到迈克尔・米尔肯的美国借贷史（Money of the Mind: Borrowing and Lending in America from the Civil War to Michael Milken）. New York: Farrar, Straus and Geroux, 1992. 227-230。

[9] 同上 .230。

[10] 乔旦・施瓦茨（Jordan A. Schwarz）. 投机者：伯纳德・巴鲁克在华盛顿（1917-1965 年）（The Speculator: Bernard M. Baruch in Washington,1917-1965）. Chapel Hill: University of North Carolina Press, 1981, passim。

[11] 同上 .271。

[12] 同上 .270-276。

[13] 同上 .296。

[14] 杰勒德・科尔比、夏洛特・丹尼特（Gerard Colby, Charlotte Dennett）. 愿你的旨意行

进：征服亚马孙——石油时代的纳尔逊·洛克菲勒和福音传道（Thy Will Be Done：The Conquest of the Amazon - Nelson Rockefeller and Evangelism in the Age of Oil）. New York:HarperCollins,1995.89。

[15] 同上 .88-89。

[16] 安东尼·萨顿（Anthony C. Sutton）. 罗斯福和国际高级融资（Roosevelt and die internationale Hochfinanz）. Tübingen: Grabert-Verlag,1990.149-150。

[17] 纽约时报（The New York Times）,1960-05-20。

[18] 安东尼·萨顿（Anthony C. Sutton）. 前揭书 .149-154。

[19] 同上 .149-154。

[20] 弗朗西丝·珀金斯（Frances Perkins）. 我所认识的罗斯福（The Roosevelt I Knew）. New York: Viking Press, 1946. 206，引自：安东尼·萨顿（Anthony C. Sutton）. 前揭书 . 199。

[21] 斯坦利·G. 佩恩（Stanley G. Payne）. 法西斯历史（1914-1945 年）(A History of Fascism,1914-1945）.Madison: University of Wisconsin Press, 1995. 230, footnote 65。

[22] 安东尼·萨顿（Anthony C. Sutton）. 前揭书 .153。

[23] 同上 .167。

[24] 戴维·洛克菲勒（David Rockefeller）. 回忆录（Memoirs）.New York: Random House, 2002.124-25。

[25] 加里·艾伦（Gary Allen）. 洛克菲勒档案（The Rockefeller File）. Chap.3, http://www.mega.nu:8080/ampp/gary_allen_rocker/ch1-4.html#ch3。

第四章　万事俱备：打造布雷顿森林美元体系

[1] 哈罗德·麦克米伦（Harold Macmillan)，引自克里斯托弗·希钦斯（Christopher Hitchens）. 鲜血、阶级和怀旧：英美讽刺（Blood,Class and Nostalgia:Anglo-American Ironies）.New York: Farrar, Straus & Giroux, 1990）. 23。

[2] 菲利普·卡根（Phillip Cagan）. 1875-1960 年美国货币存量变化的决定因素（Determinants of Change in the Stock of Money:1875-1960）. New York: Columbia University Press, 1965. 341。

[3] 布雷顿森林的历史有一段令人好奇的脚注：在 1991 年苏联秘密档案公开之后，正如后来美国情报机构所怀疑的那样，怀特的确是在美国政府机构内部的苏联高级间谍圈成员之一。在得到他可能是苏联间谍的报告后，杜鲁门撤回了由怀特担任国际货币基金组织第一任总干事的提名，没有给出任何解释。

[4] 怀特在制定旨在对战后的德国去工业化的“摩根索计划”中发挥了作用，这个计划更符合苏联的而不是美国的目标，尽管憎恨德国的罗斯福打心眼里支持这个计划，直到他去世为止。美国参谋长联席会议第 1067 号命令，允许西方占领国和苏联一起拆解德国的工厂，让德国彻底变成一个“田园般”的粮食提供者。1945 年 3 月，在罗斯福去世之前数日，有人提醒他，参谋长联席会议不同意这么做，除非他打算消灭 2500 万德国人。对此，他答复道：“给他们开粥棚！让他们的经济完蛋！”当被问及他是否打算让德国人挨饿时，他回答：“为什么不？”据说罗斯福还告诉摩根索：“我们必须对德国人狠一点。我的意思是德国人不仅是纳粹。我们要么必须阉割德国人，要么我们必须采用方式使他们不至于继续繁衍从而继续走他们过去的路。”罗斯福去世之后的 1945 年 5 月 10 日，杜鲁门签署了参谋长联席会议 1067 号命令。它在接下来的残酷的两年里依然有效，尽管遭到了邱吉尔以及其他人的强烈抗议。

[5] 罗斯福的引言，见：迈克尔·白斯洛士（Michael R. Beschloss）. 征服者：罗斯福、杜鲁门与对希特勒德国的摧毁（1941-1945 年）(The Conquerors：Roosevelt，Truman and the Destruction of Hitler’s Germany, 1941-1945）.196。冷战结束后苏联解密的档案中揭露哈里·德克斯特·怀特克格勃活动的详细内容，见：艾伦·温斯坦、亚历山大·瓦西列夫（Allen Weinstein, Alexander Vassiliev）. 闹鬼的森林（The Haunted Wood）. New York: Random House, 1999. 90。

[6] 尼尔·史密斯（Neil Smith）. 美帝国：罗斯福的地理学家和全球化序幕（American Empire:Roosevelt’s Geographer and the Prelude to Globalization）. Berkeley: University of California Press, 2003. xii。

[7] 引自：吉迪恩·拉赫曼（Gideon Rachman）. 布雷顿森林体系难以成功（The Bretton Woods Sequel will Flop）. Financial Times, London, 2008-11-10。

[8] 柯尔比（M. W. Kirby）. 前揭书 .91-92 op. cit.,。

[9] 彼得·科利尔、戴维·霍罗威茨（Peter Collier, David Horowitz）. 洛克菲勒家族：一个美国王朝（The Rockefellers: An American Dynasty）. New York: Holt Rinehart & Winston, 1976. 234-235。

[10] 维克托·阿尔吉（Victor Argy）. 战后国际货币危机（The Postwar International Monetary Crisis）. London: George Allen & Unwin, 1981. 24。

[11] 斯坦利钦科（A. Stadnichenko）. 资本主义货币危机（Monetary Crisis of Capitalism）.Moscow: Progress Publishers, 1975. 88-101。

[12] 同上 .100-103。

[13] 弗雷泽·哈伯特（Fraser J. Harbutt）. 铁幕：邱吉尔、美国与冷战起源（The Iron Curtain: Churchill, America and the Origins of the Cold War）. Oxford: Oxford University Press,

1986.101-149。

[14] 理查德 · 克拉克爵士（Sir Richard Clarke）. 1942-1949 年英美经济合作（Anglo-American Economic Collaboration 1942-1949）. Oxford: Clarendon Press, 1982.21-26。

[15] 理查德 · 加德纳（Richard N. Gardner）. 英镑美元外交（Sterling-Dollar Diplomacy）. Oxford: Clarendon Press, 1956.184-186。

[16] 同 [1]。

第五章　未雨绸缪：捍卫美元就是捍卫国家安全

[1] 保罗 · 尼采等（Paul Nitze, et al.）. NSC- 第 68 号文件 : 美国的国家安全目标与计划——根据 1950 年 1 月 31 日总统指示向总统的汇报（NSC 68: United States Objectives and Programs for National Security- A Report to the President Pursuant to the President's Directive of January 31, 1950）. Naval War College Review, 1950-04-14, reprinted in Naval War College Review, Vol. XXVII, 1975-05/06: 51-108。

[2] 迈克尔 · 坦泽（Michael Tanzer）. 病态的社会：一次经济考察（The Sick Society：An Economic Examination）. New York: Holt Rinehart & Winston）.1971.78。

[3] 乔治 · 凯南（George Kennan）. 政策规划研究 23：美国对外政策当前趋势评论（Policy Planning Study 23（PPS/23）: Review of Current Trends in U.S. Foreign Policy. Foreign Relations of the United States, 1948, Volume I: 509-529, marked "Top Secret" but later declassified。

[4] 威廉 · 阿普尔曼 · 威廉斯（William Appleman Williams）. 美国外交的悲剧（The Tragedy of American Diplomacy）. New York: Delta Books, 1972. 208。

[5] 美国参议院小企业小型特别委员会（U.S. Senate Select Committee on Small Business）.ECA 和 MSA 在石油价格方面与国际石油公司的关系（ECA and MSA Relations with International Oil Companies Concerning Petroleum Prices）.82nd Congress, 2nd Session, 1952。

[6] 戴维 · 佩因特（David S. Painter）. 石油与马歇尔计划（Oil and the Marshall Plan）. Business History Review, No. 58, Autumn 1984:359-383。

[7] P.M.H. 贝尔（P. M. H. Bell）. 1945 年以来的世界：一部国际历史（The World Since 1945：An International History）. Oxford: Hodder Arnold, 2001。

[8] 英国情报部门利用玛塔 · 哈里式的英国女间谍伊夫林 · 佩特森（Evelyn Paterson）引诱具有影响力的参议员、孤立主义者范登堡，使他持对英国友好的态度。有关内容，见：托马斯 · 马尔（Thomas E. Mahl）. 疯狂欺骗：英国在美国的秘密行动（1939-1944 年）

(Desperate Deception: British Covert Operations in the United States,1939-1944) . London: Brassey's, 1998. 150-154。

[9] 斯蒂芬・安布罗斯 (Stephen Ambrose), 引自：礼萨・齐亚・易卜拉希米 (Reza Zia-Ebrahimi) . 哪一事件更利于巩固冷战共识：1947 年 3 月的杜鲁门主义演讲还是 1948 年 2 月至 3 月的捷克危机? (Which Episode Did More to Consolidate the Cold War Consensus: The Truman Doctrine Speech of March 1947 or the Czech Crisis of February-March 1948 ?) . 2007-01, http://www. Zia-ebrahimi. com/truman.html。

[10] 乔治・凯南 (“X 先生”)(George F. Kennan, “Mr. X”) . 苏联行为的根源 (The Sources of Soviet Conduct) . Foreign Affairs, Vol. 25, No. 4, 1947-07. 566-582。本文由乔治・凯南于 1944-1946 年间在艾夫里尔・哈里曼大使手下担任美国驻苏联使馆代办时写就。

[11] 雷诺兹 (Reynolds) . 欧洲冷战的起源 (The Origins of the Cold War in Europe) . International Perspectives:13。

[12] 保罗・尼采等 (Paul Nitze, et al) . 前揭报告 .51-108。

[13] 同上。

[14] 同上，V. 苏联的意图和能力：C. 军事。

[15] 同上，IX. 可能的行动方案 : D. 其余的行动步骤——在自由世界里进行政治、经济和军事力量的快速集结。

[16] 美国对外关系文件 (FRUS) .1950, Vol. 1. 170-172, 191, 225-226; 另见 NSC- 第 68 号文件 (NSC-68) .43,54。

[17] 约翰・刘易斯・加迪斯 (John Lewis Gaddis) . 美国与冷战的起源 (The United States and the Origins of the Cold War) .New York: Columbia University Press, 1972; 理查德・弗里兰 (Richard M.Freeland) . 杜鲁门主义和麦卡锡主义的起源 (The Traman Doctrine and the Origins of McCarthyism) .New York: New York University Press, 1989; 弗兰克・科夫斯基 (Frank Kofsky) . 哈里・杜鲁门和 1948 年的战争恐慌 (Harry S. Truman and the War Scare of 1948) . New York: Palgrave Macmillan,1993。

[18] 迪安・艾奇逊 (Dean Acheson) . 创造亲历记：我在国务院的岁月 (Present at the Creation: My Years in the State Department) . New York: W.W. Norton, 1969。

[19] 约翰・根室 (John Gunther) . 麦克阿瑟之谜 (The Riddle of MacArthur) . London: Hamish, 1951.150。

[20] 曼苏尔・汗 (Mansur Khan) . 美国战争秘史 (Die geheime Geschichte der amerikanischen Kriege) . Tübingen: Grabert-Verlag, 2003.245。

[21] 同上 .241-242。

[22] 同上 .270-271。

[23] 纽约外交关系协会（New York Council on Foreign Relations）. 高管及董事（Officers & Directors）.1947。
[24] 彼得·科利尔、戴维·霍罗威茨（Peter Collier, David Horowitz）. 洛克菲勒家族：一个美国王朝（The Rockefellers：An American Dynasty）. New York: Holt Rinehart & Winston, 1976. 240-241。
[25] 同上 .272-276。
[26] 威廉·布鲁姆（William Blum）. 扼杀希望："二战"以来美国军方及中央情报局的干涉（Killing Hope：US Military and CIA Interventions since World War II）. Maine: Common Courage Press, 2004. 64-82。
[27] 兰德迈耶（P. Landmeier）. 香蕉共和国：联合果品公司（Banana Republic：The United Fruit Company）. 1997, http：//www. mayaparadise. com/ufcle. Htm; 关于 1954 年政变的部分解密档案，另见：凯特·多伊尔、彼得·科恩布鲁编（Kate Doyle, Peter Kornbluh,eds.）. 国家安全索引电子简介书第 4 号：中央情报局和暗杀——1954 年危地马拉档案（National Security Archive Electronic Briefing Book No. 4: CIA and Assassinations - The Guatemala 1954 Documents）. http://www. gwu. edu/ ~ nsarchiv/NSAEBB/NSAEBB4/index.html。
[28] 沃尔特·拉费伯尔（Walter Le Feber）. 不可避免的革命：美国在中美洲（Inevitable Revolutions:The United States in Central America）. New York: W. W. Norton, 1993.120-121。
[29] 同上。

第六章 初试牛刀：新美元本位制接管世界

[1] 美国安全委员会小组委员会之战后外交政策咨询委员会（Advisory Committee on Postwar Foreign Policy, Security Subcommittee）. 第 S-3 号会议记录（ Minutes S-3）. 1942-05, Notter File, Box 77, Record Group 59, Records of the Department of State, National Archives, Washington D.C.。
[2] 维克托·佩洛（Victor Perlo）. 美帝国主义（American Imperialism）. New York: International Publishers, 1951。
[3] 詹姆斯·伯纳姆（James Burnham）. 为世界而奋斗（The Struggle for the World）. New York: John Day & Co., 1947.188, 193-195。
[4] 同上 .193-195。
[5] 同上 .201。
[6] 埃利奥特·罗斯福（Elliott Roosevelt）. 在他看来（As He Saw It）. New York: Duell,Sloan

and Pearce, 1946. 41。

[7] 帕姆・达特（R. Palme Dutt）. 英国和英帝国危机（The Crisis of Britain and the British Empire）.London: Lawrence & Wishart, 1953.166。

[8] 同上 .166-167。

[9] 同上 .168。

[10] 同上 .170。

[11] 同上 .174。

[12] 有关洛克菲勒家族在刚果直到独立前所扮演的角色，见：保罗・戴维・柯林斯（Paul David Collins）. 趋同带来的征服：反精英趋同案例（Conquest by Convergence: The Case Against Elite Convergence）. 2003, http://www.conspiracyarchive.com/NWO/Elite_Convergence.html。

[13] 斯坦利钦科（A. Stadnichenko）. 资本主义货币危机（Monetary Crisis of Capitalism）.Moscow: Progress Publishers, 1975. 126-127。

[14] 罗伯特・特里芬（Robert Triffin）. 美元危机（The Dollar in Crisis）. New Haven: Yale University Press,1961.228-229。

[15] 约翰・肯尼迪（John F. Kennedy）. 致国会的年度国情咨文（Annual Message to the Congress on the State of the Union）. 1961-01-30, http://www.jfklink.com/speeches/jfk/publicpapers/1961/jfk11_1961.html。

[16] 同上。

[17] 唐纳德・吉布森（Donald Gibson）. 在肯尼迪总统时期与华尔街搏斗（Battling Wall Street: The Kennedy Presidency）. New York: Sheridan Square Press, 1994.73-75。

[18] 维姆・丹克巴（Wim Dankbaar）. 肯尼迪档案：对供认不讳杀害肯尼迪的詹姆斯・法尔斯的采访（Files on JFK: Interviews with Confessed Assassin James E. Files）. Victoria, BC: Trafford Publishing, 2005.43-108；在位于美国伊利诺斯州乔利埃特的美国联邦监狱所做的档案中，中情局“暗杀团”成员詹姆斯・法尔斯以录音方式承认他们暗杀肯尼迪的任务由中央情报局官员戴维・艾德礼・菲利普斯领导，事后把罪责推给“独行杀手”李・哈维・奥斯瓦德。

[19] 约翰・肯尼迪（John F. Kennedy）. 第 11110 号总统令：第 10289 号总统令修正案——经修订的部分与影响美国财政部某些职能有关（Executive Order 11110: Amendment of Executive Order No. 10289, as Amended, Relating to the Performance of Certain Functions Affecting the Department of the Treasury）. 1963-06-04; reprinted in *The Final Call*, Vol. 15, No.6, 1996-01-17, http://www.john-f-kennedy.net/executiveorder11110.html。

[20] 彼得・科利尔、戴维・霍罗威茨（Peter Collier, David Horowitz）. 洛克菲勒家族：一个美

国王朝（The Rockefellers：An American Dynasty）. New York: Holt Rinehart & Winston, 1976. 560。

[21] 安东尼·韦恩（Anthony Wayne）. 约翰·肯尼迪与美联储之争（John F. Kennedy vs the Federal Reserve）. http://www.john-f-kennedy.net/thefederalreserve.html。

[22] 林登·约翰逊（Lyndon B .Johnson）. 第 11198 号总统令——对某些商业银行贷款征收利息平衡税（Executive Order 11198—Imposition of Interest Equalization Tax on Certain Commercial Bank Loans）. 1965-02-10, http://www.presidency.ucsb.edu/ws/index.php?pid=60529。

[23] 同上 .156。

[24] 美国联邦储备系统（The United States Federal Reserve System）. 联邦储备银行合并状况（Consolidated Position of the Federal Reserve Banks）. Federal Reserve Bulletin, Table 15, 1965-02. 230。

[25] 雅克·吕夫（Jacques Rueff）. The Wall Street Journal, 1969-06-09。

[26] 艾伦·汉密尔顿（Aaran Hamilton）. 英镑贬值及其他：1968 年 3 月的黄金危机（Beyond the Sterling Devaluation: The Gold Crisis of March 1968）. Contemporary European History, 2008, Vol. 17, No. 1: 73-95。

[27] 斯坦利钦科（A. Stadnichenko）. 前揭书 . 204-211。

[28] 雷内·维艾内特（Rene Vienet）. 占领运动中的忿激派和境遇主义者（Enragés and Situationists in the Occupations Movement）. Situationist International Online Archive, 1968, accessed on http://www.cddc.vt.edu/sionline/si/enrages.html。

[29] 维持占领委员会（Council for Maintaining the Occupation）. 占领索邦大学报告（Report on the Occupation of the Sorbonne）. Paris, 1968-05-19, Situationist International texts, http://www.cddc.vt.edu/sionline/si/occupation.html。

第七章　昙花一现：尼克松离开布雷顿森林体系

[1] 迈克尔·赫德森（Michael Hudson）. 超级帝国主义：美国主导世界的起源和根本（Super Imperialism: The Origins and Fundamentals of US World Dominance）.London: Pluto Press, 2003. xiii. 赫德森的记录部分地、出色地曝光了战后美国利用巨额国债以及长期的贸易赤字对金融的操控达到惊人的程度，其他国家没办法这样做，这是因为美元是世界的储备货币，而且其他国家都依赖美国的军事安全保护。它们别无选择，只能利用贸易顺差得来的美元购买数千亿美元的美国国债。事实上，正如赫德森告诉卡恩的，这样做迫使其他国家支持美国发动战争和诸如此类的其他事情，使得这些国家购买美国国债无利可图。赫德森

指出，1971 年 8 月黄金与美元的脱钩正是使得这样做成为可能的关键一步，尽管华盛顿和华尔街政策圈子一开始都没有意识到这一点。

[2] 威廉·恩道尔（F. William Engdahl）. 石油战争：石油政治决定世界新秩序（A Century of War: Anglo-American Oil Politics and the New World Order）.London: Pluto Press, 2004.114。

[3] 理查德·邓肯（Richard Duncan）. 美元危机（The Dollar Crisis）. Singapore: John Wiley & Son - Asia, 2003. Fig.1.1。

[4] 佚名（Anon.）. 萨尔特霍巴登会议（Saltsjöbaden Conference）. 彼尔德伯格会议（Bilderberg meetings），1973-05-11~13。笔者得到了本次会议讨论稿的原始文件。这份通常为秘密的文件是在巴黎的一家二手书店里买到的，上面还有彼尔德伯格俱乐部内部人士谢泼德·斯通的签名。

[5] 1973 年彼尔德伯格会议的议程是由罗伯特·墨菲准备的。值得注意的是，他于 1922 年在慕尼黑当过领事，并得以与当时还默默无闻的阿道夫·希特勒举行过会谈，在给华盛顿的上级发回的报告中对其称赞有加。墨菲后来作为政治顾问制定了对战后德国的占领政策。

[6] 发表萨尔特霍巴登能源报告的沃尔特·利维与石油巨头关系密切。1948 年，作为“马歇尔计划”的石油经济学家，利维试图阻止政府调查各石油公司是否定价过高。

[7] 杰克·贝内特（Jack Bennett）. 备忘录（Memorandum）. Reproduced in International Currency Review, London, 1991-01, Vol. 20, No.6.45。

[8] 罗伯特·莱西（Robert Lacey）. 王国：阿拉伯与沙特王室（The Kingdom: Arabia and the House of Saud）. New York: Avon Books, 1981. 398-399。

[9] 马蒂·戈兰（Matti Golan）. 亨利·基辛格的秘密谈话：在中东的逐步外交（The Secret Conversations of Henry Kissinger: Step-by-Step Diplomacy in the Middle East）. New York: Bantam Books Inc.,1976。

[10] 亨利·基辛格（Henry A. Kissinger）. 动乱年代（Years of Upheaval）. Boston: Little, Brown & Co., 1982。

[11] 杰克·贝内特（Jack Bennett）. 前揭备忘录。

[12] 2000 年 9 月，在伦敦家中进行的私人会谈中，石油禁运时期担任沙特石油大臣和欧佩克发言人的亚马尼王子，将 1974 年他同伊朗国王非同一般的谈话内容转告给了笔者。

[13] 詹姆士·艾金斯（James Akins），在其担任美国国务院燃料和能源办公室负责人及后来的沙特阿拉伯大使期间接受的采访。

[14] 马尔切洛·德切科（Marcello de Cecco）. 1945 年以来的国际金融市场和美国国内政策（International Financial Markets and US Domestic Policy Since 1945）. International Affairs. July 1976-07, London.381-399。

[15] 同上 .386。

[16] 同上.398。

[17] R.T. 内勒（R. T. Naylor）. 游资与债务政治（Hot Money and the Politics of Debt）. London: Unwin Paperbacks, 1988. 33。

[18] 同上.33-35。

[19] 佚名（Anon.）. 罗杰・坦拉兹于摩洛哥被捕（Roger Tamraz Arrested in Morocco）. Naharnet, 2009-01-29, Lebanese Forces Official Website, http://www.lebanese-forces.org/regional/Roger-Tamraz-Arrested-in-Morocco1002728.shtml。

[20] 劳尔・萨利纳斯・德戈塔里（Raúl Salinas de Gortari）(墨西哥前总统卡洛斯・萨利纳斯・德戈塔里的弟弟）据说在其哥哥担任墨西哥总统期间，通过花旗银行和瑞士各家银行，洗钱高达 1.3 亿美元，后来被判谋杀罪，锒铛入狱。见：佚名（Anon.）. 萨利纳斯的花旗银行家一直是美国明星般的出色证人（Citibanker for Salinas had been Star U.S. Witness）. Money Laundering Alert, 1996-04, http://www.pbs.org/wgbh/pages/frontline/shows/mexico/family/citibankaffair.html。

[21] 有关三边委员会资助情况及其成员的介绍，见：威廉・恩道尔（William Engdahl）. 粮食危机：利用转基因粮食谋取世界霸权（Seeds of Destruction:The Hidden Agenda of Genetic Manipulation）. Global Research, Canada, 2007. 石油战争：石油政治决世界新秩序 .（A Century of War: Anglo-American Oil Politics and the New World Order）.London:Pluto Press Ltd, 2004。

[22] 约翰・洛克菲勒三世（John D. Rockefeller Ⅲ）. 第二次美国革命（The Second American Revolution）. New York: Harper & Row,1973.103-112。

[23] 热拉尔・迪梅尼、多米尼克・莱维（Gérard Duménil, Dominique Lévy）. 新自由主义（反）革命 [The Neoliberal (Counter) Revolution]. 引自：阿尔弗雷多・萨阿德—菲约、德博拉・约翰斯顿编（Alfredo Saad-Filho,Deborah Johnston,eds.）. 新自由主义：批判读本（Neoliberalism: A Critical Reader）. London: Pluto Press, 2004。

[24] 米尔顿・弗里德曼（Milton Friedman）. 自由选择（Free to Choose）.New York:Penguin Books, 1979.271。

[25] 国际商会（International Chamber of Commerce, ICC）. 政策与商业惯例（Policy and Business Practices）. http://www. iccwbo. org/policy/trade/。

[26] 同 [21]。

[27] 同上。

[28] 迈克尔・赫德森（Michael Hudson）. 前揭书 . 13。

[29] 同上.369。

[30] 同上.363。

第八章　沉疴难医：美国内部腐朽带来新的危机

[1] 罗伯特·安德森（Robert O. Anderson）. 见：威廉·格雷德（William Greider）. 神殿的秘密：美联储如何治理美国（Secrets of the Temple：How the Federal Reserve Runs the Country）. New York: Simon & Schuster, 1987.648。

[2] 萨姆·阿罗诺维奇（Sam Aaronovitch）. 来自撒切尔主义之路（The Road From Thatcherism）. London: Lawrence & Wishart, 1981。

[3] 威廉·格雷德（William Greider）. 前揭书 . 156。

[4] 国际钢铁学会（International Iron and Steel Institute）. 基础设施：钢铁的问题和前景（Infrastructure：Problems and Prospects for Steel）. Brussels, 1985。

[5] 同 [1]。

[6] 同上。

[7] 汉斯·科尔诺·拉斯穆森（Hans Kornoe Rasmussen）. 被遗忘的一代：一本关于儿童和债务危机的辩论之书（The Forgotten Generation:A Debate Book Concerning Children and the Debt Crisis）. Copenhagen: Danish UNICEF Committee, 1987；其他背景文献：马尔科·米利沃耶维奇（Marko Milivojevic）. 重新安排债务偿还进程（The Debt Rescheduling Process）. New York: St.Martin's Press, 1985；联合国年度报告《拉丁美洲的经济调查》（Economic Survey of Latin America）中也包含有用资料。

[8] 斯蒂芬·皮佐（Stephen Pizzo）. 内贼作案：对美国银行储蓄和借贷的掠夺（Inside Job：The Looting of America's Savings & Loans）. New York: McGraw-Hill, 1989。

[9] 美国国会联合经济委员会（U.S. Congress Joint Economic Committee）. 经济指标（Economic Indicators）. Washington, 1990。

第九章　薨殁之痛：偏航的格林斯潘金融革命

[1] 艾伦·格林斯潘（Alan Greenspan）. 在众议院银行和金融服务委员会上的陈述（Testimony Before the House Committee on Banking and Financial Services）. 1999-02-11。

[2] 鲍勃·伍德沃德（Bob Woodward）. 大师：格林斯潘的美联储和美国的经济繁荣（Maestro: Alan Greenspan's Fed and the American Economic Boom）. New York: Simon & Schuster, 2000。该书是主流媒体对格林斯潘高度评价的一个例子。伍德沃德在《华盛顿邮报》的老板是凯瑟琳·迈耶·格雷厄姆（Catharine Meyer Graham），即华尔街传奇投资银行家尤金·迈耶（Eugene Meyer）的女儿，也是格林斯潘的密友。这本书可以被视为格林斯潘凭借金融界影响力巨大的圈子所创造神话中最为深谋熟虑的一部分。

[3] 美国联邦第九巡回上诉法院（9th Cir.）. 刘易斯诉美国案（Lewis v. United States）.680 F.2d 1239 1982）。

[4] 斯蒂芬·扎伦加（Stephen Zarlenga）. 1987 年股灾期间对交易大厅的观察（Observations from the Trading Floor During the 1987 Crash）. http://www.monetary.org/1987%20crash.html.。

[5] 艾伦·格林斯潘（Alan Greenspan）. 在小组委员会上关于金融机构监管的陈述（Testimony before the Subcommittee on Financial Institutions Supervision）.US House of Representatives, 1987-11-18,http://fraser.stlouisfed.org/historicaldocs/ag/download/27759/Greenspan_19871118.pdf。

[6] 小罗伯特·赫尔希（Robert D.Hershey Jr.）. 格林斯潘支持银行扮演新角色（Greenspan Backs New Bank Roles）. The New York Times, 1987-10-06。

[7] 同 [6]。

[8] 同上。

[9] 同 [1]。

[10] 同上。

[11] 詹尼·安德森（Jenny Anderson）. 高盛玩转风险，回报可观（Goldman Runs Risks, Reaps Rewards）. The New York Times, 2007-06-10。

[12] 罗伯特·库特纳（Robert Kuttner）. 罗伯特·库特纳在众议院委员会上关于金融服务的陈述（Testimony of Robert Kuttner Before the Committee on Financial Services）. Rep. Barney Frank, Chairman, U.S. House of Representatives, Washington, D.C., 2007-10-02。

[13] 托马斯·科斯蒂根（Thomas Kostigen）. 规制博弈：格拉斯—斯蒂格尔法是否能解决信用问题?（Regulation Game：Would Glass - Steagall Save the Day from Credit Woes）. Dow Jones MarketWatch, 2007-09-07, http://www.marketwatch.com/news/story/would-glass-steagall-save-day-credit。

[14] 艾伦·格林斯潘（Alan Greenspan）. 信息技术革命（The Revolution in Information Technology）. A speech before the Boston College Conference on the new economy, Boston, Massachusetts, 2000-03-06。

[15] 保罗·麦克利（Paul McCulley）. 呼吁美联储采取行动：提高保证金要求!（A Call for Fed Action: Hike Margin Requirements ！）. Testimony before the House Subcommittee on domestic and international monetary policy, 2000-03-21。

[16] 作为美联储主席，艾伦·格林斯潘不断宣称，在泡沫的兴起阶段无法判断泡沫是否存在。2002 年 8 月，在市场参与者已经清楚了他调高美联储利率的清晰的战略之后，他重申：“我们美联储考虑了一系列与资产泡沫（即资产价格飙升到无法支撑的高度）有关的问题。随着事情的进展，尽管我们怀疑，但我们仍然承认要明确地认同一个泡沫是很困难

的，除非该泡沫的破灭证实了它的存在。”这是格林斯潘在堪萨斯城联邦储备银行（位于怀俄明州杰克森霍尔镇）所举办的座谈会上针对经济波动的发言，2002-08-30。

[17] 杰夫·福克斯（Jeff Faux）. 政治达人格林斯潘先生（The Politically Talented Mr. Greenspan）. Dissent Magazine, Spring 2001。

[18] 艾伦·格林斯潘（Alan Greenspan）. 消费金融（Consumer Finance）. Remarks at the Federal Reserve System's Fourth Annual Community Affairs Research Conference. Washington, D.C., 2005-04-08, www.federalreserve.gov/BoardDocs/speeches/2005/20050408/default.html。

[19] 艾伦·格林斯潘（Alan Greenspan）. 格林斯潘为低利率辩护（Greenspan Defends Low Interest Rates）. Interview CBS 60 Minutes, 2007-09-16, www.cbsnews.com/stories/2007/09/13/60minutes/main3257567.shtml。

[20] 艾伦·格林斯潘（Alan Greenspan）. 市场（The Markets）. Excerpts from Greenspan speech on global turmoil, reprinted in The New York Times, 1998-11-06。

[21] 艾伦·格林斯潘（Alan Greenspan）. 艾伦·格林斯潘主席的发言：国际金融体系结构（Remarks by Chairman Alan Greenspan: The Structure of the International Financial System）. The Annual Meeting of the Securities Industry Association, Boca Raton, Florida, 1998-11-05。

[22] 艾伦·格林斯潘（Alan Greenspan）. 衡量21世纪的金融风险（Measuring Financial Risk in the Twenty-first Century）. Remarks Before a conference sponsored by the Office of the Comptroller of the Currency, Washington, D.C.,1999-10-14, www.federalreserve.gov/boarddocs/speeches/1999/19991014.html。格林斯潘在此声称：“……目前，对于经济是否会出现转机，经济学家们并不抱太大信心。这种信心的丧失通常被认为是泡沫开始破裂，而泡沫破裂只是在事后才不容置疑地明显。预测泡沫破裂，就要先预测到资产价格的猛跌，而资产价格是根据上百万投资者的判断定下来的。在这些投资者中，许多人已身经百战，对于其投资的前景成竹在胸，而正是这些投资，构成了股票及其他资产的主要价格指数。”

[23] 笔者有一份各大信用评级机构采用的风险大模型中风险假定的第一手描写材料，确信这些假定与经济现实没有任何关系。明显地，没有任何可以质问的人费心地这么做。毕竟，这太有利可图，以至于不能闭上眼睛，视而不见。

[24] 美国联邦存款保险公司（Federal Deposit Insurance Corporation）. 20世纪80年代史（History of the 80s）. Vol I:An Examination of the Banking Crises of the 1980s and Early 1990s, http: //www. fdic. gov/bank/ historical/history/volI. Html。

[25] 沃伦·巴菲特（Warren Buffett）. 引自：理查德·杜林（Richard Dooling）. 大规模杀伤性机器（Machines of Mass Destruction）. International Herald Tribune, 2008-10-13。

[26] 艾伦·格林斯潘（Alan Greenspan）. 按揭市场与经济活动（Mortgage Markets and Economic

Activity）. Remarks before a Conference on Mortgage Markets and Economic Activity, sponsored by America's Community Bankers, Washington, D.C., 1999-11-02, www.federalreserve.gov/boarddocs/speeches/1999/19991102.html。

[27] 艾伦·格林斯潘（Alan Greenspan）. 在按揭贷款银行家协会的发言（Remarks to Mortgage Bankers' Association）. Washington, D.C., 1999-03-08。

[28] 罗伯特·赖克（Robert Reich）. 信用评级机构为何失败：谜团解开（Why Credit-Rating Agencies Blew It: Mystery Solved）. Robert Reich's Blog, 2007-10-23。

[29] robertreich.blogspot.com/2007/10/they-mystery-of-why-credit-rating.html。

[30] 奥利弗·冯·施魏尼茨（Oliver von Schweinitz）. 信用评级公司的业务、规制和责任（Rating Agencies: Their Business, Regulation and Liability）. Bloomington, IN: Unlimited Publishing LLC, 2007. 35-36。

[31] 同上 .67-97。

[32] 金融担保保险商协会（Association of Financial Guaranty Insurers）. 我们的理赔能力（Our Claims-Paying Ability）. www.afgi.org/who-fact.html。

[33] 詹姆士·麦克尼科尔斯（James P. McNichols）. 单一险种保险与金融担保储备（Monoline Insurance & Financial Guaranty Reserving）. www.casact.org/pubs/forum/03fforum/03ff231.pdf。

[34] 丹·多尔夫曼（Dan Dorfman）. 说谎贷款会贷来声声悲叹（Liars' Loans Could Make Many Moan）. The New York Sun, 2006-12-20。

第十章 信用破产：金融海啸与美元体系的终结

[1] 联合国贸发会议秘书处（UNCTAD Secretariat）. 全球金融市场的近期发展：联合国贸发会议秘书处的评价（Recent Developments on Global Financial Markets: Note by the UNCTAD Secretariat）. TD/B/54/CRP.2, Geneva, 2007-09-28。

[2] 有关1931年鲜为人知的奥地利联合信贷银行信贷危机导致德国银行多米诺式崩溃的政治背景，见：威廉·恩道尔（F. William Engdahl）. 石油战争：石油政治决定世界新秩序（A Century of War: Anglo-American Oil Politics and the New World Order）. London: Pluto Press, 2004. Chap. 6。

[3] 约翰·奥斯文·施罗伊（John Oswin Schroy）. 诺贝尔奖诸神的谬误：论金融经济学和诺贝尔奖得主（Fallacies of the Nobel Gods：Essay on Financial Economics and Nobel Laureates）. http://www.capital-flow-analysis.com/investment-essays/nobel_gods.html。

[4] 对目前所使用的经济学和金融市场模型在根本性理论方面的缺陷，以及笔者所谓的悲剧性价格变化极大可能性所进行的精彩论述，笔者推荐一位耶鲁大学数学家和分形几何学的发明者伯努瓦・芒德勃罗（Benoit Mandelbrot）的著作，即：伯努瓦・芒德勃罗、理查德・赫德森（Benoit Mandelbrot, Richard L. Hudson）. 市场的（不端）行为：风险、破产与收益的分形观点 [The (Mis) Behavior of Markets: A Fractal View of Risk, Ruin and Reward]. London: Profile Books Ltd., 2004。

[5] 唐纳德・麦肯齐（Donald MacKenzie）. 是引擎，不是照相机：金融模式如何塑造市场（An Engine, Not a Camera：How Financial Models Shape Markets）.Cambridge, MA: The MIT Press, 2008。麦肯齐记录芝加哥商品交易所创始人如何雇用芝加哥大学的经济学家米尔顿・弗里德曼起草了一个论点，在 20 世纪 70 年代初允许交易外汇期货和期权，以及布莱克和斯科尔斯开发的期权定价理论是如何在一段时间之后，让华尔街的高管确定，他们的衍生品交易是有"真实科学"依据的。当然，这一点没有得到 2007 年证券化世界崩溃的证实。

[6] 佚名（Anon.）. 花旗银行观察（The Citigroup Watch）. Inner City Press，2008-01-28，http:// www. innercitypress.org.citi.html。

[7] 佚名（Anon.）. 并购墨西哥国家银行后的花旗集团成为墨西哥最大银行（Citigroup Becomes Mexico's Largest Bank after Banamex Merger）. Rainforest Action Network, 2001-08-10, http://forests. org/archive/samerica/cibemexi.html。

[8] 马修・李（Matthew Lee）. 掠夺性放贷：全球内城的有毒信贷（Predatory Lending:Toxic Credit in the Global Inner City）. 2003,http:// www. InnerCityPress. Org。

[9] 埃德蒙・安德鲁斯（Edmund L. Andrews）. 次贷危机肆虐而美联储无奈耸肩（Fed Shrugged as Sub-prime Crisis Spread）. The New York Times, 2007-12-18。

[10] 艾伦・齐贝尔（Alan Zibel）. 联邦调查局就住房贷款对 14 家公司展开调查（FBI Probes 14 Companies Over Home Loans）. AP, 2008-01-29。

[11] 美国一家大型按揭放贷公司的前按揭借贷经纪人给笔者的私人电子邮件。

第十一章　垂死挣扎：华尔街拿税收堵美元大漏洞

[1] 威廉・詹宁斯・布赖恩（William Jennings Bryan）. 麦迪逊广场花园演讲（Speech at Madison Square Garden）. New York, 1906-08-30, 见：威廉・詹宁斯・布赖恩（William Jennings Bryan）. 威廉・詹宁斯・布赖恩演讲集（Speeches of William Jennings Bryan）. New York: Funk & Wagnalls, 1909. 90-91。

[2] 马特・泰比（Matt Taibbi）. 奥巴马的大甩卖（Obama's Big Sellout）. Rolling Stone, 2009-12, http://www. rollingstone.com/politics/story/31234647/obamas_big_sellout/2。

[3] SNL 金融信息中心（SNL Financial）. The Numbers, 2009-03-23:16。

[4] 卢森堡银行家金・阿斯格・奥尔森（Kim Asger Olsen）与笔者的一次私人谈话，2009-02。

[5] 乔治・华盛顿・布洛格（George Washington Blog）. 衍生品最多的 25 强投资银行的数据（Data of Top 25 Investment Banks with Largest Derivatives Exposures）. Scribd, George Washington Blog, http://www.scribd.com/doc/6486125/Data-of-Top-25-Investment-Banks-with-Largest-Derivatives-Exposures-from-GeorgeWashingtonBlog。

[6] 格雷格・戈登、凯文・霍尔（Greg Gordon, Kevin G. Hall）. 监管报告显示了 5 大银行面临着巨大的亏损风险（Regulatory Reports Show 5 Big Banks Face Huge Loss Risk）. McClatchy Newspapers, 2009-03-09, http://www.mcclatchydc.com/227/story/63606.html。

[7] 同上。

[8] 同上。

[9] 威廉・布莱克（William K. Black）(储蓄贷款危机中的高级监管）. 仆人如何成了捕食者：财务的五个致命缺陷（How the Servant Became a Predator: Finance's Five Fatal Flaws）. http://www.huffingtonpost.com/william-k-black/how-the-servant-became-a_b_318010.html。

[10] 美国按揭贷款银行家协会（Mortgage Bankers' Association,MBA）. 最新 MBA 全国犯罪调查中违约率继续攀升（Delinquencies Continue to Climb in Latest MBA National Delinquency Survey）. Press Release, 2009-11-19, http://www.mbaa.org/NewsandMedia/PressCenter/71112.html。

[11] 保罗・坎波斯（Paul Campos）. 斯皮策成为攻击目标?（Was Spitzer Targeted?）.Rocky Mountain News, 2008-03-12, http://www.rockymountainnews.com/news/2008/mar/12/campos-was-spitzer-targeted/; 另见笔者（F. William Engdahl）. 布什为什么把斯皮策卷入水门式的丑闻?（Why Bush Watergated Eliot Spitzer）. 2008-03-17, www. engdahl. oilgeopolitics. Net。

[12] 约翰・威廉斯（John Williams）. 影子政府统计（Shadow Government Statistics）. http//www. shadowstats. com/。

[13] 莫里亚・赫布斯特（Moria Herbst）. 甚至雇员们减少了工作时间和薪水（Even the Employed Lose with Hour and Wage Cuts）. Business Week, 2009-07-10。

[14] 马丁・贝利、道格拉斯・埃利奥特（Martin N. Baily, Douglas J. Eliott）. 美国的金融和经济危机：它在哪里？我们何去何从?（The U. S. Financial and Economic Crisis: Where Does It Stand and Where Do We Go From Here ?）.The Brookings Institution, Washington D. C.,

2009-06-15。

[15] 多伦·佩斯金（Doron Peskin）. 危机之后：阿拉伯世界失去了 3 万亿美元（Following Crisis: Arab World Loses $3 Trillion）. IPR, 2009-03-31, http://infoprod.co.il/main/siteNew/index.php?langId=1&mod=article&action=article&Admin=qwas&stId=247。

[16] 沃尔特·阿拉肯（Walter Alarkon）. 白宫行政管理和预算办公室主任警告日益增加的财政赤字对美国经济的威胁（OMB Director Warns Growing Deficit a Threat to American Economy）. The Hill, 2009-11-03, http://thehill.com/homenews/administration/66085-omb-director-warns-growing-deficit-a-threat-to-us-economy。

[17] 同 [12]。

[18] 马特乌什·罗曼诺夫斯基（Mateusz Romanowski）. 古罗马：帝国的灭亡（Ancient Rome: Downfall of the Empire）. http://www.ancient-rome.biz/downfall.html。

[19] 约瑟夫·佩登（Josef Peden）. 通货膨胀与罗马帝国的衰落（Inflation and the Fall of the Roman Empire）. Mises Institute,1984-10-27, http://www.marketoracle.co.uk/Article12831.html。

[20] 美国审计总署（General Accountability Office）. 2008 年报告（Report 2008）. 35。

[21] 查尔斯·维希涅夫斯基（Charles Wisniowski）. 专访美国戴维·沃克总审计长（Interview with Comptroller General of the United States David M. Walker）. Mortgage Banking, 2007-06-01。

[22] 威廉·詹宁斯·布赖恩（William Jennings Bryan）. 麦迪逊广场花园演讲（Speech at Madison Square Garden）. New York, 1906-08-30, 引自：威廉·詹宁斯·布赖恩（William Jennings Bryan）. 威廉·詹宁斯·布赖恩演讲集（Speeches of William Jennings Bryan）. New York: Funk & Wagnalls, 1909. 90-91。

第十二章　掌握主动：中国打造世界货币

[1] 美国国债钟（US Debt Clock）. http://www.usdebtclock.org/。

[2] 佚名（Anon.）. 希腊领头，欧元区债务创纪录（Euro-Area Debt Levels Surge to Record, Led by Greece）. Bloomberg, 2015-04-21,http://www.bloomberg.com/news/articles/2015-04-21/euro-area-debt-levels-surge-to-record-led-by-greece。

[3] 佚名（Anon.）. 日本加入美澳军演，南海纷争加剧（Rift Grows Over South China Sea as Japan Joins U. S.-Australia Military Exercise）. Reuters, 2015-05-25, http://www.newsweek.com/south-china-sea-rift-grows-japan-joins-us-australian-military-exercise-335519; 另见：蒂姆·凯利、曼

纽尔·莫戈托（Tim Kelly, Manuel Mogato）. 日菲在南海开展首次联合演练（Japan, Philippines to Hold First Naval Drill in South China Sea）. Reuters, 2015-05-08, http:// www.reuters.com/article/2015/05/08/us-southchinasea-philippines-japan-idUSKBN0NT11J20150508。

[4] 布雷特·豪斯（Brett House）. 如果国会一直阻止国际货币基金组织改革方案，损失最大的将是美国自己（It's the US that has the Most to Lose if Congress Keeps Blocking IMF Reform）. 2015-02-11, http://qz.com/342144/its-the-us-that-has-the-most-to-lose-if-congress-keeps-blocking-imf-reform/。

[5] 扎卡里·凯克（Zachary Keck）. 为什么美国要千方百计地打压中国倡议的新开发银行（Why the US Is Trying to Squash China's New Development Bank）. The Diplomat, 2014-10-10, http://thediplomat.com/2014/10/why-the-us-is-trying-to-squash-chinas-new-development-bank/。

[6] 亚投行（AIIB）. http://www.aiib.org。

[7] 罗伯特·卡根（Robert Kagan）. 奥巴马政府的"重返亚太"：与助理国务卿库尔特·坎贝尔的谈话（The Obama Administration's Pivot to Asia: A Conversation with Assistant Secretary Kurt Campbell）. Department of State, http://www.foreignpolicyi.org/content/obama-administrations-pivot-asia#sthash.62WduChj.dpuf。

[8] 佚名（Anon.）. 为什么美国热衷于"颜色革命"?（Why is the US So Keen on Color Revolutions ?）. Peoples' Daily Online, 2014-10-11, http://en.people.cn/n/2014/1011/c98649-8793283.html。

[9] 约翰·威廉斯（John Williams）. 不一样的失业率图（Alternate Unemployment Charts）. 2015-09-04, http: //http://www.shadowstats.com/alternate_data/unemployment-charts。

[10] 亚洲开发银行（ADB）. 亚洲的基础设施（Infrastructure in Asia）. http://www.asifma.org/uploadedFiles/Events/2014/Annual_Conference/Closed%20Door%20Regulator%20Meeting%201%20-%20Infrastructure%20Financing%20-%20Michael%20Cooper%20HSBC.pdf。

[11] 金砖国家（BRICS）. 金砖国家创办新开发银行（BRICS Countries Launch New Development Bank）. 2014-07-08,http://www.ictsd.org/bridges-news/bridges-africa/news/brics-countries-launch-new-development-bank。

[12] 泰勒·德登（Tyler Durden）. 俄罗斯谋求加入亚投行，去美元化马不停蹄（De-Dollarization Continues As Russia Seeks AIIB Membership）. 2015-03-08,http://www.zerohedge.com/news/2015-03-28/de-dollarization-continues-russia-seeks-aiib-membership。

[13] 佚名（Anon.）. 俄罗斯或将很快以人民币的形式发行国债（Russia May Soon Sell its Debt in Yuan）. Emerging Equities, 2015-06-04, http://www.zerohedge.com/news/2015-03-28/de-dollarization-continues-russia-seeks-aiib-membership。

[14] 威廉·恩道尔（F. William Engdahl）. 俄罗斯对去美元化非常认真（Russia Gets Very Se-

rious on De-dollarizing）. New Eastern Outlook Journal, 2015-06-06,http://journal-neo.org/2015/06/06/russia-gets-very-serious-on-de-dollarizing/。

[15] 同上。

[16] 威廉·恩道尔（F. William Engdahl）. 黄金价值每天都在上涨（The Worth of Gold is Growing by the Day）. New Eastern Outlook Journal, 2015-08-12, http://journal-neo.org/2015/08/12/the-worth-of-gold-growing-by-the-day/。

[17] 佚名（Anon.）. 中国打造最大的黄金基金（China Sets up Largest Gold Fund）. Xinhua, 2015-05-23,http://news.xinhuanet.com/english/2015-05/23/c_134264324.htm。

[18] 同上。

[19] 笔者与诸多黄金专家的私人谈话。

[20] 同 [16]。

后 记

货币权力的结局

我们用本书英文版前言的卷首语来为这个故事收尾：货币（金钱）的权力，它到底是什么？我们追踪1865年后美元统治崛起的历史，看到货币权力并没有建立在健全稳定的经济政策基础上。它也没有把绝大多数人的和平与福祉当作自己的根基。原来货币权力的根基是权力控制的手段——而权力的最终表达，就是一个国家的军队、警察及其暗含的一切（暴力）。直到2007年8月，货币的权力一直被牢牢地握在货币利益集团的手中，握在美元体系的核心——少数几家银行和金融机构——的手心里。

这个货币权力千方百计地抓紧它那具有破坏性的力量，它不放过任何一种信仰和宣传，它虚情假意地呼吁爱国主义，对贪婪施放诱惑，还把人们对未来的美好希望拿来加以利用。货币权力竭尽全力隐藏它的秘密——无论是由黄金、石油、F-16战斗机还是核炸弹作后盾，货币最终都是法律的产物。在一个国家，只有制定法律的人才能决定货币的权力是何种权力、是谁的权力。伦敦金融城的大银行家迈耶·阿姆谢尔·罗斯柴尔德早在1790年就说过："只要能控制一个国家的货币发行，我不在乎谁制定法律。”这个控制权在1913年被没有主见的美国国会拱手奉送给由私人国际银行家组成的卡特尔，在形式上通过《美国联邦储备法》完成权力移交。

进入2009年以来，一场巨大的权力斗争在全球范围内展开。形势危若累卵，然而只有少数人能够真正领会到这一点，主流媒体顽固地保持着沉默。斗争发生在各种力量之间，人们在力争保全职位、维护产业完整、保证厂房和机器设备运行。如果能够像统计选票那样进行一次计算，我们会发现，与绝大多数人作对的，是一帮数量很少的寡头精英，他们是华尔街的货币利益集团及其同伙，主要的人物都在伦敦金融城、在艾伦·格林斯潘金融革命核心中的三十多家世界一流的国际银行里。

2008年10月，美国国会面对压力通过了《公法第110-343号》，10月3日经布什总统签署生效。法律文本长达169页，大部分条款在投票之前并没有被美国国会成员仔细读过或研究过。根据这部《2008年紧急经济稳定法》制定了一个耗资达7000亿美元的《问题资产救助计划》。这个计划很快就得到“防水油布”这样一个绰号，它的首字母缩写恰好是“TARP”。

在《问题资产救助计划》的有力庇护下以及在没有任何外部审查或监督的情况下，美国财政部部长、前华尔街银行家亨利·保尔森将数千亿美元发给了少数几家华尔街投资银行的亲信以及大型国际银行，甚至给了保险公司和抵押贷款机构（如房利美和房地美）。根据保尔森的命令，政府投入了巨额资金，但是并不直接控制那些银行。这个无耻的行为是把纳税人的钱白白送给那些将整个世界拖到灾难边缘的人和金融机构。

尽管有规模达7000亿美元的《问题资产救助计划》，或者更准确地说，正是因为这7000亿美元的《问题资产救助计划》的存在，在美国和世界各地，财富继续遭到毁灭。到2009年2月底时，《问题资产救助计划》已经进行了4个月，人人关注的美国道琼斯工业股票指数已经从一年前的峰值下跌了一半，目前还没有触底的迹象。房产是美国70%家庭的主要资产。在格林斯潘主导的泡沫年代里，人们被说服为购买房子而抵押了自己的未来，然后眼看着房地产的价格以 20 世纪 30 年代以来最快的速度跌落下去。

在世界主要金融市场继续下滑的时候，欺诈、腐败和操纵案开始浮现。其中最引人注目的，是 2008 年 12 月纳斯达克纽约证券交易所前主席伯纳德·麦道夫，他公开承认制造了 500 亿美元的庞氏骗局。涉及的金额虽然不小，但是怎么也比不上在证券化坍塌中蒸发的数万亿美元。值得注意的是相关的报道内容：美国政府的证券交易委员会早就多次得到外部和内部员工的明确警告，麦道夫基金的高水平盈利存在虚假成分。

在整个金融界所发生的是全面的腐败，这不应该让历史学专业的学者感到吃惊。罗马帝国最终的衰落发生在基督降生后的最初三个世纪里，原因在于罗马贵族的一个决定：为了换取多到不可计数的私人财富，他们把国家的权力交给了货币利益集团。由此可见，帝国的腐朽是从内部的堕落开始的。

共和党布什的自由放任、腐败和任人唯亲的八年任期结束了，名义上的反对党——民主党——选出了一位新总统，但是实行激进变革的希望仍然渺茫。奥巴马总统最初的公众支持率比耶稣还要高（只在一次民意测验中屈居第二）。他迎来了百年一遇的机会，向全国发出号召，动员人民支持一项“切除结石病灶”的重组美国金融权力的计划。

奥巴马得到了大众的授权。他最好能够采取正确的方式，“把货币兑换商从庙宇中驱逐出去”*，为把美联储及其背后的大银行国有化发出呼吁，为公共利益而不是私人贪欲夺回国家对货币的控制权。如果他这样选择，那么他就真正地得到了大众的授权，可以去削减由华尔街金融和货币利益集团掌控的国家经济命运的权力，对那些危害国家福利、制造崩溃的银行实行国有化举措。

然而，他的“经济梦之队”里全都是噩梦般的老面孔。从保罗·沃

* 1933 年，罗斯福发表就职演说：“如今，货币兑换商已从我们文明庙宇的高处落荒而逃。我们要以千古不变的真理来重建这座庙宇。”——译者注

尔克到劳伦斯·萨默斯，都是在金融界滥用货币权力、罪行累累的角色。

新总统的财政部部长是最强势的纽约联邦储备银行的前主席。仅仅在五个月前，他还与亨利·保尔森和美国联邦储备委员会主席伯南克共同作出决定，让纽约第四大投资银行、有着153年历史的雷曼兄弟公司破产，但是同时又拯救了规模较小的其他机构。这项决定会不会是保尔森和同伙挟持全世界的恶意企图——把危机扩展到全球的金融体系，恐吓世界上的其他国家和地区，一起来拯救华尔街？但是到2009年年初时已经可以看得很清楚：没有人会愿意这样做。

公众在故意制造混淆的洪水般的报道冲击下不知所措：为什么花旗银行和美国银行这样的大型银行不应被国有化？金融媒体上充斥着大量共产主义蔓延或者更坏情景的报道。其实真正的问题只有一个：谁应该控制货币的权力？是私人性质的美联储、它背后的金融业私人卡特尔，还是公众选出的代表？要知道，今天公众的养老金和工作岗位正在消失，住房也正在被银行收回。

在经济大萧条中，货币集团被迫交还给大众的权力，又被收回去了。1979年货币政变的旧戏又重演了一次。在撒切尔货币主义的老家——英国，工党政府正在牺牲选民的利益去拼命捍卫私人银行的权力。工党正在推行的“银行家社会主义”，就是利润私有化和用纳税人的钱把亏损社会化。

在德国，保守的总理听从社会民主党财政部部长的意见，同样不愿意挑战银行的权力。德国的金融业内人士指出，在银行理不清的金融纠纷面前，柏林的政界其实是两眼一抹黑。实际上，这个问题就像太阳是从东边出来的一样简单。早在1931年，德国曾因允许国际银行在危急的时刻决定自己国家的命运而陷入过一种荒诞悲惨的境地。2009年的德国政客们如果只相信大银行家的精明而不相信人民的智慧，是不是要重蹈覆辙，让人民再次“节衣缩食”或者接受更加悲惨的命运？

始于20世纪80年代初的新自由主义撒切尔-里根革命，按部就班地完成了全球规模的资本集中化。货币权力的集中程度无人能够想象。

在金融市场上呼风唤雨的巨头花旗集团，历史上曾属于洛克菲勒家族，“旗下”有 3000 多家公司分布在许多国家，2008 年的总资产达到 2.2 万亿美元，世界上大多数国家一年的国内生产总值都不及这家公司的资产水平。洛克菲勒的大通曼哈顿银行在 1995 年并购了化学银行（后者刚刚吞并汉华实业银行），数年后再与 J. P. 摩根合并，成为摩根大通银行，这是货币权力集中化的最好实例。

美国政府袖手旁观，还把大萧条时期制定的法律法规一一废除，那些法律法规都是约束货币权力的。巨大无比的新银行还把传统的银行、保险业务同资产管理这种最新的职能结合起来，美国的证券伸进了共同基金和养老基金的体系中，货币扩张的规模已经无法想象。

这个货币的权力——以美元为基础的货币权力——正在步步前进，征服和控制整个世界，完成计划的手段就是它们自己发明的金融全球化，可以利用的工具是国际货币基金组织、世界银行和国际清算银行（中央银行家的中央银行），这是银行家能够掌控的手段和机构。

在历史上，1910 年时美国的联邦债务只有 10 亿美元，人均债务为 12.40 美元。国家和地方政府欠债很少甚至不欠债。1920 年，第一次世界大战结束后、美联储成立七年时，美国政府的债务为 240 亿美元，人均 228 美元。1960 年国家债务达到 2840 亿美元，人均 1575 美元；1981 年超过 1 万亿美元；2009 年超过 11 万亿美元，人均负债已达 3.5 万美元。每年付给银行和债权人的利息总额超过了 4500 亿美元。现在就是把整个美国都交给银行家去抵债都不够了，恐怕需要两三个美国才能够清债。美国的开国元勋托马斯·杰斐逊有充分的理由这样说：“如果美国人民允许私人银行控制货币的发行，那么银行以及那些将要依靠银行成长起来的公司会首先用通货膨胀手段，然后用通货紧缩……剥夺人民所有的财产，直到他们的孩子梦醒时发现，他们在父辈们征服过的大陆上已经无家可归。”

2009 年年初，人们可以看清的是，纽约最大的银行家打错了算盘。即使面对 20 世纪 30 年代以来最严重的危机，世界上的各个国家和地区也不急于挽救美元体系。在布什任总统的八年时间里，美国滥用了充当世界体系仲裁者的权力，用尽了世界对它的信任。从北京到莫斯科，从迪拜到布宜诺斯艾利斯，世界上所有的国家都在重新评价它们与美国以及与美国权力的关系。

今天的世界面临着 1945 年以来的第一次机会：去开辟一条摆脱美元主宰、维护国家和地区稳定的新路。目前还不清楚的是，美国以外的国家（和地区）是否拥有能够实现这种自由的权力——这首先是政治决策而不是金融决策。世界处于一个关键时刻：是选择抓住这个新机会，还是跟着美元体系一同覆灭？

威廉 · 恩道尔

2015 年 9 月

于德国威斯巴登